9가지의 성격, 9가지의 와인

글/그림 홍수경

"이 책이 세상에 태어날 수 있도록 지혜와 가르침을 주신 클라우디오 나란조 박사님께 바칩니다."

9가지의 성격, 9가지의 와인
Nine Types, Nine Wines
[심리학 에니어그램과 와인이 만나는곳]

글/그림 홍수경

편집/디자인 최선호

작가 소개

심리학 에니어그램을 와인으로 풀어낸 『9가지의 성격, 9가지의 와인』의 저자 홍수경은 심심리학과 와인을 결합하여 독특한 시각으로 세상을 바라봅니다. 19년 이상 심리학과 에니어그램을 탐구하며 사람들의 성격 유형과 감정적 반응을 깊이 이해해왔고, 그 통찰을 바탕으로 한국 전통 방짜유기 브랜드 '유기유'를 디자인하고 제작하였습니다.

13년 동안 공예 활동을 이어오던 중, 우연히 와인 매장을 운영하게 되면서 와인을 본격적으로 경험하고 연구하게 되었습니다. 다양한 국가와 지역의 와인을 직접 선별하고 시음하며 공부하는 한편, 수많은 손님들과 와인을 매개로 소통하며 그들의 취향과 이야기를 듣는 과정을 통해 와인에 대한 통찰을 넓혀갔습니다. 이 경험은 그녀가 와인을 철학, 미학, 그리고 심리학과 연결할 수 있는 토대가 되었습니다.

그녀의 모든 공예 작품은 에니어그램을 바탕으로 창작되었으며, 그 과정에서 얻은 통찰이 와인과 결합되면서 『9가지의 성격, 9가지의 와인』으로 이어졌습니다. 와인은 그녀에게 사람들의 성격과 감정을 비추는 또 하나의 거울이며, 잔을 사이에 두고 나누는 대화 속에서 드러나는 내면의 언어입니다. 이 책은 나와 닮은 와인, 내 친구와 닮은 와인 속에 담긴 심리적·감성적 의미를 탐구하며 독자들에게 새로운 통찰을 제공합니다.

『9가지의 성격, 9가지의 와인』을 비롯한 그녀의 모든 작업은 독자들이 자신의 내면을 탐구하고, 자신을 이해하는 방법을 제시하는 데 중점을 두고 있습니다. 그녀는 '현존하는 나'를 가장 중요한 가치로 여기며, 와인을 심리적 도구이자 감각적 경험으로 삼아 사람들에게 본질적인 감정을 탐색할 기회를 제공합니다.

홍수경은 와인과 심리학을 매개로 한 글쓰기를 통해 독자들과 소통하며, 그들이 자신을 더 깊이 이해하고 삶을 풍요롭게 '여행'할 수 있도록 돕는 것을 목표로, 오늘도 공예와 글쓰기를 이어가고 있습니다.

프롤로그_작가의말 | 와인은 말을 한다, 그리고 나는 들었다.

하지만,
시간이 갈수록 두려움이 커졌습니다.
내가 이 이야기를 써도 될까.
내가 이 말을 꺼내도 될까.
그럼에도 용기를 냈던 건, 사랑하는 가족들이 있었기 때문입니다.
그리고 나에게 에니어그램을 알려주신 스승들 —
클라우디오 나란조, 김미화 박사님, 그라치아, 찰스 —
그들의 이름을 이 책의 가장 처음에 적습니다.

처음 와인이 '사람'처럼 보였던 순간이 있습니다.
라벨을 바라보다 문득 떠올랐습니다.
마치 상담자가 문을 열고 들어올 때, 그 얼굴에 담긴 표정처럼요.

"이 와인에게는 어떤 사연이 있을까?"

그렇게 와인의 '부모', 즉 메이커를 찾기 시작했습니다.
양조자의 신념, 기후와 토양, 와이너리의 역사와 스토리, 그 모든 것이 사람처럼 느껴졌습니다.
그리고 마침내 병을 따는 순간, 와인들은 저마다의 목소리로 이야기를 시작했습니다.

수다스러운 와인, 과묵한 와인, 잘난 척하는 와인.
그들은 눈으로, 코로, 혀로, 그리고 아주 조용한 울림으로 말을 걸어왔습니다.

사람의 내면을 이해하려면 오랜 시간이 걸립니다.
같은 언어를 쓰더라도 삶의 방식이 다르면 전달되지 않는 감정이 많습니다.
하지만 와인은… 신기하게도 단 한 모금으로 자신을 온전히 설명해주기도 합니다.

이 책은, 그런 와인들의 이야기입니다.
그리고 그 이야기를 듣게 된 나의 이야기이기도 합니다.

나는 와인을 사람처럼 느꼈고, 사람을 와인처럼 이해하게 되었습니다.
와인은 살아있는 존재입니다.
'신의 물방울'을 쓴 아기 타다시는 와인을 묘사하는 데 그치지 않고, 와인과 사랑을 나누는 방식으로 이야기를 풀어냅니다. 그의 글은 관능적이고 시적이며, 살아있습니다.
그가 아니더라도, 와인과 진심으로 마주한 사람들은 누구나 그 생생한 목소리를 들을 수 있습니다.

이탈리아의 한 와이너리에서는 모차르트 음악을 들려주며 포도를 키웁니다.
'파라디소 디 프라시나(Paradiso di Frassina)'라는 이름처럼, 그곳의 와인도 음악을 닮았습니다.

에니어그램의 2번 유형이 가진 '과도한 애정', 7번 유형이 가진 '기발한 발상'이 만들어낸 집착과 열정의 산물일지도 모릅니다.

그렇게 매장에서 매일같이 와인들과 대화를 나누다 보니, 어느 순간 그들이 나를 먼저 부르기 시작했습니다.
말을 걸고, 속삭이고, 때로는 울고 웃으며 자신들의 이야기를 들려주었습니다.
그래서, 이 책은 시작되었습니다.

보르도의 1등급 샤토 와인들을 마주하면 떠오르는 단어는 하나입니다.
"완벽."

예술이란 늘 영감에서 시작되지만, 결국 완벽으로 마무리되듯이요.
에니어그램 1번 유형처럼 – 올바름과 우월함을 향한 무의식적 욕망, 단단하고 정제된 아름다움.
그것이 와인에도, 사람에게도 존재합니다.

우리는 와인을 통해 삶을 봅니다.
와인을 통해 감정을 이해합니다.
그리고 마침내, 와인을 통해 나 자신을 돌아봅니다.

어쩌면 당신에게 에니어그램은 생소한 단어일지도 모릅니다.
꼭 알아야 하냐고요? 아니요, 그렇지 않습니다.

당신이 도심을 걷는 사람이라면, 등산화보다 좋은 구두가 더 필요하겠죠.
하지만 만약 인생이라는 산을 오를 준비가 되셨다면, 이 책은 그 여정을
위한 '하이킹 부츠'가 되어줄지도 모릅니다.

1999년, 『에니어그램의 지혜』라는 책을 처음 만났을 때 저는 삶이 슬펐습니다.
날이 좋아서 슬펐고, 흐려서 슬펐고, 그냥 평범해서도 슬펐습니다.
그 감정의 근원은, 단순한 우울 너머에 존재했습니다.

지금의 저는 이렇게 말합니다.
"날이 좋아서, 날이 좋지 않아서, 날이 적당해서, 모든 날이 좋았다."
[드라마 도깨비 中 김신의 대사]

이 책은 그런 나날들을 지나온 한 사람이
와인을 통해, 사람을 이해하고,
사람을 통해, 와인을 다시 마주한 이야기입니다.

그 여정을 당신과 나누고 싶습니다.
그러니, 준비되셨다면
지금, 한 잔 따라보시겠어요?

인생은, 와인처럼.

그녀의 보물 1호 딸_편집자의 말

'우연'이라는 단어가 처음 엄마를 이끌어, 책을 쓰겠다고 제게 말하던 순간이 아직도 기억납니다.
엄마가 처음 용기를 내 그 마음을 털어놓은 대상은 딸인 저였지요.
그때 엄마의 표정을 지금은 또렷이 떠올릴 순 없지만, 오래도록 엄마를 바라봐온 제 생각엔 아마 수많은 감정이 스쳤을 거예요.
작가의 말에도 적었듯, "내가 글을 써도 될까?", "잘 쓸 수 있을까?" 하는 두려움과 망설임이 있었겠지요.
그럼에도 엄마가 글을 쓸 수 있었던 건, 아마 오랜 시간 와인과 손님들 사이에서 나눈 '진심과 애정' 덕분이었을 거예요.

그리고 저에게도 '우연'이라는 단어가 다가온 순간이 있었습니다.
엄마는 묵묵히 원고를 써 내려갔지만, 마음을 잘 담아줄 편집자를 찾지 못하고 있었어요.
그때까지만 해도 저는 '엄마가 알아서 잘 하시겠지' 하고 멀찍이 있었죠. 책이란 세계는 제게 낯설고, 한 번도 관심 가져본 적 없는 분야였으니까요.

그런데 어느 날, 아주 우연히 엄마가 쓴 에니어그램 9번 유형의 글을 읽게 되었고, 그 글을 읽는 동안, 어느새 저도 모르게 눈물이 흐르더군요. 9번 유형의 딸로 살아온 제 마음을 다정하게 어루만져주는 글이었고, 그 안엔 엄마가 세상에 전하고 싶은 진심이 고스란히 담겨 있었기 때문입니다.

그 순간 알게 되었습니다.
엄마의 글은 이미 충분히 완성되어 있었고,
저는 그 이야기를 세상에 잘 전하기만 하면 된다는 걸요.
무엇보다, 세상 그 누구보다 엄마의 이야기를 애정 어린 시선으로 바라볼 수 있는 사람이 바로 저라는 걸요.
그렇게 저도 용기를 냈고, 처음 해보는 일이지만 이 책의 편집을 맡게 되었습니다.

편집을 하며, 저는 모든 유형의 원고 하나하나를 조심스럽게 읽었습니다.
그리고 책장을 덮을 즈음에야, 제 안에 어떤 변화가 일어났다는 걸 느꼈어요.
이 책은 이상하게도 말로 설명하기 어려운 따뜻함이 있고, 읽는 이의 마음을 다정히 감싸는 위로가 있습니다.
아마 이 책을 읽으시는 독자분들도 저와 비슷한 감정을 느끼시게 될 거라 믿습니다.

이 책은 "이 와인은 이 유형입니다"라고 소개하는 책이 아닙니다.
와인의 오랜 역사와 이야기를 담고 있는 한 병의 와인을 통해
그 안에 깃든 떼루아, 와인메이커의 철학과 감정을 따라가다 보면
우리는 어느새 그 와인에 어울리는 에니어그램 유형을 만나게 됩니다.

그리고 자신의 유형을 읽을 때는 와인을 통해 조금 더 진솔한 나를 마주

하게 되고, 다른 유형을 읽을 때는 나와 다른 사람들을 이해해보려는 마음이 피어납니다.
그 과정 속에서 우리는 아주 조금씩, 그러나 분명히 성장합니다.

이제 당신은 와인과 에니어그램이 건네는 따뜻한 여정 앞에 서 있습니다.
부디 이 여정을 천천히, 마음 가는 대로 걸어가주시기를 바랍니다.

*
184p
유형: 까칠한
츤데레

*
372p
알면 더 풍요로워지는
용어설명

*
338p
유형_그냥 있어 줘,
끝단지 마음 꾼
언제나 내 곁에

들어가기 전에_나의 유형은 몇 번일까? (에니어그램 유형 테스트)

[QR 코드를 스캔하시면, 에니어그램 테스트 링크로 넘어갑니다]

이 책을 읽기 전에 먼저 나의 에니어그램 유형을 테스트해 보세요.
QR 코드를 스캔하면 기본 1단계 유형 검사로 연결됩니다.

자신의 유형을 알고 책을 읽으면 앞으로 이어질 설명과 와인 이야기가 더욱 생생하게 다가올 거예요. 테스트 결과를 통해 나의 유형과 책 속 와인이 어떻게 연결되는지 경험하면, 읽는 즐거움이 더욱 깊어집니다.

[일러두기]
★ 이 책은 꼭 자신의 성격유형에 맞는 장부터 읽지 않아도 괜찮습니다.
  와인 이름이나 이야기, 이미지에 끌리는 대로 펼쳐 읽으셔도 좋습니다.

★ 외래어 표기는 국립국어원의 표기 기준을 따르되,
  와인 고유명사는 현지 발음과 국내 통용 표기 사이의 균형을 고려해 병기하거나
  예외적으로 표기한 경우가 있습니다.

★ 문장은 한국어 어순의 자연스러움을 우선하되,
  와인 고유 표현의 뉘앙스를 살리기 위해 일부 직역 어순을 유지하였습니다.
  또한 일부 표현은 표준어를 따르기보다, 작가 특유의 말맛을 살려 표기하였으며,
  외국어·줄임말 등 통용되는 비표준어도 제한적으로 허용하였습니다.

에니어그램 1 유형_____

꼬장꼬장한 완벽씨

호흡

어릴 적, 나에게 이상하게도 깊은 인상을 남긴 놀이가 하나 있습니다. 처음엔 "우와~" 하는 감탄으로 시작하지만, 시간이 지날수록 "이게 뭐야?"라는 허무함이 밀려오고, 마지막엔 "그런데, 이걸 왜 하고 있는 거지?" 하는 궁금증까지 들게 만드는… 참 단순하면서도 어딘가 복잡한 놀이입니다.
그건 바로 **도미노 게임**이었습니다.

처음 도미노를 하나하나 놓기 시작할 때, 첫 번째 조각이 제자리를 잘 잡으면 그 다음 도미노부터는 더욱 신중해집니다. 두 번째 도미노가 첫 번째와 정확히 맞물리도록, 간격은 일정하게, 손끝에 집중하면서 말이죠. 작은 실수 하나에도 전체 흐름이 영향을 받기 때문에, 모든 조각은 거의 숨을 멈추듯 조심스럽게 놓아야 했습니다.

시간이 흐르고 도미노가 점점 길어질수록, 내가 그려놓은 패턴이 서서히 드러나기 시작합니다. 조각들이 제자리를 찾을수록 기대와 긴장도 함께 쌓여갑니다. 마치 숨을 참고 지켜보는 것처럼, 손끝의 떨림 하나까지 조율하며 완성해 갑니다.

그리고 마침내, 모든 도미노를 다 놓고 난 뒤.
모든 게 잘 연결되어 있는지 마지막으로 점검을 하고, 어딘가 기울거나 불안정한 부분이 있다면 조용히 다시 고칩니다. 완벽하진 않더라도, 적어도 무너지지 않도록, 내가 쌓아 올린 이 정성이 헛되지 않기를 바라며.

그런데 이 모든 과정의 끝이 참 묘합니다.
무너뜨리기 위해 쌓는다는 것.

그 조용한 순간, 첫 도미노에 손을 대면—
찰칵.
그리고, 연쇄적으로 우르르 쓰러지는 조각들.
정신없이 무너져 내리는 그 흐름을 따라가다 보면 어느새 도미노는 제자리에 아무것도 남기지 않고 끝이 납니다. 그 순간, '완벽하게 무너진다'라는 건 또 다른 의미의 성취처럼 느껴졌습니다. 하지만 그만큼 허무하기도 했고요.

생각해보면, 그건 그냥 놀이가 아니라
집중, 인내, 반복, 섬세함. 그리고 **무너져도 다시 시작하는 용기**였습니다.
그 안엔 어쩌면 예술이나 디자인, 심지어 엔지니어링의 원리가 자연스럽게 스며 있었는지도 모르겠습니다.

이 기억은 제법 오래된 일이지만, 지금도 어떤 순간에는 도미노를 놓던 그 감각이 되살아납니다.
특히 와인을 마실 때요.

한 모금 목으로 미끄러져 사라지는 그 짧은 순간.
그 안에는 몇 달, 몇 년, 아니 어쩌면 몇 세기 동안의 시간과 수고가 응축되어 있지요. 포도밭에서 자라는 포도 하나하나를 돌보는 손길, 와인을 만드는 사람의 고집과 정성, 그리고 그 모든 과정을 견디고 흘러온 시간.

어릴 적 도미노처럼, 그 와인 한 병도 무언가를 이루기 위해 정성을 들여 쌓은 끝에서, 결국은 짧고 강렬한 순간에 '무너지듯' 사라집니다. 하지만 그 순간은, 사라지는 것이 아니라 내 안 어딘가에 기억으로 남습니다. 입 안에 남은 여운, 마음에 새겨진 장면처럼요.

도미노든 와인이든, 결국 중요한 건 그것들이 스쳐 지나간 시간과 마음, 그리고 그걸 온전히 바라보는 '지금, 이 순간의 호흡' 아닐까요.

에니어그램 1번 유형의 개요

마음보다 몸이 먼저 반응하는 도덕주의자

에니어그램 1번 유형은 '몸 기반(center of body)'에 속합니다. 다시 말해, 이들의 본능과 반응은 머리가 아닌 **몸, 특히 장(腸)**에서 시작됩니다. 그런데 아이러니하게도, 이들은 겉으로 보기엔 이성적이고 냉철한 **머리형 사람처럼** 보이기도 하죠. 왜일까요?

그 이유는, 1번 유형이 **몸으로 먼저 충동을 느끼지만**, 그 충동이 마음속의 강력한 '내면의 비판자'에게 곧바로 제지당하기 때문입니다.

어느 날 갑자기 누군가를 꼭 안아주고 싶은 충동이 들거나, 그냥 달리고 싶은 본능이 올라올 수 있습니다. 하지만 1번 유형의 머릿속에는 이런 목소리가 들려옵니다.

"그건 옳지 않아."
"그렇게 하면 품위가 없어 보여."
"너답지 않아. 자제해야 해."

이처럼 충동은 몸에서 시작되지만, 머리에서 즉시 판단되고 검열됩니다. 그 결과, 1번 유형은 겉으로는 차분하고 논리적이며 도덕적인 사람처럼 보이지만, 사실 그 내면에는 억눌린 감정과 충동이 소용돌이치고 있는 경우가 많습니다.

이들은 끊임없이 몸의 '하고 싶어!'라는 욕구와 머리의 '하면 안 돼!'라는 **규제** 사이에서 줄다리기합니다.

그리고 그 갈등이 깊어지면, 속에서 억눌렸던 감정이 분노로 끓어오르기 시작하죠. 하지만 1번 유형은 '화를 내는 건 나쁜 일'이라고 믿기 때문에, 그 분노마저 또 억누릅니다.

그래서인지, 이들은 종종 자신도 모르게 얼굴을 찡그리거나, 무의식적으로 자기를 책망하는 말을 툭 내뱉습니다. 단순한 짜증처럼 보일 수도 있지만, 사실은 **마음속에서 기준과 충동이 부딪히며 생긴 고통의 흔적**입니다.

"나는 잘해야만 사랑받을 수 있어."

이처럼 1번 유형은 **높은 도덕적 기준과 완벽함**을 추구합니다. 그 근원은 어디에서 왔을까요?

많은 1번 유형 사람들은 어린 시절, 너무 이른 나이에 책임을 짊어진 경험을 갖고 있습니다.

"너는 착한 아이야."
"이건 옳지 않아."
"틀리면 안 돼."

이런 메시지 속에서 자란 이들은, **사랑받기 위해선 반드시 잘해야만 한다**

는 **믿음**을 품게 됩니다.
그래서 본능적으로 올라오는 감정, 예를 들어 화를 내고 싶거나 울고 싶거나, 실컷 뛰어놀고 싶은 마음이 생겨도 1번 유형은 스스로 이렇게 말합니다.

"이건 나쁜 감정이야. 참아야 해."

그렇게 억제된 감정은 쌓이고 쌓여 결국 **속에서 끓는 분노**가 되지만, 그 분노조차 마음속 검열관은 허용하지 않습니다.
결국, 1번 유형은 '판단 → 분노 → 후회 → 다시 판단'이라는 고단한 내면의 루프 속에 갇히게 됩니다.
내면의 코치와의 평생 동행
이 모든 과정의 중심에는 '**내부의 비판자**', 혹은 '내면의 코치'가 있습니다. 이 코치는 늘 옆에서 말합니다.

"좀 더 잘해야지."
"그건 부족했어."
"다시 해. 이건 너답지 않아."

이 목소리는 처음엔 1번 유형을 보호하기 위해 생겼습니다. 비난받지 않기 위해, 실수하지 않기 위해. 하지만 어느새 이 목소리는 그들을 혹독하게 몰아붙이며, 완벽하지 않으면 용납할 수 없게 만듭니다.

자기 자신에게 엄격한 만큼, 타인의 실수에도 쉽게 예민해지게 되고, 점차 삶은 유연함보다는 경직된 기준으로 가득 차게 되죠.

진짜 성장 _ 내면의 비판자에게 말 걸기

그렇다면 1번 유형의 진짜 성장은 어디서 시작될까요?
그건 바로 **내면의 비판자와 싸우는 것이 아니라, 그 존재를 이해하는 것**에서 시작됩니다.

"그래, 네가 나를 보호하려 했다는 거 알아."
"고마워. 하지만 지금은 괜찮아."

이렇게 말해줄 수 있을 때, 1번 유형은 조금씩 완벽이라는 무거운 짐을 내려놓고, **있는 그대로의 자신을 받아들이는 길**로 나아갈 수 있습니다. 실수해도 괜찮고, 모든 걸 잘하지 않아도 괜찮다는 걸 받아들일 수 있을 때, 이들은 더 인간적이고 따뜻한 존재가 됩니다.

1번 유형은 세상을 더 나은 곳으로 만들고자 하는 **강한 사명감**이 있는 사람들이지만, 동시에 그 사명을 향한 길 위에서 가장 먼저 **자신을 용서해야 할 사람들**이기도 합니다.

"오디세이아(Odyssey)"로 보는 에니어그램 1번 유형의 상징적 이야기

완벽한 나라, 불완전한 신의 분노 _ 스케리아와 파이아케스

여행의 끝자락에서, 오디세우스(Odysseus)는 수많은 모험과 고난 끝에 마침내 낯선 땅, **스케리아(Scheria)**에 도착합니다. 그곳은 신들이 손수 다듬은 듯 질서 정연하고, 고요하며, 아름다운 섬이었습니다. 이곳을 다스리는 민족은 **파이아케스(Phaeacians)**. 그들은 예의 바르고, 도덕적이며, 전통을 무엇보다 소중히 여기는 사람들입니다.

파이아케스의 삶은 규율과 구조로 이루어져 있었습니다. 왕궁은 청동 벽으로 둘러싸여 있고, 내부는 건축적으로 완벽한 조화를 이루고 있습니다. 이들은 숙련된 항해사들이며, 바람과 파도 속에서도 정확한 항로를 유지합니다. 그들은 오디세우스를 따뜻하게 맞이하였고, **그를 그의 고향 이타카로 돌려보내는 것이 자신들의 도덕적 의무**라고 판단하였습니다.

그 결정은 자연스러운 일이었습니다. 파이아케스는 항상 옳은 일을 해왔고, 이번에도 마찬가지였습니다. 그들은 정중하게 오디세우스를 환대하였고, 최고의 배를 준비해 선물과 함께 떠나보냈습니다.

그러나 바로 그 순간, 바다 너머에서 이 모든 과정을 지켜본 **포세이돈**이 분노하였습니다. 그는 오디세우스를 여전히 벌하고자 하였고, 파이아케스가 그의 뜻을 거슬렀다고 생각하였습니다. 포세이돈은 오디세우스의 **배를 돌로 바꾸어 버렸습니다.** 또한, 그들의 항구 주변에는 **산을 일으켜** 바다로 나아가는 길을 막으려 하였습니다.

파이아케스는 신의 분노를 감지하였고, 급히 거대한 제사를 준비하였습니다. 그들은 포세이돈을 향해 **기도하고 속죄하며**, 그동안 자신들이 쌓아온 미덕으로 신의 노여움을 달래려 하였습니다. 하지만 이 사건은 **완벽과 도덕만으로는 신의 감정을 다 다스릴 수 없음**을 보여주었습니다.

겉으로 보기엔 이상적인 나라였지만, 그들의 완벽주의는 때로 **경직되고 무미건조한 집착**으로도 비칠 수 있었습니다. 호메로스는 이들을 '**무미건조한 선행자**'로 묘사하며, **지나친 이상은 때로 신의 자연스러움과 충돌할 수 있음**을 암시합니다.

오디세우스는 그들의 도움으로 이타카로 돌아가는 데 성공하였지만, 파이아케스는 신의 분노라는 대가를 치러야 했습니다. 이 이야기는 우리에게 **도덕적 완벽만으로 세상의 모든 위험을 피할 수는 없다는 것, 그리고 선한 의도라도 신의 질서나 자연의 흐름을 거스를 수 있다는 것**을 전해줍니다.

이처럼 오디세우스와 파이아케스의 이야기는, **완벽함과 도덕이 인간의 삶에 얼마나 중요하면서도 한계를 가질 수 있는지**를 보여줍니다. 규율과 질서를 사랑한 사람들의 선의가 신의 분노 앞에서 시험받았던 순간, 그들은 비로소 **"옳은 일"만으로는 부족할 수 있다는 진실**을 마주하게 되었습니다.

완벽의 덫에서 부서진 자아
_ "레 미제라블(Les Misérables)"의 '자베르(Javert)'

무대가 어둠 속에 잠기고, 한 줄기 빛이 내리쬡니다. 그림자 속에서 자베르가 등장합니다. 단단히 채워진 군복, 직선으로 꺾인 턱, 그리고 눈빛엔 법의 냉정한 빛이 서려 있습니다. 그는 누구보다 정의를 믿고, 질서를 수호하며 살아온 사나이입니다.

"법은 곧 정의다."

그는 자신에게, 세상에게, '옳아야 한다'라는 잣대를 들이댑니다. 불의를 보면 참을 수 없고, 모순을 보면 분노가 끓어오릅니다. 그러나 그 분노조차 드러내지 않습니다. '분노는 약자의 감정'이라며 꾹 눌러둡니다. 그의 삶은 냉철한 원칙과 절제된 감정, 그 위에 세워진 고요한 긴장으로 이루어져 있습니다.

무대의 조명이 서서히 바뀝니다. 따뜻한 빛이 한 남자, **장 발장**을 비춥니다. 과거의 죄인이었지만 지금은 누군가의 생명을 구하고, 한 소녀의 삶을 책임지는 사람. 법은 그를 죄인이라 말하지만, **양심은 그를 성인이라 부릅니다.**

자베르는 갈등합니다.

"죄를 지은 자도 변할 수 있는가?"

"법을 어겼어도, 선한 사람일 수 있는가?"

그의 심장은 조용히 금이 가기 시작합니다. 단 한 사람, 장 발장. 그로 인해 평생 쌓아온 도덕의 성벽이 무너지고 있습니다. 자베르의 세계엔 **회색이 없습니다.** 오직 흑과 백, 죄와 정의, 옳고 그름만이 존재합니다. 그러나 이제, 그는 그 두 사이에서 미끄러지고 있습니다.

법을 따라야 하는가,

정의를 따라야 하는가.

그 둘이 다르다면, 나는 무엇을 선택해야 하는가.

자베르의 심장은 두 개의 북소리처럼 울립니다. 하나는 법을 향한 충성, 다른 하나는 인간을 향한 연민.

하지만 그는 중간 지대를 견디지 못합니다. 애초에 그의 내면에는 타협이 없습니다. 완벽해야만 했던 소년, 사랑받기 위해 늘 '옳아야만' 했던 아이가 자라 만든 갑옷은 너무 단단했습니다.

결국, 그는 그 갑옷 안에서 **숨이 막혀버립니다.**

그는 장 발장을 놓아줍니다. 그 순간, 법을 버렸고, 자신의 정체성도 버렸습니다.

더는 자신이 누구인지 알 수 없습니다.

그리고, 강가.

조명이 서서히 어두워지고, 마지막 장면.

자베르는 별 하나 없는 밤하늘을 올려다보며 조용히 속삭입니다.

"나는 법이었고, 이제는 없다."

물결이 조용히 그를 삼킵니다.

그는 완벽이라는 이상을 믿고 평생을 살아왔지만, 진정한 정의와 자비를 마주했을 때, 스스로를 용서하지 못하고 붕괴합니다.

어쩌면 누구보다 **옳고 싶었던**, 그리고 **사랑받고 싶었던** 사람이었습니다.
그러나 그 완벽함이, 결국 그를 무너뜨린 것이지요.
뮤지컬 "레 미제라블" 속 자베르의 노래가 다시 귓가에 들려옵니다.

"Stars, in your multitudes…"
"별들이여, 그 수많은 무리 속에서…"

차가운 별빛처럼 반짝이는 그의 도덕,
그러나 그 아래에는 누구보다 뜨거운 내면이 숨어 있었습니다.
이처럼 자베르의 이야기는 **에니어그램 1번 유형의 비극적 아름다움**을 담고 있습니다.

분노의 마지막, 그 끝에 무엇이 기다리는가? _ 영화 "세븐"에서

황량한 들판.
불타는 태양 아래, 고요한 바람만이 이따금 먼지를 일으킵니다.
헬리콥터의 소리가 멀리서 희미하게 울리며, 세 인물이 등장합니다.

형사 데이빗 밀스(브래드 피트).
그 옆엔 노련한 파트너 **서머셋 형사(모건 프리먼)**.
그리고, 머리카락 한 올 흐트러짐 없는, 차분한 표정의 살인범 **존 도(케빈 스페이시)**.

존 도는 자발적으로 경찰서에 자수했습니다.
그리고 마지막 두 시체가 어디 있는지를 말해주겠다며, 이 끔찍한 결말로 형사들을 끌어들였습니다.

현장에 도착한 그들 앞에 **택배 트럭**이 나타납니다.
불길한 침묵.
서머셋이 조심스레 트럭으로 다가가 상자를 엽니다.
그리고 그 순간— 그의 표정이 굳어집니다.

"데이빗… 가만히 있어. 총 내려놔."
"뭐야, 무슨 일이야?"

"제발… 지금은 총 내려놔."

그의 눈빛은 흔들리고, 손은 떨립니다.
그 안에 **트레이시(데이빗 밀스의 아내)의 머리**가 있다는 사실을 감지한 데이빗.
존 도의 목소리가 조용히 스며듭니다.

"그녀는 임신 중이었어요. 하지만 당신은 몰랐죠."
"그 행복한 삶, 그 따뜻한 미래가 당신 손에 있었습니다."
"그래서 난 그녀를 죽였어요. 당신의 '분노'를 유혹하기 위해서요."

데이빗의 손이 떨립니다.
눈에 핏줄이 서고, 이마엔 땀이 맺힙니다.
그는 숨을 몰아쉬며 괴성을 지릅니다.

"그만… 그만해…!"

분노는 터질 듯이 부풀어 오릅니다.
손에 쥔 총은 점점 더 위협적으로 흔들리고, 심장은 귀를 찢을 듯 뛰고 있습니다.
그리고 마침내—

"What's in the box?!!"

그의 절규가 대지를 울립니다.
서머셋은 한 손을 내밀며 간절히 외칩니다.

"데이빗, 그가 원하는 걸 하지 마! 그를 이기라고!"

하지만 너무 늦었습니다.
모든 것을 잃은 남자의 눈에서 희망은 사라졌고, **정의는 복수로 뒤바뀝니다.**

총성이 울립니다.
존 도는 쓰러지고, 마지막 죄악 '분노'는 완성됩니다.

카메라는 멀리서, 마치 신의 눈으로 이 장면을 내려다봅니다.
경찰차가 도착하고, 헬리콥터가 머리 위를 맴돕니다.
데이빗은 멍하니 선 채로, 자신이 무너뜨린 마지막 선의 경계를 바라봅니다.
분노의 끝에 남은 건, 승리도 정의도 아닌 **공허**뿐입니다.

그리고 서머셋의 마지막 대사.

"세상은 싸울 가치가 있는 곳이야. 난 그 말에 동의하지."

하지만 카메라는 말없이, 황량한 들판 위에 가라앉은 채
우리에게 조용히 묻습니다.

'당신이라면, 그 순간에 어떤 선택을 했겠는가?'

이 장면은
인간 내면의 나약함, 복수의 유혹, 그리고 '정의란 무엇인가'에 대한 철학적 질문입니다.
세븐의 마지막은 우리에게 차가운 거울을 들이댑니다.
그리고 말없이 묻습니다.

'그 분노의 방아쇠를, 당신도 당기겠는가?'

다섯 화살의 상징
_ 세계 최고의 부호 로스차일드 가문(Rothschild family)이 세계 최고의 와인 생산지 소유주가 되기까지

오래전, 독일 프랑크푸르트(Frankfurt)의 유대인 게토 한켠에 작은 동전 가게를 운영하던 남자가 있었습니다. 그의 이름은 **마이어 암셸 로스차일드**(Mayer Amschel Rothschild, 1744-1812). 사람들은 그를 평범한 상인이 아닌, 약속을 지키는 사람, 신뢰할 수 있는 사람으로 기억했습니다. 동전을 사고팔고, 귀금속을 다루던 그는 조용히, 그러나 단단하게 신뢰를 쌓아갔습니다. 그러던 어느 날, 운명처럼 그의 삶을 바꿔줄 손님이 찾아옵니다. 독일의 **빌헬름 공**(Landgrave Wilhelm IX)이 그를 어용상인(court factor)으로 임명한 것입니다. 이는 계약 그 이상의 의미로, 유럽 금융 역사 속에 하나의 씨앗을 심는 일이었습니다.

마이어는 세상을 보는 눈이 남달랐습니다. 그는 언제나 자녀들에게 이렇게 말하곤 했습니다. "한 개의 화살은 쉽게 부러지지만, 다섯 개는 절대로 꺾이지 않는단다." 그는 다섯 명의 아들을 가졌고, 그들을 다섯 개의 유럽 중심지로 보냈습니다. 첫째 **암셸 마이어 로스차일드**(Amschel Mayer Rothschild)는 프랑크푸르트(Frankfurt)를 지켰고, 둘째 **살로몬 마이어 로스차일드**(Salomon Mayer Rothschild)는 오스트리아 빈(Vienna)으로, 셋째 **나탄 마이어 로스차일드**(Nathan Mayer Rothschild)는 영국 런던(London)으로, 넷째 **카를 마이어 로스차일드**(Carl Mayer Rothschild)는 이탈리아 나폴리(Naples)로, 막내 **제임스 마이어 로스차일드**(James

Mayer Rothschild)는 프랑스 파리(Paris)로 파견되었습니다. 마치 다섯 개의 활이 각기 다른 방향을 향해 날아가듯, 그들은 서로 떨어져 있지만 늘 정보를 주고받으며 하나의 몸처럼 움직였습니다.

이들은 돈을 불리는 것에만 머물지 않았습니다. **나폴레옹 전쟁 (Napoleonic Wars)**이 유럽을 뒤흔들던 시기, 셋째 아들 나탄(Nathan Mayer Rothschild)은 영국 정부에 막대한 자금을 지원하며, 국가의 안정을 도왔습니다. 그는 로스차일드 가문의 이름으로 수천 킬로미터에 걸쳐 금을 옮겼고, 그 여정 속에서도 단 한 번의 약속도 어기지 않았습니다. 1815년, **워털루 전투(Battle of Waterloo)**가 끝나고, 그는 누구보다 먼저 소식을 접했습니다. 시장이 요동치기 직전, 그는 영국 국채를 대량으로 매입했고, 이후 국채 가격이 급등하면서 그는 막대한 이익을 얻었습니다. 사람들은 이 이야기를 두고 '금융 역사상 가장 위대한 승부수'라 부르기도 했습니다. 그러나 나탄은 말했습니다. "**돈은 내가 이룬 것이 아니라, 신뢰를 지킨 결과일 뿐이다.**"

로스차일드 가문은 가족을 철저히 보호했습니다. 경영은 오직 남자 형제들에게만 맡겨졌고, 딸이나 사위는 경영에 참여하지 못했습니다. 가까운 친척끼리 혼인하는 일도 드물지 않았습니다. 이처럼 폐쇄적인 시스템은 가문의 자산을 지키는 데 큰 역할을 했습니다. 19세기 말, 나탄의 장남인 라이오넬 드 로스차일드(Lionel de Rothschild)의 세 아들, 너대니얼(Nathaniel de Rothschild), 앨프레드(Alfred de Rothschild), 레오(Leopold de Rothschild)는 세계에서 가장 부유한 인물로 손꼽혔습니다. 그들은 금융에만 그치지 않고 미술관을 건립하고(Museum patronage),

도서관을 설립하며(Library sponsorship), 예술가들을 후원하는 등(European art patronage) 유럽 문화 전반에 활력을 불어넣었습니다. 또한 시온주의(Zionism) 운동을 지지하며, 20세기 초 이스라엘 건국을 위한 자금을 지원했습니다. 로스차일드 가문이 세운 첫 번째 유대인 정착지는 오늘날에도 이스라엘에 남아 있으며, 이들은 자신들의 뿌리와 믿음을 잊지 않았습니다.

이 모든 여정의 상징은 가문의 문장에 남아 있는 **다섯 개의 화살**입니다. 각각의 화살은 하나의 아들을 뜻하지만, 동시에 하나로 묶인 형제애와 협력, 그리고 신념의 힘을 상징합니다. 그들은 '다섯 개의 은행이 아니라, 하나의 가문'이었습니다. 각자의 도시에서 은행을 운영했지만, 그 안에는 아버지 마이어(Mayer)의 철학이 흘렀고, 형제들은 정보를 공유하고 힘을 합쳐 마치 한 사람이 움직이는 것처럼 일했습니다.

오늘날 로스차일드라는 이름은 여전히 세계 금융, 예술, 자선, 정치의 중요한 장면 곳곳에 등장합니다. 시간이 지나 그들의 영향력이 예전 같지 않다는 평가도 있지만, '신뢰를 기반으로 세운 제국'이라는 본질은 여전히 사람들의 기억 속에 살아 숨쉬고 있습니다.

'붉은 방패'를 뜻하는 로스차일드(Rothschild) 가문의 문장(紋章)

로스차일드(Rothschild) 가문의 문장은 '붉은 방패'라는 이름처럼, 붉은색 방패 위에 다섯 개의 화살을 움켜쥔 팔이 그려져 있습니다. 이 다섯 화살은 마이어 로스차일드가 유럽의 다섯 도시(프랑크푸르트, 빈, 런던, 나폴리, 파리)에 보낸 다섯 아들을 상징하며, **'한 개의 화살은 쉽게 부러지지만, 다섯 개는 함께 있을 때 부러지지 않는다'**라는 교훈을 담고 있습니다. 형제들은 각지에서 은행을 운영하면서도 정보를 나누고 서로 협력하며 가문의 부와 명예를 키웠습니다. 문장에는 '협조(Concordia), 완전(Integritas), 근면(Industria)'이라는 세 가지 라틴어가 새겨져 있는데, 이는 로스차일드 가문이 중요하게 여긴 화합, 정직, 노력의 가치를 나타냅니다. 이 문장은 **뿔뿔이 흩어져도 마음을 하나로 모아 세계를 움직였던 형제들의 약속이자, 가문의 정신을 담은 상징**입니다

붉은 방패의 상징과 의미는 어디로.: "샤토 라피트 로칠드"와 "샤토 무통 로칠드"의 와인 전쟁

보르도(Bordeaux)와인 세계에서 **샤토 라피트 로칠드(Chateau Lafite Rothschild)**와 **샤토 무통 로칠드(Chateau Mouton Rothschild)**는 단순한 와이너리를 넘어서는 상징적인 존재입니다. 이 두 와인 생산지는 로스차일드 가문의 갈등과 자존심, 그리고 포도밭을 넘어선 드라마 같은 가족사를 담고 있습니다.

이야기는 18세기 독일 프랑크푸르트에서 시작되었습니다. 금융 재벌 마이어 암셀 로스차일드는 다섯 아들에게 유럽 각지의 거점 도시를 맡기며 금융 제국을 구축하였습니다. 첫째 아들 암셀은 프랑크푸르트, 둘째 살로몬은 오스트리아, 셋째 나탄은 영국, 넷째 카를은 이탈리아, 막내 제임스는 프랑스 파리로 보내졌습니다. 이들은 유럽의 정치와 경제에 지대한 영향을 미쳤습니다.

그중에서도 파리에 파견된 막내 제임스(Jakob Mayer Rothschild, 훗날 제이콥에서 James로 개명, 1792~1868)는 다른 형들에 비해 비교적 수월하게 파리 생활에 적응할 수 있었습니다. 맏형 암셀보다 19살, 둘째 살로몬보다 18살, 셋째 나탄보다 15살 어린 그는 형들이 준비해 준 자금을 바탕으로 1817년, 25살의 나이에 파리 중심가에 로스차일드 프레 은행(Rothschild & Co)을 설립하게 됩니다.

제임스는 빠르게 파리의 귀족 문화에 적응하며 예술, 음악, 귀금속 수집, 경주용 말 등의 다양한 취미를 가졌습니다. 이러한 그의 삶은 그가 파리에 마련한 19세기 최고의 호화 저택, 페리에르 앙 브리(Ferrières-en-Brie)를 통해서도 엿볼 수 있습니다. 제임스의 또 다른 꿈은 프랑스 최고의 와인 양조장을 소유하는 것이었고, 그의 눈길은 '왕의 와인'으로 불리던 샤토 라피트에 머물렀습니다. 18세기 초부터 명성이 자자했던 샤토 라피트는 1855년 프랑스 정부가 파리 국제 박람회를 앞두고 보르도 와인의 등급을 매길 때 가장 먼저 1등급으로 선정된, 최고 중의 최고로 인정받는 와인 생산지였습니다. 하지만 당시 샤토 라피트의 소유자인 반러베르크 가문(Vanlerberghe family)은 제임스의 구매 요청을 번번이 거절했습니다.

한편, 로스차일드 가문의 창업자 마이어 암셀 로스차일드의 셋째 아들, 나탄은 가문의 명성을 더욱 높인 인물로 알려져 있습니다. 영국에서 자리를 잡은 나탄의 네 아들 중 넷째 아들인 너대니얼은 파리로 놀러 와 삼촌 제임스와 자주 어울렸습니다. 제임스는 조카 너대니얼과 대화할 때마다 자신의 와인에 대한 꿈을 이야기하며, 보르도의 메독(Medoc) 지역에서 생산되는 와인에 관심을 가지라고 조언했습니다. 너대니얼은 삼촌의 충고를 받아들여 와인에 관한 관심을 키웠습니다.

1850년, 너대니얼은 금융 전략을 확장하기 위해 파리로 이주하게 되었고 그는 유럽 상류 사회와 친해지기 위해 매일 밤 성대한 파티를 열었습니다. 하지만 유대인이라는 이유로 쉽게 받아들여지지 않았습니다. 이때, 삼촌 제임스가 말한 와인이 그에게 돌파구가 될 수 있음을 깨닫게 됩니다. 그는 프랑스의 귀족들처럼 자신이 직접 생산한 와인으로 손님을 대접해 주목받고자 했습니다.

제임스가 샤토 라피트 구매에 애를 먹고 있던 1853년, 너대니얼은 샤토 라피트에서 직선거리로 2km 정도 떨어진 '샤토 브랑 무통'을 매입합니다. 너대니얼은 와인에 대해 깊은 지식은 없었지만, 샤토 무통의 명성이 샤토 라피트에 못 미치더라도 상당한 가치를 지니고 있었기에 이 포도밭을 소중히 여기며 '샤토 무통 로칠드'라는 이름을 붙였습니다. 그러나 2년 후, 1855년 프랑스 정부가 주최한 와인 등급 품평회에서 샤토 무통 로칠드가 1등급이 아닌 2등급으로 매겨졌다는 소식을 듣게 됩니다. 너대니얼은 "조그만 오솔길 하나 건너있는 샤토 라피트는 1등급인데…"라며 이를 인정하지 않았습니다. 그의 야심찬 목표는 아직 멀었음을 실감했습니다.

그러던 중 1868년, 샤토 라피트가 경매에 나왔습니다. 프랑스의 투자가들은 최고의 와인 양조장이 영국인의 손에 넘어가서는 안 된다고 생각해 연합을 결성하고 제임스가 이를 구매하지 못하도록 했습니다. 하지만 제임스는 대리인을 내세워 최고가를 제시했고, 결국 37년의 노력과 기다림 끝에 샤토 라피트를 인수하게 됩니다. 135헥타르에 달하는 거대한 포도밭, **샤토 라피트**'는 '**샤토 라피트 로칠드**'로 **이름을 바꾸었습니다.** 매입 금액은 무려 4,400만 프랑으로, **샤토 무통 로칠드(26헥타르, 112만 프랑)**보다 헥타르당 네 배 이상의 가격이었습니다. 그렇게 1등급 와이너리를 손에 넣은 제임스는 삼촌과 조카 사이에 보이지 않는 경쟁이 시작되었습니다. 하지만 그토록 염원하던 농장을 구매한 지 3개월 만에 제임스는 사망하고 맙니다. 그의 사망 후 샤토 라피트는 세 아들 알퐁소(Mayer Alphonse James de Rothschild), 구스타브(Gustave Samuel James de Rothschild), 에드먼드(Edmond Benjamin de Rothschild)의 공동 소유가 되었습니다. 전쟁과 위기의 시대를 지나 샤토 라피트는 구스타프 로스차일드의 막내아들 로버트 필리프 구스타프 로스차일드(Robert Philippe Gustave Rothschild)를 거쳐 아들 엘리 로스차일드(Élie Rothschild)의 노력으로 점차 복구되었습니다.

한편, 너대니얼이 사망한 후 샤토 무통 로칠드는 1922년부터 손자 바론 필립 로스차일드 (Baron Philippe Rothschild)가 경영을 맡게 됩니다. 필립은 무통을 세계적인 와인 양조장으로 성장시키기 위해 포도 품종을 개선하고 와인 제조 공정을 혁신했습니다. 그의 목표는 무통을 1등급 와인으로 승급시키는 것이었습니다. 하지만 이 과정에서 필립과 사촌 엘리 드 로스차일드가 소유한 샤토 라피트 간의 갈등이 심화 되었습니다. 보르도의 유명 와인 양조장 소유자들의 사교 모임인 '오인회'에서 샤토 무통 로칠드의 소유주인 필립 로스차일드 남작은 샤토 라피트의 소유주 엘리 드 로스차일드 남작에 의해 제외됩니다. 둘은 사촌지간이었지만, 엘리는 필립이 1등급 와인에 오르기 위해 오인회에서 로비를 벌이는 것이 싫었던 것입니다. 오인회는 보르도의 1등급 와인 양조장 소유자들이 모인 모임으로, 당시 **1등급 와인 양조장**은 '샤토 라투르', '샤토 마고', '샤토 오브리옹',

'샤토 라피트 로칠드'가 있었고, '샤토 무통 로칠드'만이 유일한 2등급 와인 양조장이었습니다. 필립은 무통을 1등급으로 승급시키기 위해 끊임없이 노력했으나, 엘리는 무통의 1등급 승격에 강하게 반대했고 이는 두 양조장 간의 갈등을 최고조로 이끌었습니다.

그러나 엘리가 샤토 라피트의 경영에서 물러나고, 조카 에릭 드 로스차일드가 책임을 맡으면서 이 논쟁은 마침내 결말을 맞이하게 됩니다. 1973년, 샤토 무통 로칠드는 드디어 1등급으로 승급하게 된 것입니다. 이는 1855년 이후 처음으로 와인 등급 체계에서 변경된 사례였으며, 그 이후에도 두 양조장은 자존심을 걸고 치열한 경쟁을 이어갔습니다. 무통은 라피트와 비슷하거나 더 높은 가격을 유지하려 했고, 라피트 역시 무통을 따돌리기 위해 계속해서 가격을 인상했습니다.

이 갈등은 새로운 세대에서도 이어졌습니다. 1999년 12월 31일, 필립의 뒤를 이은 무통의 여성 주인 필리핀 남작이 샤토 라피트의 에릭 남작을 자택으로 초대해 100년 묵은 1899년산 샤토 무통을 대접하며 화려한 저녁을 준비했습니다. 하지만 그다음 날, 에릭은 필리핀을 초대해 200년 묵은 1799년산 샤토 라피트를 대접하며 두 포도주 제조업체 간의 자존심 대결이 여전히 진행 중임을 상기시켰습니다.

오늘날, 샤토 라피트 로칠드와 샤토 무통 로칠드는 보르도 와인을 대표하는 상징으로 남아 있습니다. 이들의 경쟁과 갈등은 와인의 품질과 명성을 더욱 부각시키며, 로스차일드 가문의 역사와 복잡한 감정이 세계적인 명작으로 승화되었는지도 모릅니다.

● Endnote
두 와인의 차별점
샤토 라피트는 전통과 품질을 강조하며, 섬세하고 우아한 와인을 생산하는 것으로 유명합니다. 반면, 샤토 무통은 혁신적이고 예술적인 접근을 더 해, 와인 병 라벨에 세계적인 예술가들의 작품을 담는 등 창의적인 마케팅으로 차별화되었습니다. 무통의 와인은 종종 강렬하고 풍부한 맛으로 평가되며, 라피트는 우아함과 균형감으로 유명합니다.

이 두 와인 생산지의 경쟁자 관계는 각기 다른 철학과 접근 방식을 통해 보르도 와인 세계에서 독특한 입지를 구축해왔습니다. 로스차일드 가문의 이름 아래 경쟁하면서도 동시에 서로 다른 개성을 유지하며, 와인 애호가들에게 끊임없는 관심과 사랑을 받고 있습니다.

왕의 와인(Wine of Kings)

샤토 라피트 로칠드가 "왕의 와인"으로 불리게 된 데에는 두 사람의 이야기가 있습니다.

루이 15세(Louis XV)의 총신이자 군사 지도자였던 **리슐리외 공작(Cardinal Richelieu)**이 프랑스 포이약(Pauillac) 지역으로 부임하였을 때 일입니다. 이 지역을 대표하는 샤토 라피트의 맛을 보게 되었고 그 맛과 뛰어난 품질을 극찬하였습니다. 그는 이 와인을 "신에게나 어울림 직한 강장제(Divine tonic)"라고 표현하며, 왕에게 소개했습니다. 이러한 표현은 다른 와인들과 달리 샤토 라피트를 신성한 것으로 묘사함으로써, 와인의 명성을 더욱 높였습니다. 당시 의학적 지식이 부족했던 상황에서, 샤토 라피트는 '의사들의 와인'이라는 별명도 얻었습니다. 이는 와인이 건강에 좋은 효과가 있다고 여겨졌기 때문이며, 사람들은 와인이 해로운 병을 예방하거나 치료할 수 있다고 믿었습니다. 리슐리외 공작의 추천은 샤토 라피트가 프랑스 왕실에서 특별한 지위를 얻게 되는 데 큰 영향을 미쳤습니다.

또 다른 중요한 인물은 루이 15세(Louis XV)의 공식 애첩이자 주요 정치적 조언자로서 왕의 결정에 큰 영향을 미친 **마담 드 퐁파두르(Madame de Pompadour)**입니다. 그녀는 궁정에서 상당한 영향력을 행사했으며, 미식과 와인에 대한 높은 취향으로 알려져 있었습니다. 특히 샤토 라피트를 사랑한 그녀는 이 와인을 왕에게 자주 권했으며, 궁정의 연회에서도 샤토 라피트를 제공했습니다. 마담 드 퐁파두르의 이러한 애정 덕분에 샤토 라피트는 왕실과 신성함을 상징하는 특별한 와인으로 자리매김하게 되었습니다.

이처럼 샤토 라피트는 프랑스 왕실과 귀족들 사이에서 그 명성을 더욱 공고히 할 수 있었습니다.

그리고 또 한 명의 와인 애호가

1790년대 초, 미국의 대사로 프랑스에 주재하고 있던 **토마스 제퍼슨(Thomas Jefferson, 미합중국 제3대 대통령)**은 프랑스의 와인 문화를 접할 기회를 가지게 되었습니다. 그 당시 제퍼슨은 와인 애호가였으며, 프랑스의 다양한 와인들을 맛보는 데 큰 관심을 가지고 있었습니다. 그러던 중, 그는 보르도 지역의 유명 와인인 샤토 라피트 로칠드를 알게 되었고, 그 품질에 매료되었습니다.

제퍼슨은 자신의 외교 임무 중에도 와인 애호가로서의 본능을 잃지 않았습니다. 그는 다양한 프랑스 와인을 연구하고, 특히 샤토 라피트의 와인에 큰 애정을 보였습니다.

흥미로운 사실은, 제퍼슨이 훗날 미국 대통령 자리에 오르게 된 후에도 그의 샤토 라피트에 대한 사랑은 계속되었다는 점입니다. 제퍼슨은 자신의 농장인 몬티셀로(Monticello)에서 샤토 라피트를 즐겼고 대통령 직무 중에도 애정 어린 마음으로 대하며, 그 품질을 높이 평가했습니다.

제퍼슨의 영향력 덕분에 샤토 라피트는 미국의 주요 인물들 사이에서 사랑받는 와인으로 자리 잡게 되었습니다. 그의 와인에 대한 열정은 샤토 라피트가 **"왕의 와인"**이라는 명성을 더욱 공고히 하는 데 기여했습니다.

샤토 라피트 로칠드는 '왕의 와인'으로서 유럽 전역에서 사랑받으며, 최고의 와인으로 인정받게 된 데에는 **루이 15세**가 있었고, 그 후 프랑스의 왕족들만의 와인이 아닌, 미국의 주요 인물들 사이에서도 사랑받는 와인으로 자리 잡게 된 데에는 **제퍼슨**의 영향력 덕분입니다.

두말하면 입이 아픈 와인의 바이블(bible)
_최고의 기준을 위한 샤토 라피트 로칠드의 여정

샤토 라피트 로칠드(Château Lafite Rothschild)의 이야기는 무려 1234년까지 거슬러 올라갑니다. 당시 포이약 북쪽에 있던 베르퇴이유 수도원(Vertheuil Monastery)의 원장 공보드 라피트(Gombaud de Lafite)가 소유하던 포도원이 그 시작이었습니다. 이 포도원의 이름은 가스코뉴(Gascogna) 지방 언어로 "작은 언덕"을 의미하는 "la hite"에서 유래된 "Lafite"라는 이름을 갖게 되었고, 이것이 지금의 샤토 라피트의 이름이 되었습니다.

보르도 그랑 크뤼 와인 역사에서 빼놓을 수 없는 인물 중 하나는 **자크 드 세귀르(Jaques de Segur)**입니다. 그는 1670년에 결혼하여 아들 **알렉상드르 드 세귀르(Alexandre de Segur)**를 낳았고, 알렉상드르는 1695년에 샤토 라투르의 상속녀 **마리 테레즈 드 클로젤(Marie Therese de Clauzel)**과 결혼하게 됩니다. 이 결혼으로 두 유명한 포도원 두 곳이 한 가족이 되었고, 이들 사이에서 태어난 **니콜라 알렉상드르 드 세귀르(Nicolas-Alexandre de Segur)**는 '포도밭의 왕자'라는 별명을 얻으며 샤토 마고 등 여러 포도원을 소유하게 됩니다. 그는 와인 제조 기술을 혁신하고 외국 시장 개척에도 큰 기여를 하였습니다.

그러나 1755년 니콜라가 사망한 뒤 라피트와 라투르는 다시 분리되었고,

이후 프랑스 대혁명(1789년) 당시 샤토의 주인이었던 니콜라 피에르 드 피샤르(Nicolas Pierre de Pichard)는 반혁명 혐의로 1794년 6월 30일 처형되면서 세귀르 가문의 소유는 막을 내리게 됩니다. 이후 라피트는 공공 자산으로 환수되었고, 1797년 네덜란드 상인 화란 그룹에 매각되었습니다.

19세기 초, 샤토 라피트는 네덜란드 상인 그룹으로 넘어간 뒤 반러베르게(Vanlerberghe) 가문이 소유하게 되었습니다. 이 시기 포도원은 1795, 1798, 1818년의 훌륭한 빈티지를 배출하며 명성을 쌓았습니다. 1868년, 샤토가 경매에 나오면서 제임스 마이어 로스차일드 남작이 이를 440만 프랑(현재 가치로 약 1조 원)에 매입하게 됩니다. 이로써 정식 명칭이 '샤토 라피트 로스차일드'로 변경되지만, 안타깝게도 제임스는 매입한 지 3개월 만에 세상을 떠납니다.

1855년에는 보르도 와인의 공식 등급이 정해지면서 일부 그랑 크뤼 샤토들이 전례 없는 전성기를 누리게 됩니다. 그러나 1865년부터 1869년 사이, 포도나무의 뿌리를 갉아 먹는 해충 **'필록세라(Phylloxera)'**가 유럽 전역에 퍼지기 시작하면서 대부분의 포도밭이 황폐화되는 위기를 맞이합니다.

샤토 라피트 로칠드 역시 이 피해를 피할 수 없었습니다. 19세기 후반, 특히 1870~1890년대에 메독(Médoc) 지역을 포함한 보르도 전역에 필록세라가 퍼지면서, 라피트는 미국산 포도나무 뿌리인 '루트스톡(rootstock)'을 도입하게 됩니다. 필록세라에 저항력을 지닌 루트스톡을 유럽 포도 품종에 접붙이는 방식으로 위기를 극복하려 했던 것입니다.

그러나 제1차 세계대전(1914~1918) 동안에는 보르도 지역의 와인 산업도 큰 타격을 입게 됩니다. 전투 중 와인 저장 시설과 생산 설비의 피해를 우려해 귀중한 와인들은 안전한 장소로 옮겨졌고, 유통을 최소화하며 보존 상태를 철저히 관리하려는 노력이 이어졌습니다. 전쟁이 끝난 뒤, 와인 생산과 수출은 활발히 회복되었고, 라피트 로칠드는 점차 명성을 회복해 나갔습니다.

하지만 1929년 세계 대공황은 다시 한번 고급 와인 시장을 위축시켰습니다. 세계적인 경기 침체로 인해 고급 와인 수요가 급감하자, 많은 와인 양조장들이 재정적 어려움에 직면하게 됩니다. 그럼에도 불구하고 샤토 라피트 로칠드는 고품질 와인을 지속적으로 생산하며, 장기적인 관점에서 그 가치를 인정받게 됩니다.

제2차 세계대전(1939~1945) 동안 프랑스는 독일의 점령하에 놓였고, 보르도 지역 역시 예외는 아니었습니다. 독일군은 프랑스 전역에서 많은 양의 고급 와인을 압수했으며, 샤토 라피트 로칠드 역시 주요 표적이 되었습니다. 전쟁 기간 동안 많은 포도주 제조업체들이 자원과 노동력 부족, 물류 어려움 등으로 인해 생산을 중단하거나 크게 축소하였고, 일부 포도밭과 설비는 전쟁의 혼란 속에서 제대로 관리되지 못해 피해를 입었습니다.

세계대전이 끝난 후, 샤토 라피트 로칠드(Château Lafite Rothschild)는 전후 복구와 브랜드 명성 회복에 집중했습니다. 전쟁 동안 손상된 포도밭과 와인 저장고를 신속히 복구하고, 기존 와인의 품질을 유지하기 위해 많은 노력을 기울였습니다. 이러한 노력 덕분에 샤토는 명성을 되찾고, 세계 시장에서의 입지를 더욱 공고히 할 수 있었습니다. 또한 재정적 안정을 확보하고, 지속 가능한 생산 방식을 도입해 장기적인 성공을 도모했습니다. 전후 경제 회복과 함께 품질 높은 와인을 생산하며 국제 시장에서 신뢰를 얻었고, 브랜드의 전통과 가치를 지키는 데 주력했습니다. 이로 인해 샤토 라피트 로칠드는 다시금 글로벌 와인 시장에서 중요한 위치를 차지하게 되었습니다.

하지만 세계대전의 위기를 극복한 후에도, 1973년부터 1976년 사이에는 또 다른 작은 위기가 찾아왔습니다. 이 시기의 주요 문제는 기후 변화와 경제적 압력이었습니다. 1973년과 1974년, 비정상적인 날씨로 인해 포도 작황이 부진했고, 와인의 품질이 저하되었습니다. 여기에 1973년 오일쇼크로 인한 경제 불황이 겹치면서 고급 와인에 대한 수요가 줄었고, 이로 인해 샤토 라피트 로칠드의 명성에도 일시적인 타격이 있었습니다.

특히 1974년 빈티지는 평가가 매우 낮았습니다. 기후 조건이 좋지 않아 포도가 충분히 성숙하지 못했고, 그 결과 와인의 품질이 크게 저하되었습니다. 봄철의 서리와 여름철의 습한 날씨는 포도밭에 큰 타격을 주었고, 수확된 포도의 상태 역시 좋지 않았습니다. 이로 인해 1974년산 와인은 약하고 균형이 맞지 않는다는 평가를 받으며, 역사적으로 낮은 평가를 받은 해로 기록되었습니다. 같은 시기의 1973년과 1975년 빈티지 역시 높은 평가를 받지 못했습니다.

이처럼 어려운 시기를 맞이한 라피트 로칠드에는 변화가 필요했습니다. 1974년, 엘리 드 로칠드(Elie de Rothschild)의 뒤를 이어 에릭 드 로칠드(Eric de Rothschild)가 경영책임을 맡게 됩니다. 그는 **라피트의 우수성을 되찾기 위해 기술팀을 재정비하고, 새로운 파트너십과 합작 투자 프로젝트를 추진해** 세계 시장에서의 입지를 확장했습니다. 이 같은 노력은 라피트를 다시금 명성과 품질을 모두 갖춘 와이너리로 끌어올리는 데 중요한 역할을 했습니다.

앞으로도 샤토 라피트 로칠드에는 수많은 도전과 기회가 기다리고 있을 것입니다. 때로는 영광의 순간이 찾아올 것이고, 때로는 새로운 위기가 닥칠 수도 있습니다. 그럼에도 불구하고, 라피트는 전 세계 와인 애호가들 사이에서 고귀함과 품격의 상징으로 남아 있을 것입니다. 그 자리는 변하지 않을 것입니다.

1985년, 에릭 드 로칠드는 예술 사진 작가들을 초대해 샤토 라피트를 촬영하는 전통을 시작했습니다. 이 아름다운 기록은 라피트의 역사와 철학을 담아내며 전 세계에 공유되었습니다. 현재는 그의 딸, 사스키아 드 로칠드(Saskia de Rothschild)가 가문의 여섯 번째 세대로서 샤토 라피트를 이끌고 있습니다. 그녀는 전통을 존중하면서도 새로운 감각과 비전을 더해, 라피트를 더 넓은 세상과 연결해 나가고 있습니다.

완벽 _ 최고의 품질의 필수조건

샤토 라피트 로칠드(Château Lafite Rothschild)는 보르도 와인 중에서도 가장 명성이 높은 샤토로, 그 완벽함은 뛰어난 토양 조건과 **철저한 블렌딩, 세심한 수확과 숙성 원칙**에서 비롯됩니다. 이 양조장은 5대 샤토 중 가장 넓은 규모인 103헥타르에 달하는 포도밭을 보유하고 있습니다.

라피트 포도밭의 토양은 **석회암과 자갈**로 이루어져 배수가 잘되며, 포도나무가 깊게 뿌리를 내릴 수 있는 이상적인 환경을 제공합니다. 이러한 토양 덕분에 라피트 와인은 **복합성과 광물성 풍미(미네랄리티, minerality)**가 탁월하다는 평가를 받습니다. 재배 품종은 카베르네 소비뇽(Cabernet Sauvignon) 70%, 메를로(Merlot) 25%, 카베르네 프랑(Cabernet Franc) 3%, 프티 베르도(Petit Verdot) 2%로 이루어지며, 빈티지마다 기후와 포도 상태를 반영해 블렌딩 비율을 조정합니다. 예를 들어, 2000년과 2001년 빈티지는 카베르네 소비뇽과 메를로만으로 블렌딩되었으며, **로버트 파커(Robert M. Parker Jr)**로부터 100점 만점을 받은 1996년 빈티지는 카베르네 소비뇽 83%, 메를로 7%, 카베르네 프랑 7%, 프티 베르도 3%의 비율로 구성되었습니다.

라피트의 포도나무 평균 수령은 약 45년이고, 가장 오래된 나무는 90년에 달합니다. 오래된 포도나무는 더욱 농축되고 깊은 풍미를 제공하며, 라피트는 포도밭의 건강과 품질 유지를 위해 매년 전체 나무의 약 1%를 새로 심습니다. 특히 2그루의 포도나무에서 단 한 병의 와인을 만드는 것을 기준으로 삼아 최고의 품질을 고집합니다.

수확 시기는 포도의 완벽한 숙성도를 기준으로 세심하게 결정되며, 모든 포도는 손으로 일일이 선별됩니다. 이렇게 엄선된 포도는 스테인리스 통(stainless steel tank)과 오크 발효통(oak fermentation barrel)에서 18~24일 동안 발효한 뒤, 새 오크통(new oak fermentation barrel)에서 16~20개월 동안 숙성됩니다. 이 과정에서 와인을 정제는 하지만 여과는 생략해 순수하고 깊이 있는 풍미를 유지합니다.

에릭 드 로칠드(Eric de Rothschild)는 오크 숙성 기간을 과도하게 늘리지 않음으로써 라피트 고유의 신선한 과일 향을 살리는 데 집중했습니다. 또한 그는 프랑스 양조학계의 거장 **에밀 페이노(Émile Peynaud)**를 영입해 와인의 신선함과 품질을 한층 강화하는 숙성 기술을 도입했습니다. 그의 지도 아래 라피트는 위기를 극복하고 다시금 세계 최고의 와이너리로 자리매김했습니다.

샤토 라피트 로칠드는 깊고 불투명한 자줏빛의 루비 색채를 띠며, 아몬드, 자두, 블랙베리, 흑연, 광물성 풍미(미네랄리티, minerality), 매콤한 향(스파이시, spicy)이 복합적으로 어우러집니다. 타닌은 촘촘하고 정교하며, 풍부한 맛 속에서도 섬세함과 견고함을 함께 느낄 수 있습니다. 여운은 길고 우아하며, 25년에서 50년 이상 장기 숙성이 가능한 뛰어난 잠재력을 갖추고 있습니다.

오늘날에도 샤토 라피트 로칠드는 고귀하고 완벽한 품질의 상징으로, 전통과 혁신을 아우르는 기준점으로 남아 있습니다.

왜 세계적인 대부호들은 와이너리(Winery)를 탐하는가?
그 진짜 이유는?

로스차일드 가문, LVMH의 베르나르 아르노 회장, 그리고 한국의 정용진 회장처럼 막대한 재산을 가진 세계적인 대부호들의 공통점이 있습니다. **바로 '와이너리를 소유하고 있다'라는 점**입니다. 와인은 돈만 있다고 살 수 있는 것도 아니고, 기술만으로 유지할 수 있는 비즈니스도 아닙니다. **역사와 전통, 예술이 융합된 복합적인 산업**입니다.

로스차일드 가문을 예로 들어볼까요? 이 가문은 이스라엘 국토의 약 80%를 사들여 나라를 세우는 데 중요한 역할을 했다고 알려져 있습니다. 그리고 프랑스 보르도의 1등급 샤토 5곳 중 2곳을 소유하고 있습니다. 그들이 굳이 왜, 이토록 오랜 시간과 정성이 필요한 와이너리를 소유하려는 걸까요? 와이너리가 정말 그렇게 돈이 되는 사업이기 때문일까요?

물론 와인 사업은 경제적으로도 매력적인 면이 있습니다. 특히 고품질의 빈티지 와인은 시간이 지날수록 가치가 상승해, 장기적인 투자 자산이 되기도 합니다. 하지만 와인을 만든다는 건 단순히 **경제적 수익을 넘어서, 엄청난 노력과 안목, 인내를 요구하는** 일입니다. 7,000년 이상의 역사를 지닌 이 농업에는 수많은 데이터와 기준이 존재하기 때문에, 웬만한 와인으로는 사람들의 눈길을 끌기조차 어렵습니다.

즉, 와인은 사업을 넘어 역사와 전통, 예술과 문화를 잇는 고귀한 작업입니다. 우선, 훌륭한 와인을 만들기 위해선 **뛰어난 떼루아(terroir, 포도밭의 환경)**와 그에 맞는 포도 품종이 필수입니다. 여기에 **노련한 와인 메이커, 섬세한 블렌딩 기술, 마케팅 감각, 안정적인 유통망**까지 모두 갖춰야 하죠. 심지어 그 와인을 함께 나눌 수 있는 '친구'들까지 필요합니다. 와인은 결코 혼자서는 완성할 수 없는, **공동의 예술이자 경험**이기 때문입니다.

그런데도 왜 이런 복잡하고 어려운 사업을 세계적인 부호들이 선뜻 선택할까요?

최근 몇 년간 중국의 부호들만 해도 프랑스 보르도 지역의 와이너리를 160곳 넘게 사들였습니다. 그 이유 중 하나는 '와인'이 단지 음료가 아니라 **부의 상징**으로 인식되기 때문입니다. 라피트 와인 한 병은 그저 그런 술이 아니라, 비즈니스 파트너의 **체면을 세워줄 수 있는 특별한 '수단'**이 되기도 합니다. 그래서 '**중국에서 성공하고 싶다면 라피트를 기억하라**'라는 말까지 생겼을 정도입니다.

하지만 와인이 체면만을 위한 수단은 아닙니다.

와인 안에는 그 나라의 문화와 철학을 담고 있으며,
오늘 이 한 모금에는 다시는 재현되지 않을 유일한 순간이 되기에 더욱 소중합니다.

그 한 모금이 어쩌면 다시는 없을지 모른다고 생각하며, 그 순간을 진심으로 즐기고 음미하는 것
—그것이 와인을 진정으로 즐기는 방식 아닐까요?

"완벽의 갈망, 화려함의 비극"
_ 신데렐라 성 그리고 신의 물방울

루트비히 2세(Ludwig II, **바이에른 왕국 제4대 국왕**)가 17년 동안 지은 **노이슈반스타인성**(Neuschwanstein Castle)은, 그의 끝없는 **완벽함을 향한 갈망**을 상징합니다. 독일 바이에른의 외딴 산중에 자리한 이 성은 마치 동화 속 성처럼 환상적인 외관을 자랑합니다. 루트비히 2세는 매일같이 세부 사항을 직접 검토하며, 실제로 동화 속 장면을 현실로 옮기듯 궁전을 완성하고자 했습니다. 그 결과, 이 성은 **화려함과 장엄함이 가득한 걸작**으로 남게 되었습니다.

하지만 그 완벽함에 대한 집착은 결국 비극을 낳았습니다. 끝없는 이상 추구는 그의 외로움과 고립을 심화시켰고, 마침내 그는 권력의 중심에서 밀려나게 되었습니다. 루트비히 2세의 생은 완벽주의와 화려함이라는 빛나는 껍질 아래, **극도의 긴장과 단절이라는 그림자**를 안은 채 마무리되었습니다.

이와 유사한 완벽함의 표현은 샤토 라피트 로칠드의 포도밭에서도 발견됩니다. 샤토 라피트는 5대 샤토 중 가장 넓은 포도밭을 보유하고 있으며, 그 넓은 면적 안에서도 질서와 규율은 한 치의 흐트러짐 없이 유지됩니다. 포도나무는 데칼코마니처럼 좌우 대칭으로 정렬되어 있고, 앞뒤 나무들조차 일란성 쌍둥이처럼 닮아 있습니다. 풀 한 포기조차 허락을 받아야 할 듯한 정밀한 관리 속에서, 포도는 건강하게 자라며 와인의 향과 맛까지도 철저하게 통제됩니다.

에니어그램 1번 유형의 사람들 또한 이와 같습니다. 그들은 결코 가볍지 않습니다. 때로는 7번 유형처럼 쾌활해 보일 수 있고, 4번 유형처럼 감성적으로 보일 수도 있지만, 그 내면에는 언제나 진지함이 자리 잡고 있습니다. 그들의 완벽주의가 잘 작동하면 품위와 우아함으로 드러나지만, 반대로 작동할 때는 무거움과 집착으로 비춰질 수 있습니다.

이들의 심리적 핵심 중 하나는 '**반동 형성(reaction formation)**'입니다. 이는 **자기 안의 혼란이나 본능을 철저히 억누르기 위해 반대되는 태도나 행동으로 나아가는 성향**입니다. 칼처럼 다려진 제복, 거기에 그림자까지 통제하려는 억제력은 **숨이 막힐 정도로 긴장된 문화**를 만들어냅니다. 이러한 긴장은 군대나 병원처럼 생명과 안전이 걸린 현장에서 특히 잘 드러나며, 혼란을 용납하지 않기 위해 강력한 규칙과 시스템을 스스로 만들어냅니다. 마치, 헌법을 만드는 것처럼 말이죠.

법의 여신(유스티티아, Justitia)은 결코 웃지 않습니다. 그것은 그녀가 진지하지 않으면 세상이 무너질 것만 같기 때문입니다. 법이 우리를 얽매는 듯 보이지만, 실상은 우리를 지켜주는 보호막이기도 합니다. 마찬가지로 1번 유형이 추구하는 완벽함은 단순한 강박이 아니라, **질서와 안정이라는 소중한 가치를 지키기 위한 노력**입니다.

샤토 라피트 로칠드의 포도밭은 바로 이러한 정신을 반영합니다. 철저하게 정돈된 포도나무와 그 정밀한 배열은, **완벽함이라는 개념이 어떻게 현실 속에서 구현될 수 있는지를 보여주는 살아 있는 사례**입니다. 때로는 **'너무 완벽해서 오히려 매력이 없다'**라는 생각이 들 수도 있지만, 그 안에는 **깊고 진지한 아름다움**이 담겨 있습니다.

그리고 그 완벽함은 '**시간**'이라는 요소를 만나 비로소 '**예술**'이 됩니다. 와인의 완벽함은 '**숙성**'이라는 유한한 시간 속에서 진정한 빛을 발합니다. 시간이 흐르며 와인은 **복잡하고 섬세한 풍미**를 지니게 되고, 이는 사람의 손으로는 결코 만들어낼 수 없는 **자연과 예술의 합작품으로 승화됩니다**. 숙성의 과정은 **과학적이면서도, 동시에 감각적이며 시적인 여정**이 됩니다.

이처럼 **와인은 매번 새로운 경험을 제공하는 살아 있는 예술**입니다.

시간이 흐르며 변하는 와인의 향과 맛은 절대 같은 순간이 반복되지 않으며, 그렇기에 그 한 모금 한 모금이 특별합니다. 유한한 시간 속에서 변화하는 와인의 여정은, 완벽을 추구하는 인간의 갈망과도 닮았습니다.

그 갈망이 비극으로 끝날 수도 있습니다.

혹은 진정한 예술로 승화될 수도 있습니다.

하지만 분명한 것은, 그 안에는 '**완벽함**'이라는 이상을 향해 나아가는 인간의 고귀한 정신이 담겨 있다는 사실입니다.

> 작은 일도 무시하지 않고 최선을 다해야 한다.
> 작은 일에도 최선을 다하면, 정성스럽게 된다.
> 정성스럽게 되면 겉에 배어 나오고,
> 겉에 배어 나오면 겉으로 드러나고,
> 겉으로 드러나면 이내 밝아지고,
> 밝아지면 남을 감동시키고,
> 남을 감동시키면 이내 변하게 되고,
> 변하면 생육 된다.
> 그러니 오직 세상에서 지극히 정성을 다하는 사람만이 나와 세상을 변하게 할 수 있는 것이다.

-《예기(禮記)》 중용 23번째 장[공자의 손자인 자사가 썼다고 알려져 있으며, 유교의 기초가 되는 책이다]

● Endnote

왜 이렇게 샤토 라피트와 로스차일드 이야기가 길게 나올까요?

와인에 별 관심이 없어도, 로스차일드라는 이름은 역시나 어디선가 들어본 기억이 있으실 겁니다. 세계 금융을 뒤흔든 그 이름, 로스차일드. 알고 보니 그들의 저녁 식탁 위엔 샤토 라피트 한 병이 올라가 있었던 거죠.
아니 아예 포도밭을 소유하고 있는 것입니다.

와인은 그걸 마시는 사람들의 품격과 철학, 시대를 보는 눈까지 담고 있죠. 그러니 그들이 고른 와인을 살펴보는 건, 그들의 **'진짜 속마음'**을 엿보는 일이나 다름없습니다.
샤토 라피트 로칠드—그건 세계를 바꾼 가문이 선택한 **'완벽의 정의'**였던 셈이죠.

에니어그램 2 유형_____

기쁨의 거품 속에 춤추는 외로운 새

태양의 권력, 거울의 그림자

"짐이 곧 국가다."

그의 눈빛에는 흔들림이 없습니다.
그것은 확신을 넘어 자만심으로 빛나는 왕의 눈빛입니다.
그러나 거울 속 왕의 얼굴은 마치 그 화려함을 지탱하는 깊은 고독을 비추는 듯합니다.

루이 14세는 프랑스의 태양왕 (Le Roi Soleil).
어린 시절부터 그는 태양처럼 모든 것을 비추는 존재가 되고자 했습니다. 왕좌에 오른 지 얼마 지나지 않아 일어난 프롱드 반란(La Fronde)은 어린 왕에게 권력이란 얼마나 위태로운 것인지 가르쳤습니다. 하지만 루이는 결코 굴하지 않았습니다. 그는 더 눈부시게, 더 뜨겁게 빛나야만 한다는 것을 깨달았고, 그 순간부터 스스로를 프랑스와 동일시했습니다.

'프랑스는 곧 나다. 나 없이는 프랑스도 없다.'

루이는 권력의 언어를 알고 있었습니다.
그 언어는 단지 정치와 전쟁만이 아니었습니다.
그는 예술을 사랑했습니다. 어린 시절 발레리노(ballerino)로 무대 위에 오르며 태양처럼 주목받는 법을 배웠습니다.

음악과 춤, 연극, 건축—그 모든 것은 그의 또 다른 무기이자 권력의 표현이었습니다.

그의 가장 위대한 작품 중 하나는 베르사유 궁전이었습니다.
베르사유는 그의 왕권을 상징하고 귀족을 통제하는 거대한 무대였습니다. 거울의 방에 모여든 귀족들은 매 순간 왕의 눈빛과 표정을 읽으며 숨을 죽였습니다. 루이는 그들에게 예절과 사교를 가르치는 척했지만, 실상은 완벽한 통제를 위한 계산된 연극이었습니다. 그 화려한 무도회와 연회는 모두 '**태양**'의 존재를 더욱 눈부시게 하기 위한 배경이었습니다.

그러나 그 궁전의 화려한 황금빛 장식 뒤에는 또 다른 루이의 열정이 있었습니다. 그것은 와인에 대한 사랑이었습니다. 루이는 미식과 와인에 집착할 만큼 열정을 쏟았고, 특히 샴파뉴 지역의 스파클링 와인에 매료되었습니다. 그의 **연회에서 샴페인이 터질 때마다, 그 거품은 왕의 위엄을 더욱 돋보이게 했습니다**. 그의 궁정에서 샴파뉴가 자주 제공되면서, **샴파뉴 와인은 유럽 전역에서 왕의 술로 알려졌고**, 그 인기는 급격히 퍼져나갔습니다. 베르사유의 와인 저장고에는 프랑스 전역에서 모아온 귀한 와인들이 빼곡히 보관되어 있었습니다. 루이는 연회에서 손님들에게 최고의 와인을 대접하며 자신의 위신을 과시했습니다.

그러나 왕의 화려함 뒤에는 인간 루이의 그림자도 있었습니다. 화려한 연회가 끝난 밤, 거대한 거울의 방에서 홀로 남은 루이는 자신의 얼굴을 바라보았습니다.
그는 누구보다 강하고 완벽해 보였지만, 스스로가 짊어진 고독과 무게는 결코 가벼운 것이 아니었습니다.
왕이라는 존재로 살기 위해, 그는 자신의 감정을 가리고 늘 빛나야 했습니다.

그의 말년, 루이는 거대한 제국과 예술, 와인, 궁전이라는 유산을 남겼습니다.
그러나 그 눈빛은 여전히 묻고 있었습니다.

'**나는 진정한 태양이었을까, 아니면 그저 빛을 연기한 배우였을까?**'

1715년, 황혼의 빛이 베르사유를 물들이던 그날, 태양왕은 영원히 저물었습니다.
예술을 사랑한 왕, 절대 권력을 꿈꾼 태양, 그리고 그 화려한 빛 뒤에 숨겨진 고독한 인간.
그는 자신감과 자만심을 동시에 품고 살았고,
그만이 때로는 혁명의 씨앗이 되었으며, 동시에 **프랑스를 유럽 문화의 중심지로 만든 원동력**이기도 했습니다.

베르사유의 장미

안개가 스며든 베르사유(Versailles)의 정원이 황금빛 아침 햇살에 반짝입니다.
그 빛을 뚫고 한 여인의 얼굴이 떠오릅니다.
마리 앙투아네트(Marie Antoinette).
1755년 오스트리아 빈(Vienna)의 호프부르크 궁(Hofburg Palace)에서 태어난 소녀 마리아 안토니아(Maria Antonia Josepha Joanna)는 황후 마리아 테레지아(Maria Theresa)의 열다섯 번째 아이로 태어났습니다. 귀여움과 생기 넘치는 성격으로 가족의 사랑을 받았던 그녀는, 그러나 자신의 운명이 그토록 거대한 역사의 소용돌이에 휘말릴 줄 알지 못했습니다.

14세가 되던 해,
프랑스 왕위 계승자 루이 오귀스트(Louis-Auguste, 훗날 루이 16세, Louis XVI)와의 정략결혼(arranged marriage)을 위해 빈을 떠났습니다. 1770년 5월 16일, 그녀는 프랑스 대공작(더팡, Dauphin)과 베르사유 로열 채플(Royal Chapel)에서 결혼식을 올렸고, 곧 마리 앙투아네트(Marie Antoinette)라는 프랑스식 이름을 갖게 되었습니다.

화려한 궁정의 첫날, 거대한 거울의 방에서 눈부신 장신구와 드레스 속에 감춰진 그녀의 눈빛은 설렘과 두려움이 뒤섞여 있었습니다.

'나는 여왕으로 사는 것이 꿈이었는데, 이제는 그 자리를 내려놓고라도 자유롭게 살고 싶다.'
이 속삭임은 훗날 전해진 그녀의 말로, 낯선 땅에서의 설렘과 두려움, 그리고 깊은 외로움을 압축한 내면의 고백이었습니다.

베르사유에서 그녀는 점점 패션과 예술의 아이콘으로 떠올랐습니다. 하늘 높이 올린 가발, 새하얀 드레스, 구슬처럼 반짝이는 보석들. 모든 시선은 그녀를 향했고, 마리 앙투아네트는 패션으로 자신을 지켜내려 했습니다. 그러나 화려한 드레스와 향수 뒤에는 **가족의 기대, 왕실의 의무, 그리고 남편과의 복잡한 관계에서 오는 깊은 고독**이 숨어 있었습니다. 첫 아이를 얻기까지 7년이라는 시간이 걸렸고, 네 명의 아이 중 두 명을 잃는 슬픔도 감당해야 했습니다.

'아이들을 모두 잃은 어머니에게 남은 건 이 피뿐이다.
그 피가 필요하다면 가져가라. 다만 오래도록 고문하지는 말아 달라.'
이 말은 그녀가 단두대 앞에서 남긴 절망과 모성의 마지막 목소리를 담고 있습니다.

1784년부터 세간의 이목을 사로잡은 다이아몬드 목걸이 사건은 그녀를 향한 민중의 시선을 돌이킬 수 없는 불신으로 바꾸었습니다. 그녀는 사건과 무관했지만, 낭비벽과 허영심의 화신이라는 이미지가 각인되며 '빵이 없으면 케이크를 먹으면 되지!'라는 왜곡된 말까지 그녀의 입에서 나온 것으로 떠돌았습니다. (사실 그녀가 이런 말을 했다는 기록은 없습니다.)

1789년, 혁명(French Revolution)의 불길이 베르사유에까지 번져왔습니다. 민중의 분노는 성난 파도처럼 궁정을 덮쳤고, 왕실은 점점 고립되었습니다. 마리 앙투아네트는 가족과 함께 궁정을 탈출하려 했지만, 1791년 바렌(Varennes)에서 체포되고 말았습니다. 그날 밤, 그녀는 칠흑 같은 하늘을 올려다보며 속으로 속삭였을 것입니다.
'이제 어디로 갈 수 있을까? 나는 여왕이지만, 동시에 한 여인일 뿐인데…'

1792년 8월, 왕정은 폐지되고 그녀는 루이 16세와 함께 감옥에 수감됩니다. 남편이 처형된 후 그녀에게 남은 것은 단 하나, 아이들을 지켜야 한다는 어머니로서의 본능이었습니다. 그러나 혁명재판은 냉혹했고, 그녀에게는 반역자라는 낙인만 남았습니다.
1793년 10월 16일, 콩코르드 광장(Place de la Révolution). 하얀 드레스를 입은 마리 앙투아네트가 단두대 앞에 섰습니다. 그녀가 집행관의 발을 실수로 밟았을때 이렇게 말했습니다.
"죄송해요, 제가 일부러 그런 것이 아닙니다." 마지막 순간까지 품위를 잃지 않으려는 그녀의 말투는 담담했지만, 그 눈빛에는 슬픔과 체념이 동시에 어려 있었습니다.
칼날이 떨어지자, 베르사유의 화려한 거울 방에 가득 차 있던 빛은 마치 한순간에 꺼져버린 듯했습니다.
그러나 그 이름, 마리 앙투아네트는 죽음 이후에도 여전히 전설처럼 빛나고 있습니다.

그녀는 시대의 희생양이었고, 동시에 자유와 존엄을 갈망했던 **한 인간**이었습니다.

[하이직 창업주 플로랑-루이 하이직이 마리 앙투아네트에게 자신의 샴페인을 헌정하는 모습]

샴페인 거품처럼 솟아오른 황제의 야망과 고독

"승자는 샴페인을 마실 자격이 있고, 패자에게는 샴페인이 필요하다."

나폴레옹 1세(Napoleon I, 본명 Napoléon Bonaparte)가 남긴 이 말은 **한 잔의 샴페인이 승리의 환희와 패배의 위로를 모두 담은 인생의 상징임을** 보여줍니다.

1769년 8월 15일, 코르시카섬(Corsica)에서 태어난 소년 나폴레오네 디 부오나파르테(Napoleone di Buonaparte)는 어린 시절부터 자신 안에 불타는 야망을 품고 있었습니다. 평범한 군인의 아들로 태어났지만, 그는 누구보다 빠르게 검과 전략의 언어를 익혔습니다. 9살 어린 나이에 프랑스로 건너가 군사 학교에 입학했고, 남들보다 작은 체구에도 불구하고 머리와 심장은 거대한 제국을 그려내고 있었습니다. 프랑스 혁명(French Revolution)의 혼돈은 그의 무대였습니다. 혁명의 불길 속에서 그는 혁명군의 장교로 두각을 드러내며 전장에 자신의 이름을 새겼습니다.

'나는 왕관을 조용히 줍지 않았다. 나는 그것을 피투성이 손으로 움켜쥐었다.'

나폴레옹의 이 말은 그의 집념과 야망을 그대로 보여줍니다. 이탈리아 원정에서 그는 천재적인 전략으로 오스트리아군을 격파하며 프랑스의 영웅으로 떠올랐습니다. 이어진 이집트 원정은 실패와 승리, 신비와 모험이 뒤섞인 서사였지만, 그마저도 나폴레옹을 더 전설적인 인물로 만들었습니다. 1804년, 그는 스스로를 프랑스 황제(Emperor of the French)로 선언하며 왕관을 자신의 손으로 씌웠습니다. 그 순간, 파리 노트르담 대성당(Notre-Dame Cathedral)에는 세상을 향한 그의 선언이 울려 퍼졌습니다.

'내 운명은 내가 만든다.'

그러나 전쟁의 황제는 사랑에서도 거침없었습니다. 그는 첫 번째 아내 조세핀 드 보아르네(Joséphine de Beauharnais)에게 깊은 사랑을 바쳤습니다. **'조세핀, 너는 내 심장의 여왕이다.'** 전장 한가운데서도 그녀에게 편지를 보냈고, 그 편지마다 불타는 애정과 그리움이 담겨 있었습니다. 하지만 조세핀이 아이를 낳지 못하자 그는 후계자를 위해 오스트리아 합스부르크 왕가의 마리 루이즈(Marie Louise)와 재혼합니다. 조세핀을 향한 그의 사랑은 여전히 꺼지지 않았지만, 제국의 운명을 위해 그는 마음을 접을 수밖에 없었습니다. 사랑과 권력 사이에서 그는 늘 분열된 채 살아갔습니다.

나폴레옹과 샴페인의 인연은 빼놓을 수 없는 이야기입니다. 그는 모엣 가문의 장 레미 모엣(Jean-Rémy Moët, 모엣 샹동)과 친분을 맺었고, 전투에서 승리할 때마다 샴페인을 꺼내어 병목을 검으로 잘라내는 **'사브라주(Sabrage)'**로 축배를 들었습니다.

그러나 아무리 위대한 황제라도 운명은 영원하지 않았습니다. 1812년 러시아 원정은 그에게 치명적인 패배를 안겼습니다. 혹한과 굶주림 속에서 프랑스군은 서서히 무너져갔고, 그날 이후 나폴레옹의 별빛은 서서히 희미해졌습니다. 1814년 그는 황제의 자리에서 퇴위하고 엘바섬(Elba)으로 유배되지만, 단 10개월 만에 탈출해 파리에 돌아옵니다. 백일천하(The Hundred Days). 단 100일 동안 다시 황제의 자리에 오르지만, 워털루 전투(Battle of Waterloo)에서 마지막 패배를 맞이합니다. 영국군과 연합군의 포화 속에서 나폴레옹의 전설은 마침내 무너져내렸습니다.

'내가 다시 시작할 수 있다면, 더 신중했을 것이다. 하지만 내 영혼은 여전히 불타고 있다.' 워털루 패배 이후 그는 세인트헬레나섬(St. Helena)으로 유배되어 고립된 삶을 보냅니다. 대서양의 바람과 외로움 속에서 그는 자신의 삶을 돌아보았습니다.

황제의 화려함 뒤에는 언제나 한 인간으로서의 고독이 있었습니다. 샴페인을 마시며 그는 자신에게 물었을지도 모릅니다.

'나는 승자인가, 패자인가? 승리란 무엇이고, 패배란 무엇인가?'
1821년 5월 5일, 그의 숨결은 대서양 한가운데의 섬에서 조용히 꺼졌습니다.

하지만 샴페인 병을 뚫고 솟아오르는 힘찬 자신감이 담긴 그의 명언은 힘든 역경에서 우리를 다시 한번 일어서게 합니다.

'내 사전에 불가능이란 없다!'

에니어그램 2번 유형의 개요

사랑받기 위해 사랑하는 사람

에니어그램 2번 유형은 '마음 기반(center of heart)'에 속합니다. 이들의 중심 에너지는 사랑받고 싶은 욕구와 깊은 관련이 있습니다. 하지만 아이러니하게도, 이들은 자신의 사랑받고 싶은 욕구를 잘 느끼지 못합니다.
오히려 '내가 너를 도와줄게', '네가 필요로 하는 걸 해줄게'라며 타인을 먼저 챙기죠.
왜냐하면 '내가 너에게 이렇게 잘하면, 너도 나를 사랑해줄 거야'라는 무의식적 믿음을 가지고 있기 때문입니다.

2번 유형의 내면에는 이런 목소리가 있습니다.

'내가 먼저 다가가야 해. 그래야 사람들이 날 좋아해.'
'나보다 상대를 생각해야 내가 사랑받을 수 있어.'
'도움이 필요하지 않으면, 사람들은 날 떠날 거야.'

예를 들어, 친구가 힘들어할 때 2번 유형은 가장 먼저 달려갑니다.
"괜찮아? 내가 도와줄게." 그들은 다른 사람의 감정을 꿰뚫어 보듯 잘 읽고, 상대가 필요로 하기 전에 미리 손을 내밉니다. 그래서 주변에서는 '**정말 따뜻한 사람이야.**', '**너 없으면 안 돼**'라는 말을 자주 듣습니다.

하지만 그들의 마음속에는
'**나는 괜찮아, 나는 필요 없어**'
라는 자기 부정이 숨어 있습니다.

사실은 '**나도 사랑받고 싶어, 나도 필요해**'
라는 강한 욕구가 있지만,

'**받는 것보다 주는 것**'이 더 안전하다고 생각해 그것을 감춥니다.

2번 유형은 늘 타인을 위해 마음을 씁니다. 그러나 그 과정에서 자신의 필요와 감정을 억누르고 있기에, 마음속 깊은 곳에서 이런 생각이 피어오릅니다.

'왜 아무도 나한테는 물어봐 주지 않아?'
'나도 힘들고 외로운데, 왜 내 마음은 모르지?'
'나는 이렇게 열심히 하는데, 왜 고맙다는 말도 안 해?'

이런 서운함이 쌓이면, 어느 순간 '**감정 폭발**'이 일어나기도 합니다. 그동안 억눌렀던 섭섭함과 분노가 한꺼번에 터져 나오는 거죠. 하지만 폭발 후에는 또다시 후회합니다.
'내가 너무 이기적이었나? 다음엔 참아야지.'

많은 2번 유형은 어린 시절 '**착하고 사랑스러운 아이여야 사랑받는다**'라는 조건부 사랑을 경험합니다.

'엄마는 네가 이렇게 잘 도와줄 때 정말 기뻐.'
'다른 사람 생각 먼저 해야 예쁜 아이야.'
'화내면 안 돼, 나쁜 아이처럼 보여.'

이런 메시지를 들으며, 2번 유형은 **'내가 원하는 걸 표현하면 사랑받을 수 없다'**라는 믿음을 갖게 됩니다.
그래서 감정을 삼키고,
'좋은 사람'의 가면을 쓰게 됩니다.

진짜 성장 _ '사랑받기 위해 주는 나'에서 '있는 그대로 사랑받는 나'로

그렇다면 2번 유형의 진짜 성장은 어디서 시작될까요?
그건 바로

'내가 진짜 원하는 사랑은 무엇일까?'
를 묻는 데서 시작됩니다.

'사실 난 힘들어.'
'나도 필요해.'
'지금은 내가 돌봄을 받고 싶어.'

이렇게 자기 마음을 있는 그대로 인정하고 말할 수 있을 때, 2번 유형은 진짜 사랑을 받기 시작합니다.

예를 들어, 친구가 부탁해도 사실 마음은 지쳐 있을 때가 있습니다.
예전 같으면 '거절하면 내가 싫어질 거야'라는 두려움에 억지로 도와줬을지도 모릅니다.
하지만 진짜 성장한 2번 유형은 이렇게 말할 수 있습니다.

'미안하지만, 오늘은 내가 너무 피곤해서 힘들어. 대신 다음에 꼭 도와줄게.'

이 말은 처음엔 무섭게 느껴질 수 있습니다. 하지만 놀랍게도, 이런 솔직함이 관계를 더 건강하게 만듭니다. 상대방도 진짜 '당신'을 볼 수 있고, 있는 그대로의 당신을 존중하게 됩니다.

2번 유형이 진짜 성장하면 '**주는 사랑**'이 **더 이상 거래가 아닙니다.**
'내가 이렇게 해주면 너도 날 사랑해야 해'라는 숨은 기대 대신,
'**나는 그냥 너를 좋아해서 이걸 해줄 거야**'라는 순수한 마음으로 변하죠.

그리고 더 중요한 건,

'**나는 아무것도 하지 않아도 충분히 사랑스러운 사람**'
이라는 사실을 깊이 느끼게 됩니다.
그때 2번 유형은 타인의 인정이나 필요에 휘둘리지 않고, **더 넓고 자유로운 사랑을 나눌 수 있습니다.**

"오디세이아(Odyssey)"로 보는 에니어그램 2번 유형의 상징적 이야기

붙잡는 사랑에서 놓아주는 사랑으로 _ 칼립소(Calypso)와 오디세우스(Odysseus)

끝없이 펼쳐진 푸른 바다 한가운데, 햇살에 반짝이는 신비로운 섬 오지기아(Ogygia)가 있습니다. 이곳은 호메로스(Homer)의 오디세이아(Odyssey)에서 오디세우스(Odysseus)가 고향으로 돌아가기 전에 마지막으로 머무르는 장소입니다. 섬은 황홀할 만큼 아름답습니다. 숲은 비단처럼 푸르고, 바람은 꿀처럼 달콤하며, 새들의 노래는 천상의 음악처럼 울려 퍼집니다. 그러나 이 낙원 같은 섬은 오디세우스에게는 자유를 앗아가는 황금 감옥이었습니다.

이 섬의 주인은 빛나는 여신 칼립소(Calypso)입니다. 그녀는 "가장 고귀한 님프(nymph)", "여신 중 가장 빛나는 존재"라고 묘사됩니다. 황금빛 머리카락과 은은한 미소로 모든 것을 감싸는 칼립소는 원형적 양육자(archetypal nurturer)입니다. 그녀는 오디세우스에게 최고의 음식을 차려주고, 그의 상처를 돌보며, 그가 필요로 하는 모든 것을 아낌없이 제공합니다. 그러나 그녀의 사랑에는 한 가지 조건이 있었습니다. 그가 절대 이 섬을 떠나지 않는 것입니다.

칼립소는 오디세우스에게 유혹적인 제안을 합니다.

"내 곁에 머문다면, 너를 불멸의 존재로 만들어 줄게. 죽음 따위는 걱정하지 않아도 돼."

영원한 젊음과 평화, 그야말로 신들이나 누릴 수 있는 특권입니다. 하지만 오디세우스의 마음은 늘 먼 곳을 향합니다. 그는 자신의 아내 페넬로페(Penelope)와 아들 텔레마코스(Telemachus)가 기다리는 고향 이타카(Ithaca)로 돌아가고 싶어 합니다. 아무리 불멸의 삶이 주어진다 해도, 자신의 자리를 대신할 수는 없다는 것을 알고 있기 때문입니다.

그러나 칼립소의 사랑은 점점 **집착과 소유**의 형태로 변해갑니다. 그녀의 따뜻한 보살핌은 오디세우스를 행복하게 하기보다, 그를 섬에 붙잡아 두려는 힘으로 작용합니다. 오디세우스는 점점 자신의 꿈과 자유를 잃어가며 고통스러워합니다. 그때 신들의 왕 제우스(Zeus)가 나서서 칼립소에게 명령합니다.

"그를 놓아주어라. 그의 고향길을 방해하지 마라."

이 명령 앞에서 칼립소는 처음으로 진짜 사랑이 무엇인지를 깨닫습니다.

그녀는 오디세우스가 떠나는 것을 원치 않지만, 그의 행복과 자유가 자신보다 더 소중하다는 것을 인정합니다.
그래서 그녀는 직접 그의 귀향을 돕습니다.

배를 만들어 주고, 음식과 바람을 준비하며, 더 이상 아무런 조건도 걸지 않습니다.

'사랑한다면, 붙잡지 말고 보내줘야 해.'

칼립소는 이 단순하지만 어려운 진리를 몸소 보여줍니다.

칼립소의 이야기는 에니어그램 2번 유형의 원형적 여정을 상징합니다.
처음 그녀의 사랑은 '도움을 주는 대가로 사랑을 받으려는' 조건적 사랑이었습니다.
하지만 마지막에 그녀가 오디세우스를 자유롭게 보내줄 때, 그것은

'진짜 사랑은 상대의 행복을 우선하는 조건 없는 마음'

이라는 2번 유형의 성숙한 모습을 보여줍니다.

황금빛 석양이 바다 위를 물들이고, 배에 올라탄 오디세우스가 점점 멀어져 갑니다.
해변에 홀로 서서 손을 흔드는 칼립소의 눈에는 아쉬움이 담겨 있지만, 그 안에는 새로운 평화가 깃들어 있습니다.
그녀는 비로소 **사랑을 소유가 아닌 자유의 이름으로 이해하게 된 것입니다.**

사랑과 허상
_ 반짝이지만 거품처럼 사라지는

샴페인(Champagne)은 모든 와인 중에서 가장 앞서 나가는 존재감을 지니고 있습니다.
원래 '샴페인'이라 함은 프랑스 샹파뉴(Champagne) 지역에서 나는 스파클링 와인만을 일컫지만, 여기서는 그 반짝임과 활기를 지닌 탄산이 들어간 발포성 와인 전체 - 스파클링 와인(Sparkling Wine), 까바(Cava), 스푸만테(Spumante), 크레망(Crémant), 프로세코 (Prosecco), 세크트 (Sekt) - 를 포함해 이야기하겠습니다.

샴페인을 터뜨리는 순간, 축제가 시작되었다는 신호탄이 울립니다.
'펑'
하는 기분 좋은 소리가 울려 퍼지고, 플루트(flute)잔 위로 수천만 개의 작은 거품들이 서로 경쟁하듯 빠르게 올라옵니다.
이 거품들은 마치
'나 먼저, 나 먼저!'
라고 외치는 듯한 활기찬 움직임으로 우리의 시선을 사로잡습니다.
혀에 닿는 순간, 그 거품들은 솜사탕처럼 부드럽게 녹아 입안을 간질이고, 그 기분 좋은 자극은 코와 혀를 거쳐 뇌로 전달됩니다.
우울하거나 무거웠던 마음은 어느새 가벼워지고, 머릿속 고민도 잊게 만듭니다.

그래서 샴페인은 언제나 분위기를 띄우고 싶을 때 가장 완벽한 선택이 됩니다. 샴페인 병을 뚫고 솟아오르는 거품처럼 2번 유형도 **자신감 넘치고 밝은 에너지**로 사람들 앞에 서는 존재이기 때문입니다.

이 샴페인의 찬란한 존재감으로 다가온 영화
'위대한 개츠비(The Great Gatsby)' 속 주인공 개츠비의 사랑도 샴페인과 닮아 있습니다.
개츠비는 찬란하지만 동시에 쓸쓸한 도깨비 같은 인물로, 자신의 사랑을 표현하기 위해 매일 밤 파티를 열고 샴페인을 터뜨립니다. 그의 손에 들린 샴페인은 **모엣 샹동 임페리얼(Moët & Chandon Impérial)**
이 샴페인은 **나폴레옹 탄생 100주년을 기념해 만들어진**, 명품 중의 명품으로 VIP들 사이에서 인기가 높습니다.
개츠비의 파티에서 이 **샴페인은 화려함과 풍요로움의 상징이며, 동시에 그의 허황된 꿈과 사랑의 욕망**을 드러냅니다. (2013년 개봉한 영화 '위대한 개츠비' 중에서)

샴페인의 가장 큰 특징은 병 속에서 발생하는 자연스러운 2차 발효 과정에서 생기는 미세한 이산화탄소(CO_2) 거품입니다. 17세기, 돔 페리뇽(Dom Pérignon)이라는 수도사가 이 놀라운 현상을 처음 발견했고, 그것이 지금 우리가 즐기는 샴페인의 탄생 배경입니다. (사실로 입증된 기록은 없습니다.)

이 작은 거품들이 얼마나 부드럽고 고운지가 샴페인의 품질을 가늠하는 척도가 되기도 합니다. 인위적으로 거품을 넣는 스파클링 와인과는 달리, 병 안에서 2차 발효가 진행되면서 자연스럽게 거품이 생성되는 샴페인은 자연발효에서 우러나오는 고품질의 거품으로 인해 가격도 높고 특별한 존재가 되었습니다.

개츠비가 펼치는 화려한 파티와 샴페인의 거품처럼, 2번 유형은 자신의 진짜 감정보다는 타인의 관심과 사랑을 얻기 위해 화려한 **'즐거움'**과 **'흥분'**을 좇습니다. 그러나 이런 순간적인 쾌락과 관심은 진정한 내면의 결핍을 채워주지 못합니다. 오히려 그들의 진짜 감정을 왜곡시키고, **자신의 존재가 온전히 인정받지 못하는 아픔을 숨기게 만듭니다.**

이렇듯 '춤추는 외로운 새' 유형의 **자존심과 존재감**은 반짝이는 허상과도 같습니다. 겉으로는 빛나고 화려해 보여도, 그 **안쪽에는 깊고 큰 슬픔**이 숨어 있습니다.
짜릿하고 흥분되는 순간들은 사람들의 관심을 끌고, 잠깐은 마음을 안정시키는 효과도 줍니다. 하지만 이런 감정들은 피상적인 수준에서만 작용할 뿐입니다. 즐거움도 마찬가지입니다. '춤추는 외로운 새' 유형은 자신이 진짜 모습을 지키지 못한 채, 늘 누군가의 주목을 받으며 기쁨과 황홀함을 계속해서 추구하려고 합니다.
그래서 **'위대한 개츠비'**의 허황된 삶과 사랑처럼, 자신도 완전히 믿지 못하는 **가짜 감정과 진짜 감정을 혼동**하는 어려움에 빠지게 됩니다. 이런 상황에서 '춤추는 외로운 새' 유형은 자신의 존재가 깊이 느껴지지 않는 결핍감을 채우기 위해 미친 듯이 애쓰게 됩니다.

자존심이란 결국, 이 **'존재의 결핍'을** 버티기 위한 **방패**인 셈입니다.
그리고 이 결핍은 때로 **오만한 성격**으로 나타나기도 합니다.
존재가 부족하다는 느낌을 유쾌함이나 흥분으로 억누르려 하는 것이지요.

하지만 이런 즉각적인 쾌락이나 만족은 진정한 성장에 필요한 깊은 만족감을 주지 못합니다.
오히려 현실에서 겪는 상실과 아픔을 잠시 잊게 해줄 뿐입니다. 이런 강박적이고 무절제한 쾌락주의는 '히스테리(hysteria)' 같은 자유롭고 거친 성격을 띠기도 하며, 결국 삶에서 진정으로 이루고자 하는 목표에 도달하는 데 방해가 됩니다.

샴페인은 예상치 못한 2차 발효를 통해 와인의 새로운 지평을 열고, 인류에게 크나큰 기쁨과 즐거움을 선사했습니다.

'춤추는 외로운 새' 유형 역시 그 **빛나는 존재감과 넘치는 사랑으로 세상을 환하게 밝힙니다.**
그들이 내뿜는 **따뜻한 에너지와 진심 어린 관심은** 마치 샴페인의 반짝이는 거품처럼 주변을 환하게 물들입니다.

하지만 샴페인이 그 화려한 거품 뒤에 숨겨진 포도의 깊고 풍부한 본질을 **잊으면,**
결국
그 진가를 잃어버리듯이,
단순한 즐거움과 인기에 집착하다 보면
자신만의 깊은 내면, 진정한 '나'를 잃어버릴 위험이 있습니다.

우리 모두가 기억해야 할 것은,
샴페인의 찬란한 빛깔과 소리 너머에 숨겨진 **포도의 깊은 진실과 가치입니다.**
바로 그 본질이야말로 진정한 삶의 맛이고, 지속되는 사랑과 기쁨의 근원입니다.

오늘 밤,
빛나는 샴페인 거품처럼 우리를 유혹하는 달콤한 매혹을 거부하기는 쉽지 않을 것입니다.
그러나 그 달콤함 너머,

진정한 자기 자신과 만나 깊은 평화와 사랑을 발견하는 여정을 포기하지 말아야 합니다.

● Endnote

결론적으로 2번 유형의 성격에서 나타나는 악순환은 이렇게 설명할 수 있습니다.
마음속에 '**나는 충분히 사랑받지 못한다**'라는 존재적 결핍이 있습니다. 이 결핍을 메우기 위해 2번 유형은 더 사랑받기 위해 자신을 과장하고, 타인을 기쁘게 하고 돕는 행동을 합니다. 그렇게 해서 생기는 '**자부심**'이 마치 자신을 지탱하는 힘처럼 느껴집니다. 하지만 이 자부심은 잠시뿐이고, 다시 내면의 결핍을 더 크게 자극합니다. 이 악순환을 알아차릴 때, 비로소 진정한 치유가 시작됩니다.

치료와 성장은 **어린 시절의 상처를 대신 채워주는 '좋은 관계'**를 제공하는 것만으로는 부족합니다. 오히려 스스로의 **진정한 존재를 느끼고, 진짜 나다운 만족감을 매일의 삶 속에서 차근차근 키워가는 재교육**이 필요합니다. 그럴 때만이 2번 유형은 진정으로 자신을 사랑할 수 있고, 남들에게 사랑받으려는 강박에서 자유로워질 수 있습니다.

에니어그램에서는 2번 유형이 '희극'의 성격, 4번 유형이 '비극'의 성격을 지녔다고 말합니다.
4번 유형이 **삶의 상실과 결핍, 슬픔을 깊이 체험하고 그것을 존재의 의미로 승화**시키려 한다면,
2번 유형은 **관계와 인정 속에서 자신을 빛내며 마치 무대 위에서 즐겁게**

연기하듯 살아갑니다.

그런데, **2번 유형(교만가)과 7번 유형(탐닉가)** 사이에는 놀라운 공통점이 있습니다. 두 유형 모두 다정하고 따뜻하며, 사람들에게 매력적으로 보입니다. 자기애적 성향(나 자신을 사랑하려는 욕구)도 강하게 공유합니다. 하지만 그 자기애를 유지하는 방식은 전혀 다릅니다.

2번 유형은 감정으로 사람들을 사로잡습니다. '**내가 널 얼마나 사랑하는지 알아?**'라는 메시지를 온몸으로 보내며, 사랑받고 싶은 마음에 자신을 더 아름답게 포장합니다. 부족하고 연약한 모습은 최대한 숨기려 하죠.

7번 유형은 **아이디어, 재미, 지적인 매력**으로 사람들을 유혹합니다. 그들의 자기애는 새로운 가능성과 즐거운 경험을 만들어내며 유지됩니다.

둘의 가장 큰 차이는 관계에서의 태도와 에너지의 방향성입니다.

7번 유형은 대체로 상냥하고 유연한 외교가 타입인 반면, **2번 유형은 상황에 따라 다정할 수도 있지만, 때로는 사랑을 얻기 위해 싸우는 '공격적 열정'**을 드러낼 수도 있습니다. 그래서 2번 유형을 표현할 때 종종 이런 말을 합니다.

'사랑하라, 그리고 전쟁을 벌여라(Love and wage war).'

자기애의 본질을 보면 이 차이는 더 분명해집니다.

7번 유형의 자기애는 보다 '내향적'입니다. 그들은 스스로의 가치와 가능성, 아이디어를 믿으며, 그 안에서 자신을 중재하고 설득합니다. 마치 '내가 가진 생각이 나를 살린다'라는 믿음이 있죠.
반면 2번 유형의 자기애는 감정적이고 '외향적'입니다.
그들은 **타인에게 사랑받는 순간 자신이 가치 있는 존재임을 확신합니다.**
하지만 이 사랑은 늘 조건부이기에, **자신을 끊임없이 미화하고 '더 좋은 모습'으로 꾸며내는 데 에너지를 쏟게 됩니다.**

왕비의 기쁨에서 마릴린의 잔까지
파이퍼 하이직(Piper Heidsieck)

안개가 피어오르는 포도밭 위로 아침 햇살이 황금빛 빛줄기를 뿜어내며 스며듭니다.
서늘한 공기 속에서 굵고 단단한 포도알들이 이슬을 머금고 반짝이는 그 광경은, 마치 거품 속에서 춤추는 샴페인의 생명력과도 닮았습니다.
이곳은 프랑스 북동부의 **샹파뉴(Champagne)** 지방,
대지와 하늘이 빚어낸 축복의 땅입니다. 바로 이 땅에서, 18세기 말 세계를 뒤흔들 샴페인이 탄생했습니다.
그 이름은 '**파이퍼 하이직(Piper Heidsieck)**'입니다.

시간은 18세기 랭스(Reims)로 거슬러 올라갑니다. 플로렌스-루이 하이직(Florens-Louis Heidsieck),
그는 본래 평범한 옷감 상인이었으나 와인을 만난 순간, 전혀 다른 세상과 마주했습니다. 풍요로운 샹파뉴의 테루아와 마주한 그 순간, 그는 운명을 직감했다고 합니다.

'나는 한 여인을 웃게 하기 위해 이 샴페인을 만든다.'
이는 훗날 전해진 그의 말로, 사랑과 열정이 그의 손끝에서 한 병의 샴페인으로 피어났습니다.
1785년, 그는 '하이직 & Co.'라는 이름으로 첫 샴페인을 세상에 내놓았습

니다. 그리고 단 3년 뒤인 1788년, 그는 프랑스의 왕비 마리 앙투아네트(Marie Antoinette)에게 이 샴페인을 헌정합니다. 왕비는 첫 모금을 맛본 순간, 곧바로 그 황홀한 거품에 매혹되었습니다.

'파이퍼 하이직'의 역사는 이 순간부터 본격적으로 시작되었습니다. 마리 앙투아네트는 이 샴페인을 **'왕비의 기쁨'**이라 부르며 애정을 아끼지 않았고, 이 샴페인은 곧 프랑스 왕실의 공식 연회에서 빠질 수 없는 술로 자리 잡게 되었습니다. 그 후 유럽 14개 왕실의 인증을 받으며 파이퍼 하이직의 이름은 귀족과 예술가, 왕족의 입을 통해 전 대륙으로 퍼져나갔습니다.

19세기 초, 창립자 플로렌스-루이 하이직이 세상을 떠난 뒤 브랜드를 이어받은 사람은 그의 조카 크리스티앙 하이직(Christian Heidsieck)이었습니다. 그러나 브랜드의 진정한 도약은 앙리 기욤 파이퍼(Henri Guillaume Piper)와의 운명적인 만남으로 이루어졌습니다. 파이퍼는 영업과 마케팅을 총괄하며, 특히 왕실을 상대로 한 영업 감각이 뛰어난 인물이었습니다. 1835년 크리스티앙 하이직이 갑작스럽게 세상을 떠난 후, 1838년 앙리 파이퍼는 크리스티앙의 미망인과 결혼하게 됩니다. 이 결혼을 계기로 회사 이름은 공식적으로 Piper Heidsieck으로 변경되었으며, 파이퍼는 사랑과 세련된 전략이라는 두 축을 기반으로 회사를 혁신한 인물로 기억됩니다. 이 이름은 이후 전 세계로 퍼져나가며 '왕실의 샴페인'이라는 타이틀을 더욱 공고히 하게 되었습니다.

샴파뉴의 비밀은 어디에 있을까요? 그것은 차갑고 석회질이 풍부한 토양, 그리고 이 지역 특유의 서늘한 기후입니다. 파이퍼 하이직은 지금도 전통적인 샴페인 제조 방식을 고집합니다. 병 내에서 이루어지는 2차 발효 과정을 통해 한 병에 6천만 개의 거품이 살아 숨 쉬도록 숙성시키며, 이러한 미세하고 부드러운 거품이 바로 파이퍼 하이직의 품질을 결정짓는 상징이자 영혼입니다.

1885년, 파이퍼 하이직은 창립 100주년을 맞아 샴페인을 예술의 경지로 끌어올렸습니다. 러시아 황실의 보석 세공사 칼 파베르제(Fabergé)는 이 브랜드를 위해 다이아몬드와 금, 청금석으로 장식한 레르 큐베 뒤 쌍뜨네르(Rare Cuvée du Centenaire)를 제작했습니다. 이는 하나의 예술 작품이었습니다. 그리고 1985년, 반 클리프 & 아펠(Van Cleef & Arpels)과의 협업을 통해 파이퍼 하이직은 다시 한번 예술과 와인이 만나는 장엄한 순간을 만들어냈습니다.

오늘날 파이퍼 하이직은 샴페인을 넘어 **문화와 예술의 상징**으로 자리매김하고 있습니다.
칸 영화제, 아카데미 시상식, 세계적인 예술 행사에서 축배의 순간은 언제나 파이퍼 하이직과 함께 빛납니다. 275개가 넘는 국제 수상 기록은 그 명성을 증명하며, 이 샴페인이 왜 수 세기 동안 사랑받아왔는지 보여줍니다.
'나는 샤넬 No.5를 입고 잠들며, 파이퍼 하이직 한 잔으로 아침을 맞는다.' 배우 메릴린 먼로가 남긴 이 유명한 말은, 파이퍼 하이직이 사람들의 삶을 환하게 밝히는 상징임을 잘 보여줍니다.

그녀에게 이 샴페인은 하루를 여는 빛이자 자신감 그 자체였습니다.
거품은 잠시 머물다 사라지지만, 파이퍼 하이직이 남긴 흔적은 길고도 깊습니다. 1785년의 작은 꿈에서 시작해 왕비와 예술가, 배우와 왕족에게 사랑받아온 이 샴페인은 오늘도 전 세계의 축제와 삶의 한 장면을 황금빛으로 물들이고 있습니다.

● **Endnote**

안개가 내려앉은 샹파뉴(Champagne) 지방의 에페르네(Épernay), 부드러운 언덕과 석회질 토양 위로 황금빛 햇살이 스며드는 이곳에서 세계적인 샴페인 하우스 모엣 샹동(Moët & Chandon)의 전설이 시작되었습니다. 1743년, 클로드 모에(Claude Moët, 1683-1760)는 프랑스 왕실 루이 15세(Louis XV) 궁정과 교류하며 모에 앤 시(Moët et Cie)를 설립했고, 이는 곧 샹파뉴를 대표하는 이름이 되었습니다. 그의 외손자 장 레미 모에(Jean Rémy Moët, 1758-1841)는 사업을 세계로 확장하며 샴페인의 진정한 황금기를 열었고, 오트빌리에 수도원(Hautvillers Abbey)의 포도밭을 인수해 돔 페리뇽(Dom Pérignon)이라는 전설적 샴페인을 탄생시켰습니다. 에페르네의 테루아는 풍부한 석회질 토양과 해양성·대륙성 기후가 어우러진 독특한 환경으로, 오늘날 모엣 샹동은 1,150헥타르의 포도원을 소유하며 16개의 그랑 크뤼(Grand Cru)와 25개의 프리미에 크뤼(Premier Cru) 밭을 관리하고 있습니다. 그 와인의 품질은 110km에 달하는 지하 석회암 셀러에서 수년간 숙성되며 완성됩니다.

19세기 장 레미 모에는 세계 각국의 권력자들과 교류하며 샹파뉴의 명성을 확산시켰습니다. 그는 나폴레옹 1세(Napoleon I)와 우정을 쌓았고, 나폴레옹은 전장에서 승리할 때마다 모엣 샹동을 꺼내어 병목을 검으로 자르는 '사브라주(Sabrage)'로 축배를 들었습니다. 모엣 샹동의 시그니처(signature) 샴페인인 브뤼 임페리얼(Brut Impérial)은 나폴레옹을 기리며 만들어졌습니다. 오늘날 모엣 샹동은 루이뷔통-모에 헤네시(LVMH) 그룹에 소속되어 세계 최대 샴페인 생산자로서 연간 수천만 병의 샴페인을 전 세계에 공급하고 있습니다.

모엣 샹동은 '축하와 환희의 상징'으로 자리를 잡았습니다. 포뮬러 1(F1, 세계에서 가장 유명하고 권위 있는 모터스포츠 대회 중 하나) 대회의 공식 샴페인으로 다시 선정되며 글로벌 럭셔리 아이콘으로 부활했고, 사브라주와 샴페인 피라미드 같은 독창적 전통을 통해 '축제의 미학'을 선도하고 있습니다. 또한 지속 가능한 농업을 위해 ISO14001 인증과 Natura Nostra 프로그램을 도입, 친환경 와인 생산에도 앞장서고 있습니다.

나폴레옹이 승리의 상징으로 삼았던 샴페인. **모엣 샹동은 왕실과 예술, 전쟁과 사랑, 혁명과 축제의 한가운데에서 280년이 넘는 세월 동안 찬란히 빛나며 세계 샴페인의 역사를 써 내려가고 있습니다.**

에니어그램 3 유형_____

반짝반짝 우리들의 영웅

감칠맛 _ 와인에서 콜라를?

코카콜라를 처음 마셨던 순간을 기억하시나요? 아니면 피자나 햄버거를 처음 맛보았던 때를요? 70년대에 태어난 저자는 그 첫 경험을 아직도 잊을 수가 없습니다. 당시 한식은 고추장, 된장, 김치 같은 지역색이 더해진 우리 음식이 주를 이루었고, 가끔 접하는 서양 음식, 중국 요리, 일본 요리가 전부였습니다. 그런데 미국 음식, 특히 피자와 햄버거를 처음 접했을 때, 정말 눈이 휘둥그레졌습니다.

미국 음식의 맛은 이전에 경험한 것들과는 확실히 달랐습니다. 처음엔 어색하고 낯설었지만, 한 입, 두 입 먹다 보면 점점 더 끌리는 중독적인 맛이었죠. 콜라도 마찬가지였습니다. 첫입에 톡 쏘는 탄산은 조금 낯설게 느껴졌지만, 목을 타고 넘어가면서 퍼지는 청량함과 단맛은 이상하게 기운을 나게 해주는 신기한 맛이었습니다. 당시 피자, 햄버거, 그리고 콜라는 허기를 달래는 음식이 아니라, 그 자체로 미국 문화를 느끼게 해주는 특별한 존재들이었죠. 레스토랑의 격식을 벗어나 언제 어디서든 편안하고 자유롭게 즐길 수 있는, 세련되고 감각적인 분위기랄까요?

미국 와인도 이와 비슷한 감성을 전해줍니다. 언제든지, 어디서든 가볍게 따서 즐길 수 있고, 어떤 음식과도 잘 어울리는 유연함이 마치 콜라 같은 와인이라고 할 수 있습니다. 물론, 이제는 미국 와인의 맛이 유럽 와인에 가까워졌다는 평가도 있지만, 제가 바라보는 미국 와인의 보편적 매력을 이야기하자면, 바로 **로버트 몬다비(Robert Mondavi)**가 떠오릅니다. 로버트 몬다비는 한국에서 가장 잘 알려진 미국 와인 브랜드로, 대중적으로 맛이 좋아 호불호가 거의 없고, 세계 최초로 와이너리 투어를 도입해 와이너리 마케팅의 선두주자가 되었습니다. 이제는 미국 와인 하면 자연스럽게 로버트 몬다비가 떠오르는 이유입니다.

저는 로버트 몬다비의 맛을 '**감칠맛**'이라고 표현하고 싶습니다. 감칠맛은 여러 가지 맛이 어우러져 혀에 딱 붙는 매력적인 맛입니다. **둥글고 풍부하면서도 입안 가득 퍼지는 부드러움**이 특징이죠. 로버트 몬다비의 와인 라벨은 바로 눈에 띕니다. 양조장의 이미지를 라벨에 배치해 브랜드 신뢰도를 높이고, 브랜드를 쉽게 알아볼 수 있도록 디자인되었습니다. 화려함보다는 실용성을 중시한 이 디자인은, 나파 밸리(Napa Valley)의 광활한 포도밭처럼 그 풍요로움을 와인에서도 그대로 느낄 수 있게 해줍니다.

싱싱한 코르크를 열고 잔에 따른 와인은 깊은 루비 레드 색을 띠며, 바닐라 향과 포도 농축 향이 터지듯 올라옵니다. 그 향은 바로 침샘을 자극하며, 입안에 닿는 한 모금은 마치 벨벳처럼 부드럽게 흘러내립니다. 언제 지나갔는지 알 수 없이 목구멍을 지나, 오일(oil)처럼 미끄러지는 질감은 그 자체로 매력적입니다.

그리고 저 멀리, 엘비스 프레슬리(Elvis Presley)의 감미로운 목소리가 들려옵니다. '러브 미 텐더(Love me tender, love me sweet)'ㅡ"사랑해줘, 부드럽게 사랑해줘, 절대 나를 떠나지 말아줘…" 그 감미로운 목소리와 와인

향에 취해, 빠져드는 느낌입니다. 이건 부드럽게 잘 다듬어진 '떫은맛 성분(tannin, 타닌)'이 만들어 낸 매력입니다. 과하지 않게 은은하게 느껴지는 과일 향은 누구에게나 호감을 줄 수 있는 부드러움이죠. 그리고 그 뒤를 잇는 묵직한 몸집과 근육질의 느낌은 정신을 빼앗을 정도로 강렬합니다. 이제는 헤어나오고 싶지 않게 됩니다. 이 모든 매력은 바로 로버트 몬다비 와인을 비롯한 미국 문화와 그 고유의 매력입니다.

'대중적인 맛, 호불호가 없는 맛, 믿고 먹을 수 있는 맛' 이런 표현들은 맛을 설명하는 말처럼 들리지만, 사실은 특정 소수가 아닌 불특정 다수가 공감할 수 있는, 맛 이상의 **문화적 접근**을 담고 있습니다. 우리는 일상에서 가장 많이 쓰는 모국어 외에도 영어를 제2의 언어로 배우는 경우가 많습니다. 국제어로서 영어의 대중성 역시 미국 와인의 전 세계적 확산에 중요한 역할을 한 요소 중 하나입니다.

와인의 전통 언어인 프랑스어나 이탈리아어보다 영어는 훨씬 더 친숙하게 다가옵니다. 특히 미국 와인 라벨이 영어로 표기되어 있어 전 세계인이 쉽게 접할 수 있는데 큰 역할을 합니다. 여기에 더해 '로버트'라는 이름의 친근함도 미국 와인의 매력 중 하나로 꼽을 수 있습니다. 미국에서 흔히 쓰이는 남성 이름 중 마이클, 제임스, 존 다음으로 많은 이름이 바로 로버트이기 때문입니다. 덕분에 '로버트 몬다비'라는 이름은 자연스럽게 기억에 남고, 귀에 쏙 들어오기 쉽습니다.

이름으로만 끝나지 않습니다. 로버트 몬다비는 와이너리 창업자의 이름일 뿐 아니라, 와인 양조장과 와인의 이름이기도 합니다. 이처럼 자신의 이름을 브랜드에 걸었다는 것은 곧 그 와인에 대한 신뢰를 보증하는 의미와 같습니다. 창업자 로버트 몬다비는 대중에게 품질과 신뢰를 약속하는 상징으로 자리 잡았으며, 그가 이룬 대표작 중 하나가 바로 '**오퍼스 원(Opus One)**' 입니다.

성공과 비전을 이끈 글로벌 와인 혁신가 로버트 몬다비

로버트 몬다비의 부모는 1919년 금주법 시행 중에도 틈새시장을 공략하며 와인 사업에 발을 들였습니다. 스탠퍼드 대학교(Stanford University)에서 경제학과 경영학을 공부한 후, 아버지의 권유로 와인 산업에 뛰어들기로 결심했습니다. 이후 캘리포니아 대학교 버클리(University of California, Berkeley)에서 포도 재배와 와인 양조를 배우며 전문 지식을 쌓았습니다. 그의 첫 직장은 서니 힐 와이너리(Sunny Hill Winery)였으며, 이곳에서 실무 경험을 쌓은 뒤 1943년 찰스 크룩 와이너리(Charles Krug Winery)를 인수하면서 본격적으로 와인 산업에 뛰어들었습니다.

1962년, 유럽 여행을 통해 프랑스와 이탈리아의 전통적인 와인 양조 방식을 배웠고, 이를 미국의 최신 기술과 결합해 고품질 와인을 생산할 가능성을 보았습니다. 하지만 이러한 혁신적인 접근은 가족 간의 갈등을 일으켰습니다. 동생과의 회사 운영 방식을 둘러싼 주먹다짐 끝에 **로버트 몬다비는 자신이 경영하던 가족 와이너리에서 쫓겨납니다.** 이때가 1965년, 그가 쉰두 살이었을 때입니다. 그러나 몬다비는 좌절하지 않고 최고의 와인을 만들겠다는 열정 하나만 갖고 남은 인생의 모든 것을 걸고 이듬해인 **1966년에 '로버트 몬다비 와이너리'를 창업합니다.** 이곳에서 그는 유럽 전통과 미국의 혁신을 결합한 새로운 와인 양조 방식을 도입했습니다.

로버트 몬다비 와이너리(Robert Mondavi Winery)는 창업 초기부터 포도 재배 농가와 긴밀히 협력하며 와인의 품질 향상에 집중했습니다. 그는 유럽에서 익힌 기술을 바탕으로 병입 과정에서도 혁신을 이루어냈습니다. 1968년에는 소비뇽 블랑(Sauvignon blanc) 품종을 활용해 '퓌메 블랑(Fumé Blanc)' 브랜드를 선보였고, 이는 곧 큰 인기를 끌었습니다.

그는 와이너리를 와인 생산지가 아닌 와인 애호가와 관광객을 위한 명소로 만들겠다는 비전을 세웠습니다. 1969년 시작된 '서머 뮤직 페스티벌(Summer Music Festival)'을 비롯해 문화와 예술을 접목한 다양한 행사는 나파 밸리(Napa Valley)를 세계적인 관광지로 성장시키는 데 큰 역할을 했습니다.

와인 산업에서 눈부신 성공을 거두었지만, 그의 개인사는 이혼과 재혼 등으로 다소 복잡한 면이 있었습니다. 1993년에는 와이너리 주식을 나스닥에 상장하면서도 가족 경영권을 유지하기 위해 이중 의결권 구조를 도입했습니다. 이로써 기업은 대중에게 공개되었지만, 경영의 주도권은 여전히 가족 손에 남게 되었습니다.

그는 와인과 문화, 예술을 결합한 새로운 마케팅 전략으로 와인 산업 전반에 큰 변화를 일으켰습니다. 특히 자신이 세운 와이너리를 글로벌 명품 브랜드로 성장시키며 나파 밸리를 세계적인 와인 산지로 탈바꿈시킨 주역이 되었습니다. 2006년에는 캘리포니아 대학교 데이비스(U.C. Davis)에 2,500만 달러를 기부해 '로버트 몬다비 와인 앤 푸드 과학연구소'를 설립, 와인 연구와 교육을 적극적으로 지원했습니다. 이러한 공로는 2007년 캘리포니아 주지사 아널드 슈워제네거(Arnold Schwarzenegger)에 의해 캘리포니아 역사·여성·예술 박물관 명예의 전당에 헌액되며 공식적으로 인정받았습니다.

로버트 몬다비가 미국 와인의 품질과 명성을 세계적인 수준으로 끌어올린 선구자라는 점에 이견은 없을 것입니다. 그는 유럽의 전통과 미국의 혁신을 결합해 독창적인 와인 양조 방식을 확립했으며, 나파 밸리를 전 세계 와인 애호가들이 찾는 명소로 성장시켰으니까요.

페르소나

♪

...

Persona

♪

페르소나로 시작해서 디오니소스로 끝나는 **'맵 오브 더 솔, 페르소나 (MAP OF THE SOUL : PERSONA)'**
바로 방탄소년단의 앨범의 가사로 이번 장을 시작해보았습니다.

칼 융(Carl Jung)은 인간 심리학에서 중요한 개념으로 **'페르소나(Persona)'**를 제시했습니다. 페르소나는 라틴어로 **'가면'**을 의미하며, 인간 심리학에서 '페르소나(Persona)'를 **개인이 외부 세계, 특히 사회적 환경과 상호작용할 때 사용하는 '가면'**으로 정의했습니다. 이는 사회적 기대에 부응하고 특정 역할을 수행하기 위해 만들어진 것으로, 개인의 내적 자아와는 다를 수 있습니다. 예를 들어 직장에서의 전문적인 태도(Professional)나 친구들 사이에서의 재치(Humorous) 있는 모습 등이 페르소나의 예시가 될 수 있습니다.

마케팅에서의 페르소나 활용법

마케팅에서 브랜드 페르소나는 소비자와의 관계를 형성하고 유지하는 데 핵심적인 역할을 합니다. **브랜드는 자신만의 페르소나를 구축**함으로써, 소비자에게 **차별화된 이미지**를 심어주고, 그들이 기대하는 바를 충족시킵니다. 예를 들어, 고급스러운 페르소나를 가진 브랜드는 소비자에게 품질과 우아함을 약속하고, 이를 통해 고가의 제품을 정당화할 수 있습니다.

또한, 브랜드 페르소나는 소비자의 신뢰를 얻고 **장기적인 브랜드 충성도**를 형성하는 데 중요한 역할을 합니다. 소비자는 자신이 동질감을 느끼는 브랜드와 더 깊은 관계를 형성하며, 이는 지속적인 구매와 긍정적인 구전을 이끌어냅니다.

결론적으로, 페르소나와 현대 마케팅은 모두 사회적 상호작용에서 특정 기대에 부응하고, 적응하는 과정에서 중요한 역할을 합니다. 개인이 사회적 환경에서 성공적인 관계를 유지하기 위해 페르소나를 사용하는 것처럼, 브랜드도 시장에서 성공하기 위해 일관된 페르소나를 유지하고, 이를 통해 소비자와의 강력한 연결을 형성합니다.

반짝이는 히어로(Hero) _ 오퍼스 원의 탄생

두 거장의 만남 _ 와인 시장의 판도를 바꾼 승부수

성공한 CEO들이 가장 좋아하는 와인에는 어떤 것들이 있을까요? 아마도 그들은 품질과 품격, 그리고 투자 가치를 동시에 만족시키는 와인을 선호할 것입니다. 앞으로 여러분은 셀 수 없이 다양한 와인을 맛보게 되겠지만, 그중에서도 한 번쯤은 꼭 들어보게 될 와인이 있습니다.

바로 '**오퍼스 원(Opus One)**'

오퍼스 원은 그 이름만으로도 전 세계 와인 애호가와 컬렉터들의 마음을 설레게 하는 특별한 와인입니다.
오퍼스 원을 한 잔 따를 때 느껴지는 무게감은 와인의 품질에만 국한되지 않습니다. 그 안에는 성공한 리더들이 공감하는 **고급스러운 가치와 절제된 우아함**이 깃들어 있습니다. 탄탄한 구조와 균형, 풍부한 향과 깊이 있는 맛을 경험하다 보면, 성공한 이들이 왜 이 와인을 특별히 선호하는지 자연스럽게 이해할 수 있게 됩니다.

1978년, 나파 밸리의 **로버트 몬다비**와 프랑스 보르도의 **바롱 필립 드 로칠드(Baron Philippe de Rothschild)** 남작은 한 프랑스 와인 저널리스트의 소개로 처음 만났습니다. 로버트 몬다비는 미국 와인 산업에 혁신을 불어넣고자 하는 열망을 가지고 있었으며, 나파 밸리에서 프랑스 보르도의 품질을 갖춘 와인을 만드는 것을 목표로 하고 있었습니다. 이미 전 세계적으로 인정받는 와인을 꿈꾸던 그는, 프랑스 포도주 업계의 아이콘과 협력할 기회를 찾고 있었습니다.

두 사람은 처음 만난 자리에서 서로의 열정과 비전을 나누었고, 미국과 프랑스의 와인 문화를 결합하여 세계적인 와인을 만들기로 결심했습니다.

첫 빈티지는 1979년에 생산되었습니다. 이 와인은 처음부터 매우 높은 품질을 목표로 만들어졌으며, 프랑스 **보르도 와인의 전통적인 블렌딩 기법**을 따랐습니다. 품종은 주로 카베르네 소비뇽(Cabernet Sauvignon)을 중심으로, 메를로(Merlot), 카베르네 프랑(Cabernet Franc), 말벡(Malbec), 쁘띠 베르도(Petit Verdot) 등을 혼합하여 복합적이고 균형 잡힌 와인을 만들었습니다.

공식적으로 출시된 1984년, 첫 빈티지(1979년 수확)는 와인 업계에서 큰 관심을 받았고, 곧 전 세계적으로 인정을 받게 되었습니다. 깊고 농축된 풍미, 우아한 구조, 그리고 오랜 숙성 잠재력을 가진 와인으로 평가받으며, **나파 밸리 와인이 세계적 수준으로 인정받는 데 기여**했습니다.

첫 번째 걸작 오퍼스 원(Opus One)

오퍼스 원이라는 이름은 라틴어로 '**하나의 작품**'을 뜻하며, 두 거장이 함께 만든 이 독특한 와인의 예술적 가치를 강조하고자 했습니다. 몬다비와 로칠드는 서로의 와인 제작 철학과 기술을 존중하며 최상의 품질을 추구했습니다.

오퍼스 원의 양조 과정은 와인의 품질과 정교함을 보장하기 위해 세심하게 설계된 절차를 따릅니다. 이 과정은 포도 수확에서부터 소비자에게 전달되기까지의 모든 단계에서 엄격한 주의를 기울이는 것을 특징으로 합니다.

포도는 모두 손으로 수확되며, 촘촘히 심어진 포도나무에서 각 송이가 손상되지 않도록 세심하게 수확됩니다. 수확된 포도는 약 15 크기의 통에 담겨, 포도알이 송이의 무게로 인해 터지지 않도록 세심하게 운반됩니다. 포도가 양조장에 도착하면, 덜 익은 포도와 지나치게 익은 포도를 손으로 선별합니다. 이는 와인의 맛과 품질에 직접적인 영향을 미치기 때문에 매우 중요한 과정입니다.

선별된 포도는 압착기에서 조심스럽게 압착되어 포도즙이 얻어집니다. 이 과정에서 펌프를 사용하지 않고, 포도즙은 직접 아래층의 와인 탱크로 옮겨집니다. 이는 포도즙이 과도한 압력을 받지 않도록 하기 위한 방법입니다. 이후 포도즙은 스테인리스 스틸 탱크에서 1차 발효를 거친 뒤, 긴 침용 과정을 통해 깊이 있는 색과 풍미를 얻습니다. 이 과정은 와인의 구조감과 복합성을 높이는 데 필수적인 단계입니다.

발효가 끝난 와인은 프랑스산 새 오크통(new oak barrel)에서 18개월간 숙성되며, 이때 오크의 향과 풍미가 스며들어 더욱 복잡하고 풍부한 맛이 완성됩니다. 숙성이 끝난 와인은 바로 출하되지 않고, 추가로 18개월 동안 병 속에서 숙성되어 최고의 맛과 품질을 선보일 준비를 마칩니다.

오퍼스 원의 양조 과정은 로버트 몬다비의 혁신적인 접근과 샤토 무통 로칠드의 전통적인 기술이 결합한 결과입니다. 로버트 몬다비는 캘리포니아 와인 양조에 대한 대변혁을 이끌었으며, 그의 열정과 노력이 오퍼스 원의 고유한 양조 방식에 크게 기여했습니다. 반면, 샤토 무통 로칠드는 프랑스의 오랜 와인 제작 전통을 유지하며 품질 높은 와인을 생산해왔습니다. 이들의 협업과 노력이 결합하여 와인 제작의 정수와 예술을 담은 독특한 작품으로 탄생했습니다.

● Endnote

오퍼스 원(Opus One)은 단 두 가지 와인만을 생산합니다. 그 중 대표적인 오퍼스 원은 카베르네 소비뇽을 주된 품종으로 사용하는 보르도 스타일의 블렌드 와인입니다. 여기에 소량의 메를로, 카베르네 프랑, 프티 베르도, 말벡이 섞여 있어 복합적이면서도 균형 잡힌 풍미를 자랑합니다.

오퍼스 원의 유일한 다른 와인인 '**오버추어(Overture)**'는 오퍼스 원 기준에 미치지 못한 포도로 만들어집니다. '오버추어'라는 이름은 음악에서 '**오케스트라 곡의 서곡**'을 의미하는데, 이는 오퍼스 원의 음악적 테마를 반영한 것입니다. 오버추어는 어린 포도나 등급에 들지 못한 포도로 만들어지지만, 여전히 오퍼스 원의 높은 품질 기준을 따르는 우수한 와인입니다. 아직은 오퍼스 원이 부담된다면 오버추어는 어떨까요.

오퍼스 원(Opus One)의 현재 그리고 미래

1993년, 몬다비 가문은 와인 업계 최초로 자신들의 회사인 로버트 몬다비 와이너리를 나스닥에 상장시키면서 기업의 대중적 확장을 꾀했습니다. 이 결정은 당시 와인 업계에서 혁신적인 움직임으로 평가되었으며, 몬다비 가문의 국제적인 영향력을 확장하는 중요한 발판이 되었습니다. 그러나 2000년대 초반으로 접어들면서 와인 시장의 경쟁이 치열해졌고, 시장 환경 변화와 함께 몬다비 와이너리 역시 재정적인 압박에 직면하게 되었습니다. 와인 업계는 글로벌화 되면서 많은 기업이 품질과 가격 측면에서 경쟁력을 강화하고 있었으며, 몬다비 와이너리도 이러한 경쟁 속에서 어려움을 겪게 됩니다.

특히, 몬다비 와이너리는 상장 이후 주가 하락과 재정 악화로 주주들과 갈등을 겪으며 경영권을 잃게 되었습니다. 결국 2004년, 주류·와인 산업의 거대 기업 컨스털레이션 브랜드(Constellation Brands)가 약 13억 달러에 회사를 인수했고, 이로써 몬다비 가문은 경영에서 완전히 물러났습니다. 이 인수는 로버트 몬다비와 바롱 필립 드 로칠드(Baron Philippe de Rothschild)가 1979년 공동 설립한 오퍼스 원(Opus One)에도 영향을 미쳤습니다. **2002년 빈티지가 양 가문이 함께 생산한 마지막 빈티지**가 되었고, 이후 몬다비 가문의 지분은 컨스털레이션 브랜드로 넘어갔습니다. 현재 오퍼스 원은 컨스털레이션 브랜드와 로칠드 가문이 공동으로 소유하고 있습니다.

비록 소유 구조가 달라졌지만, 오퍼스 원의 품질과 전통은 여전히 로칠드 가문의 관리 아래 유지되고 있습니다. 컨스털레이션 브랜드는 미국 내 마케팅과 판매를 담당하며, 두 가문 간 협력은 오퍼스 원이 세계적인 명성을 이어가게 하는 원동력이 되고 있습니다.

자본시장 앞에 벌거벗겨져 서 있는 와인들

지금 일어나고 있는 대형 투자자나 대기업이 와이너리를 인수하는 현상은 와인의 미래에 다양한 영향을 미칠 수 있습니다. 이러한 인수는 긍정적 측면과 부정적 측면을 모두 동반하는데, 와인의 품질, 생산 과정, 그리고 브랜드 이미지 등에 중요한 변화를 가져올 수 있습니다.

긍정적인 측면에서 보면, 대형 투자자는 와이너리에 막대한 자금을 투입하여 최신 기술과 설비를 도입하고, 글로벌 유통 네트워크를 활용해 **시장 접근성을 확대**할 수 있습니다. 이러한 투자 덕분에 와이너리는 더 넓은 소비자층에 다가가고, 국제적인 마케팅을 강화하며, 와인의 인지도를 높일 수 있습니다. 특히, 대기업의 자본력은 지속 가능한 농업 방식이나 환경친화적인 와인 생산을 위해 필요한 기술적 투자를 가능하게 만들어, 장기적으로 **와이너리의 지속 가능성을 높일 수 있습니다.**

그러나 부정적인 측면도 존재합니다. 대형 기업이 와이너리를 인수하면, 종종 단기적인 수익성과 대량 생산에 더 중점을 두는 경향이 있어 와인의 **전통적인 생산 방식이나 품질에 타격**을 줄 수 있습니다. 와인 생산의 예술적 측면보다는 비용 절감과 효율성을 우선시하면서, 와인의 개성과 고유한 특성을 희생하는 예도 생겨날 수 있습니다. 특히, 와이너리의 경영이 지나치게 상업화되면 단순한 음료 이상의 가치를 두는 **고급 와인 시장에서는 명성과 평판이 손상될 위험**도 있습니다. 와이너리와 그 와인만이 가진 **전통적 가치와 브랜드 정체성을 유지하는 데 큰 도전**이 따를 수 있겠지요.

대형 투자자 손에 넘어가는 와이너리의 미래는 투자자의 철학과 경영 방침에 따라 크게 달라질 테니까요.

지속적으로 품질과 전통을 존중하면서도, 혁신적인 마케팅과 유통 전략을 도입하는 와이너리는 글로벌 시장에서 성공을 이어갈 가능성이 큽니다. 그러나 지나친 상업화로 그 와인만이 가진 정체성을 희생하다보면, 브랜드의 고유성을 잃고 더 이상 소비자들에게 매력적으로 느껴지지 않을 수 있다는 문제점을 빼면 말이죠.

에니어그램 3번 유형의 개요

마음보다 이미지가 먼저 반응하는 성취자

에니어그램 3번 유형은 흔히 '**가슴 기반**(center of heart)'에 속합니다. 이들은 머리로 계산하기 전에 '다른 사람들이 나를 어떻게 볼까?'라는 마음의 반응이 먼저 일어납니다. 그러나 겉으로는 매우 이성적이고 능률적인 사람처럼 보입니다. 왜냐하면 그들의 모든 행동은 '성공적인 이미지'를 만들어 내는 데 초점이 맞춰져 있기 때문입니다.

3번 유형은 사람들 앞에서 늘 빛나 보이고 싶어 합니다. 예를 들어, 갑자기 피곤해 쉬고 싶은 마음이 올라와도 속으로는 이렇게 말합니다.

"조금 더 노력해야 사람들이 인정해줄 거야."
"지금 포기하면 내가 실패자처럼 보일 거야."

이처럼 이들의 내면에는 끊임없이 '이미지 관리자'가 작동하고 있습니다. 스스로의 진짜 욕구나 감정보다는 '어떤 모습으로 보이는가'를 우선시하죠. 그 결과 3번 유형은 실제 감정을 숨기거나 억누르는 데 익숙해집니다. 마치 잘 만들어진 마스크를 쓰듯, 항상 능력 있고 자신감 넘치는 모습을 보여주려 합니다.

"나는 성공해야만, 성과를 내야만 사랑받을 수 있어."

그래서 이들은 **끊임없이 더 높은 목표를 세우고, 그 목표를 달성함으로써 자신을 증명**하려 합니다. 일이 잘 풀릴 때는 누구보다 빛나지만, 성과가 없거나 실패했을 때는 강한 무가치감에 휩싸이기도 합니다. 마치 '성취하지 못하면 나는 아무것도 아니다'라는 무언의 압박 속에서 살아가는 셈입니다.

3번 유형은 상황과 상대에 따라 자신의 모습을 자유자재로 바꿉니다. 직장에서는 누구보다 책임감 있고 리더십 있는 인물로, 친구들 앞에서는 재미있고 매력적인 사람으로 보이려 하죠. 이는 그들의 강점이지만, 동시에 큰 피로를 안겨주기도 합니다.
스스로도 어느 순간 이렇게 묻게 됩니다.

"이게 진짜 내 모습일까, 아니면 남들이 원하는 모습일까?"
"지금 멈추면 다른 사람보다 뒤처질 거야."

처음엔 이 목소리가 그들을 성공으로 이끄는 원동력이 되지만, 점점 스스로를 몰아붙이며 진짜 감정을 잊게 만듭니다. **'성과'**와 **'이미지'**의 덫에 걸려 자신을 남들에게 보여주는 결과물로만 평가하게 되는 것이죠.

진짜 성장 _ 있는 그대로의 자신을 받아들이는 것

성취하지 않아도, 누구보다 빛나지 않아도, 이미 자신이 충분히 가치 있는 존재임을 깨닫는 것입니다.
그렇게 될 때 비로소 진정한 의미의 성취와 만족을 느낄 수 있습니다.

"오디세이아(Odyssey)"로 보는 에니어그램 3번 유형의 상징적 이야기

목표를 향한 오디세우스의 선택 _ 스킬라(Scylla)와 카립디스(Charybdis)의 해협

호메로스(Homer)의 "오디세이아(Odyssey)"는 오디세우스의 귀향 여정에서 맞닥뜨린 여러 위협적인 존재들과의 전투를 그립니다. 특히 스킬라와 카립디스 사이의 해협은 오디세우스에게 극단적인 선택을 강요한 장면이 나오는데요, 이 이야기는 목표 지향성과 성취 지향 특징이 잘 나타납니다.

트로이 전쟁(Troy War)이 끝난 후, 오디세우스(Odysseus)는 이타카(Ithaca)로 돌아가기 위해 지칠 줄 모르는 여정을 계속합니다. 그러나 그의 길에 놓인 것은 단순한 장애물이 아닙니다. 그는 전설적인 괴물, 스킬라와 카립디스 사이를 항해해야 하는 중대한 도전에 직면합니다.

스킬라는 여섯 개의 머리를 가진 바다 괴물로, 그녀의 각 머리는 한 명의 선원을 먹기 위해 기다리고 있습니다. 반면, **카립디스는 바다의 소용돌이로 배를 삼켜버리는 무서운 존재**입니다. 이 두 괴물 사이를 지나야만 이타카에 도달할 수 있습니다.

오디세우스는 이 상황에서 목표 지향적인 성격의 본능을 발휘합니다. 그는 이타카로 돌아가는 목표를 가장 중요한 일로 삼고, 자신의 리더십과 결단력으로 위기를 극복할 방법을 찾기 위해 냉철한 판단과 실행력, 그리고 결단력 있는 선택이 필요합니다.

여신 키르케(Circe)의 조언에 따라, 오디세우스는 스킬라 쪽으로 항해하기로 합니다. 이는 스킬라에게서 여섯 명의 선원이 희생되는 대가를 감수하더라도, 카립디스의 소용돌이에서 배와 모든 선원을 잃는 것보다는 나은 선택이라고 판단한 결과입니다. 오디세우스는 자신의 목표를 위해 이 큰 희생을 감수하며, 선원들에게 스킬라의 존재와 위험을 알리지 않고 침착하게 항해를 계속합니다.

결국, 그의 결정으로 스킬라는 선원 여섯 명을 낚아채어 먹어버리지만, 오디세우스와 나머지 선원들은 살아남아 항해를 계속할 수 있었습니다. 이는 오디세우스가 자신의 목표를 향해 나아가며 어려운 결정을 내리고, 그에 따른 희생을 감수하는 과정을 잘 보여줍니다.

이후 오디세우스와 그의 선원들은 트리나키아(Trinacria) 섬에 도착합니다. 이 섬에는 태양신 헬리오스(Helios)의 신성한 소들이 있습니다. 오디세우스는 선원들에게 소를 건드리지 말라고 강력히 경고하지만, 그들은 갈증과 배고픔에 못 이겨 소를 잡아먹습니다. 이 행동은 제우스(Zeus)의 분노를 초래하고, 그의 목표를 향한 여정에 치명적인 타격을 입히게 됩니다.

제우스는 소를 잡아먹은 벌로 배와 선원들을 파괴하고, 오디세우스만을 살아남게 합니다. 오디세우스는 홀로 카립디스의 소용돌이에 휘말려 죽음의 문턱에 다다릅니다. 하지만, 그는 지혜와 용기로 무화과나무에 매달려 생존합니다. 이 장면은 오디세우스의 강력한 목표 지향성과 생존 의지를 상징적으로 보여줍니다.

오디세우스의 여정은 모험의 차원을 넘어서, **목표를 향한 끊임없는 의지와 성취를 향한 강한 열망**을 담고 있습니다. 스킬라와 카립디스의 해협을 지나며 그는 극한의 상황에서도 목표를 향해 나아가며, 희생과 유혹을 견뎌내는 모습을 보여줍니다. 오디세우스의 이야기는 위험을 감수하고 고난을 겪으면서도 목표 달성을 위해 끝까지 나아가는 인간의 의지를 상징합니다. 이런 면에서, 로버트 몬다비의 선택과 여정은 오디세우스의 모험과 닮아있습니다. 몬다비는 와인의 세계에서 자신만의 성취와 성공을 이루기 위해 끊임없는 도전을 감수하며 나아갔습니다. 그는 와인에 대한 **깊은 열정과 혁신적인 정신으로 자신의 길을 개척**했고, 그 과정에서 오디세우스처럼 수많은 어려움과 갈등을 이겨냈습니다.

'이미지'를 중요시하는 로버트 몬다비의 일화

유명한 와인 제조업체 찰스 쿠룩 양조장의 주인이었던 로버트 몬다비와 그의 아내가 **백악관 공식 만찬에 초청된 사건**은 큰 이슈가 되었습니다. 존 F. 케네디 대통령이 이탈리아 수상을 기리기 위해 그들을 초대한 것이었죠. 찰스 쿠룩 양조장에게는 거대한 영광이자 훌륭한 홍보 기회였습니다.

하지만 몬다비 부부는 걱정이 많았습니다. 그들은 큰 도시 사람들처럼 세련된 스타일을 갖추지 못했고, 작은 가족 회사를 운영하는 시골 사람들로서 백악관의 화려한 분위기와 어울릴까 걱정했습니다. 특히 마가렛은 드레스, 핸드백, 액세서리, 그리고 가장 중요한 겨울 코트에 대한 고민이 깊었습니다. 캘리포니아의 온화한 날씨에 맞춘 코트는 있었지만, 워싱턴의 차가운 겨울 날씨에 적합한 코트는 없었습니다. 결국 그녀는 연봉의 상당 부분을 코트 구입에 투자하기로 결심했습니다.

마가렛이 고른 코트는 원래 값이 꽤 비쌌지만 세일을 통해 적당한 가격에 구입할 수 있었습니다. 그러나 그 옷은 결국 빛을 보지 못했습니다. 1963년 11월 22일, 케네디 대통령의 암살로 예정되어 있던 백악관 공식 만찬이 취소되었기 때문입니다. 이 사건 이후 몬다비 부부는 불필요하게 사치스러웠다는 비난을 받게 되었습니다.

그 불만이 쌓이던 1965년 11월, 몬다비 가족 전체가 양조장에 모였을 때, 로버트와 그의 동생 피터 사이에 큰 싸움이 일어났습니다. 피터는 로버트가 회사 자금을 너무 낭비했다고 비난하며, 밍크코트를 사는 데 쓴 돈이 어디서 나왔는지 추궁했습니다. 로버트는 동생의 이해 부족에 분노하며 격렬한 다툼을 벌였습니다. 이 싸움은 법정 싸움으로 번졌고, 결국 로버트는 찰스 쿠룩 양조장을 떠나야 하는 처지가 되었습니다.

그리하여 로버트 몬다비는 새로운 시작을 결심하고, 홀로 새로운 와이너리를 설립하게 되었습니다.

1966년에 그가 새로 설립한 포도원 이름이 바로 '로버트 몬다비 와이너리(Robert Modavi Winery)'입니다.

성공한 사람들이 와인을 찾는 심리

성공한 사람들이 와인을 찾는 심리는 다양할 것입니다. 우선, 와인은 **성취와 성공의 상징**으로 여겨지며, 특히 고급 와인이나 빈티지는 성과를 기념하는 특별한 방법이 됩니다. 이는 성공한 사람들이 자신의 업적을 축하하거나 다른 사람들과의 성과를 공유하는 중요한 수단으로 작용합니다. 또한, **와인은 사회적 지위와 인식을 표현하는 도구**로 사용되며, 고급 와인을 선택함으로써 자신이 높은 사회적 위치에 있음을 나타내고 교양 있는 취향을 가진 인물로 보이려는 심리가 작용합니다.

'나 이런 사람이야~~!!'

와인은 단순한 음료 이상의 것을 제공하는데, 성공한 사람들은 와인을 통해 미각적 즐거움과 함께 풍부한 경험을 추구하며, 와인의 복잡한 풍미와 향, 그리고 그에 얽힌 이야기와 역사에서 특별한 만족감을 느낍니다. 또한, 많은 문화에서 와인은 전통적이고 역사적인 의미를 지니고 있어, 성공한 사람들은 와인을 통해 **전통적인 가치와 문화적 연결을 경험**하려 합니다.

'너희들은 이런 거 모르겠지?'

와인은 사교적인 환경에서도 중요한 역할을 하는데요, 비즈니스 미팅이나 공식적인 모임에서 **좋은 분위기를 조성하고 대화를 유도하는 도구로**

교류와 네트워킹에 사용합니다. 또 다른 측면으로, 와인은 자기 보상과 자아 만족의 방법으로 여겨지며, **성공적인 성과를 기념하고 자기 자신을 격려하고 보상하는 방식**으로 고급 와인을 즐기는 경향이 있습니다.
기쁘거나 축하할 일이 있을 때 아껴두었던 와인을 따는 것처럼 말이죠.

와인은 감정적 연결을 제공하기도 합니다. 영화 **"사이드웨이(Sideways)"** 에서 기억에 남는 장면 중 하나는 주인공 마일스가 '**샤토 슈발블랑(Chateau Cheval Blanc)**'이라는 특별한 와인을 햄버거와 함께 마시는 순간입니다. 이 와인은 마일스가 인생에서 가장 찬란한 순간에 맞이하기 위해 아껴두었던 것이었지만, 실제로는 인생의 가장 힘든 날에 슈발블랑과 함께 하게 됩니다. **와인은 이처럼 인생의 '희','노','애','락' 어디에 갖다두어도 이야기를 담을 수 있는 그릇이 됩니다.**
와인을 통해 우리는 다양한 감정을 담아낼 수 있으며, 각기 다른 상황에서 그 자체로 이야기를 만들어 냅니다. 특정 와인은 특별한 순간이나 기억과 연관되어 있을 수 있으며, 성공한 사람들은 이러한 감정적 가치를 중요시합니다. 와인을 통해 과거의 기억을 되새기거나 중요한 순간을 기념하는 것도 이들의 심리적 동기 중 하나입니다. 이러한 다양한 심리적 요인들은 성공한 사람들이 와인을 찾는 이유입니다.

성공한 사람들이 즐겨 찾는 와인은 보통 희소성이 높고 품질이 뛰어나며 명성 있는 와이너리에서 생산된 것들입니다. 그중에서도 오퍼스 원(Opus One)은 미국 와인 업계에서 독보적인 위치를 차지하며, 나파 밸리 와인의 상징으로 꼽힙니다. 오퍼스 원은 **컬트 와인(Cult wine)의 선두주자**로 자리 잡았으며, 제한된 생산량과 높은 가격대, 그리고 열광적인 팬층으로 유명합니다. 와인을 예술 작품으로 여기는 철학을 바탕으로, 최고 수준의 기술을 적용해 제작된 예술적 와인의 전형을 보여줍니다. 이러한 예술적 접근은 오퍼스 원이 미국 와인 중에서도 독보적인 위치를 차지하게 만든 주요 이유 중 하나입니다

성공하면 축배를 빼놓을 수 없는데요, 이번 장의 마무리는 앞에서 소개해 드린 방탄소년단의 앨범 '맵 오브 더 솔 (MAP OF THE SOUL)'의 수록곡 중에서 Dionysus(디오니소스)를 들으며 마무리하겠습니다.

♬
.

― BTS, Dionysus, 2019.

.
.
.
♬

에니어그램 4 유형_____

삐죽삐죽 고슴도치

'포도 나무는 사실 식물이 아니라 동물이다'
_ 그녀는 종종 자신을 아이 키우는 엄마의 기분이라고 표현합니다.
[랄루 비즈-르로이(Lalou Bize-Leroy)]

상처를 예술로 바꾸는 힘
_ 도멘 르로이(Domaine Leroy)

프랑스 부르고뉴(Burgundy)의 장밋빛 석양이 내려앉는 뫼르소(Meursault) 근처,
조용하고 평화로운 작은 마을 오쎄 뒤레스(Auxey-Duresses).
이곳에서 1868년, **프랑수아 르로이(Francois Leroy)**가 **메종 르로이(Maison Leroy)**를 설립하며 위대한 와인의 역사가 첫발을 내디뎠습니다.

이 전통적인 가족 기업은 그 이후로도 명성을 이어왔는데 19세기 말, 프랑수아의 아들 **조셉 르로이(Joseph Leroy)**와 그의 아내 루이즈 커틀리(Louise Curteley)가 이 가업을 이어받습니다. 그들은 부르고뉴의 섬세한 테루아(terroir)에서 최고 품질의 포도를 재배하고, 와인을 빚으며 르로이 가문을 지역 최고의 이름으로 세워갔습니다.

그리고 1919년, 조셉의 아들 **앙리 르로이(Henri Leroy)**가 가업에 합류합니다. 그의 통찰력은 역사적 전환점을 만들었습니다. 1942년, 그는 친구 자크 샹봉(Jacques Chambon)으로부터 도멘 드 라 로마네-콩티(Domaine de La Romanée-Conti, DRC)의 지분 절반을 매입한 것입니다. 당시만 해도 DRC는 지금처럼 전설적 명성을 누리지 않았지만, 앙리의 결단은 부르고뉴 와인 역사를 새롭게 쓸 초석이 되었습니다. 오늘날 로마네-콩티

(Romanée-Conti)는 세계 최고의 피노 누아로 손꼽히며, 경매에서 한 병이 수억 원에 거래되는, 와인의 절정을 상징하는 이름이 되었습니다.

시간은 흘러 1955년, 한 여인이 무대에 오릅니다.
바로 앙리의 딸, **랄루 비즈-르로이(Lalou Bize-Leroy)**.
그녀가 와인 사업에 본격적으로 참여하면서 르로이의 역사는 새로운 국면을 맞이합니다.
그녀는 와인을 만드는 데 그치지 않고 마치 **조각가가 돌 속에서 숨겨진 아름다움을 찾아내듯, 최고의 와인을 발굴하고 정성껏 만들어 부르고뉴의 특별한 와인 컬렉션(collection)을 완성해 나갔습니다.**
세계적인 와인 평론가 로버트 파커는 그녀에 대해 이렇게 말했습니다.

'**랄루 비즈 르로이는 전 세계 어디에서도 흉내 낼 수 없는 샤르도네(Chardonnay)와 피노 누아(Pinot noir)를 만든다.
오늘날 르로이는 부르고뉴에서 가장 위대한 에스테(Estate)이다.**'

현재 92세인 그녀는 남성 중심의 프랑스 와인 산업에서 가장 빛나는 전설적 여성 중 한 명입니다. 천재적인 미각과 섬세한 테이스팅 능력으로 유명한 그녀는, 17세부터 와인과 함께 살아왔습니다. 그리고 만 42세이던 1974년, DRC의 공동 경영자로 취임하며 로마네-콩티를 세계 정상의 와인으로 올려놓았습니다.
그러나 그녀는 만족하지 않았습니다.

네고시앙(Négociant) 형태로 외부에서 포도를 사들여 와인을 만드는 메종 르로이의 한계를 뛰어넘고 싶었습니다.

그녀는 스스로 경작한 포도원에서 나온 포도만으로 진정한 와인을 만들고자 결심했습니다.

그 결과, 메종 르로이 지분의 1/3을 일본의 유통회사 타카시마야에 매도하고, **도멘 르로이(Domaine Leroy)**를 설립했습니다.

메종 르로이가 다른 포도 농장에서 포도를 구매해 와인을 양조한다면, 도멘 르로이는 자신의 포도밭에서 재배한 포도만을 사용해 와인을 만드는 철학을 고수합니다.

도멘 르로이는 이후 누구도 감히 시도하지 않았던 혁신을 선택합니다. **바로 바이오 다이내믹(Biodynamic) 농법**입니다.

부르고뉴 지역 최초로 이 까다로운 농법을 도입하며, 자연과 대지의 리듬에 귀를 기울인 것입니다.

손이 많이 가는 이 과정을 거쳐 나온 와인은 **예술적 깊이와 순수함으로 세계의 이목을 끌었습니다.**

현재 도멘 르로이는 9개의 그랑 크뤼(Grand Cru), 8개의 프르미에 크뤼(Premier Cru), 9개의 마을 단위 포도밭을 소유하고 있으며, 가지치기를 엄격히 제한하고 포도송이의 줄기까지 온전히 사용하는 전통 방식을 고집합니다. 발효 과정 중에는 장인이 직접 삐자주(Pigeage) 작업을 하여 포도 껍질과 즙이 자연스럽게 어우러지도록 합니다. 또한 발효 시 100%

새 오크통만을 사용하고, 여과나 불순물 제거 과정을 거치지 않아 포도의 순수한 맛과 색을 그대로 담아냅니다.

도멘 르로이의 와인은 병입 과정에서도 독창성을 보입니다.
와인을 병목 끝까지 가득 채워 코르크를 막고, 넘쳐흐르는 와인이 자연스럽게 코르크와 밀착되게 하여 산소의 유입을 최소화합니다. 이로 인해 병목 주변에 생기는 곰팡이마저 그녀의 양조 철학의 상징으로 여겨집니다.

생산량은 부르고뉴 평균의 절반에도 못 미칩니다. 그만큼 희소성이 뛰어나고, 한 병 한 병이 작품처럼 빚어집니다. 오늘날 도멘 르로이는 부르고뉴의 상징이자 세계 와인계의 전설적인 이름으로 자리를 잡았습니다. 그 명성은 로마네 꽁띠와 어깨를 나란히 하며, 도멘 르로이 뮈지니 그랑 크뤼(Musigny Grand Cru)는 현존하는 가장 비싼 와인 중 하나로 평가받습니다.

이제 그녀의 뒤를 잇는 발걸음이 시작되었습니다. 랄루 비즈 르로이의 딸, 페린 페닐(Perrine Fenal)은 2019년 DRC의 공동 경영자가 되어 어머니의 열정과 철학을 계승하고 있습니다.
도멘 르로이의 이야기는 상처를 예술로 바꾸는 힘, 그리고 땅과 인간, 시간이 빚어낸 불멸의 아름다움에 대한 찬가입니다.

포도의 연금술사 랄루 비즈 르로이

부르고뉴 와인 세계에서 그녀의 이름은 전설처럼 회자됩니다.
'철의 여인', 랄루 비즈 르로이. 1932년, 프랑스 부르고뉴에서 태어난 그녀는 전 세계적으로 대중에게 잘 알려진 인물은 아닐지 몰라도, 그녀의 와인을 맛본 사람이라면 누구나 그 깊이에 감탄하게 됩니다. 와인 애호가들 사이에서 랄루의 이름은 곧 **'완벽함과 열정'**의 다른 표현입니다.

그녀는 맑은 파란빛이 감도는 회색 눈과 은빛으로 바랜 금발 머리를 지닌 우아한 외모의 엘프(elf) 같은 모습입니다. 날씬하고 단단한 체형은 오랫동안 즐겨온 암벽 등반 덕분이며, 옷차림은 세련되면서도 절제된 스타일을 선호합니다. 겉모습은 연약해 보일 수 있지만, 그 안에는 단단하고 끈기 있는 열정이 묻어납니다.

와인 메이커의 외모나 스타일을 이렇게까지 묘사하는 일은 드물지만, 에니어그램으로 그녀를 이해하고자 한다면 이 모든 것이 의미 있는 단서가 됩니다.

랄루의 와인 철학은 간단하지만 강렬합니다. 화학물질을 거부하고, 자연의 생명을 그대로 받아들이며, 그 흐름에 맞추어 와인을 빚는 것. 그녀는 단호하게 말합니다.

'우리는 살충제를 사용할 수도 있지만, 제초제는 절대 쓰지 않습니다. 제초제는 생명을 죽이기 때문입니다.'

이 말속에는 자연과 생명의 조화를 지키려는, 거의 종교에 가까운 신념이 담겨 있습니다.

그녀의 포도밭은 자연 그대로의 생태계를 존중하기 위해 합성 비료나 농약 대신, 땅이 스스로 회복할 수 있는 힘을 되살립니다. 해충을 막기 위해 살충제를 뿌리는 대신 무당벌레를 포도밭에 풀어 진딧물을 막고, 소똥이나 말똥 같은 동물성 거름과 쑥, 민들레 같은 식물성 재료를 발효시켜 천연 비료를 만듭니다. 토양에 존재하는 미생물과 곰팡이를 살리고, 땅이 본래의 건강과 활력을 유지할 수 있도록 돕습니다.

이 모든 과정은 자연과 생명, 그리고 와인을 사랑하는 그녀의 철학을 실천하는 길입니다. 화학물질에 의존하지 않고, 자연의 법칙을 존중하며 지속 가능한 와인을 만들어내는 것. 이 철학이 있기에, 랄루 비즈 르로이의 와인은 '대지의 노래이자 소리'입니다.

랄루는 자연과 깊은 교감을 통해, 포도나무가 건강하게 성장할 수 있도록 지원합니다. 그녀의 접근 방식은 전통적인 농업 방법과는 다른, 우주적인 영감에서 비롯된 것이며, **모든 것이 살아있고 존중받아야 한다는 믿음**으로 거의 신비적인 경이로움을 지니고 있습니다. 랄루는 **바이오 다이내믹이라는 좀 더 강력한 유기농법에 점성술(占星術)**까지 더해 포도밭을 가꾸는데 예를 들면 수확할 시기에 **밤하늘의 별자리를 보면서 언제 포도를 딸지를 결정하는 것입니다**. 이 농법은 **달과 별의 위치**, 즉 점성술적인 관측에 기반을 두고 있으며 땅, 공기, 물, 불이라고 하는 4원소로 가정하여 설명합니다.

**땅의 속성을 가진 염소자리, 황소자리, 처녀자리의 별은 뿌리의 날,
공기의 속성인 쌍둥이자리, 천칭자리, 물병자리의 별은 꽃의 날
물의 속성을 가진 게자리, 물고기자리, 전갈자리의 별은 잎의 날
불의 속성을 가진 양자리, 사수자리, 사자자리의 별은 과실의 날**

이라고 설명합니다.

이에 따라서 **과실의 날에는 농사를 시작하고, 뿌리의 날에 가지치기를 하고, 꽃의 날에는 농사를 쉬고, 잎의 날에는 포도에 물을 주는 식으로 우주의 바이오리듬에 따라 농사를 계획**하는 것입니다.
어쩌면 한국 전통 농사에 중요한 역할을 했던 24절기와도 닮았습니다. 24절기는 태양의 이동을 기준으로 나눈 것으로 농작물의 생장에 맞춰 적절한 시기에 농사를 지을 수 있도록 돕기 위해 전통적으로 사용되었습니다. 예전부터 천문학적인 관측과 계절의 변화는 농사의 계획과 실행에 큰 영향을 미쳤습니다.

그녀는 땅, 식물, 동물의 생명을 소중히 여기며, 이러한 철학을 통해 와인 제조에 대한 깊은 사랑을 표현합니다.
랄루의 와인 철학은 물질적인 것과 함께 자연과의 조화를 추구하는 깊은 영적 믿음에서 출발합니다.

그녀는 포도를 식물이 아니라, 마치 생명체로서의 동물처럼 대합니다.
이러한 관점에서 그녀는 포도나무와의 깊은 교감을 시도하며, 포도나무를 살아있는 존재로 대우합니다.

그것을 뒷받침할 일화가 있는데요,

Episode 1_
봄에 가지치기하는 도중 랄루는 **포도나무가 울부짖는 소리**를 듣습니다. 그래서 그녀는 진통 효과가 있는 약초를 잘린 포도나무의 상처에 발라 주었습니다. 이 약초는 가지치기 후 포도나무가 겪는 고통을 완화하고 상처를 치유하는 데 도움을 주려는 것이었습니다. 그리고 2000년대 이후로는 더 이상 포도나무의 가지치기를 하지 않습니다. 그녀는 포도나무의 소리에 귀 기울이고, 그들이 필요로 하는 것을 세심하게 살펴보는 것을 중요시합니다.

Episode 2_
2004년은 랄루 비즈 르로이에게 가장 힘든 해 중 하나였습니다. 그녀는 자신의 인생과 와인 인생 모두에서 큰 결정을 내려야 했습니다. 그해 부르고뉴의 날씨는 최악이었습니다. 추위와 잦은 비, 그리고 우박까지 덮쳐 포도밭은 심하게 상했습니다. 포도 품질이 좋지 않아 마음에 드는 와인을 만들 수 없었던 랄루는, 과감하게 포도밭에서 나온 레드 와인의 상당량을 그대로 땅에 쏟아버렸습니다. 남은 와인조차 기존의 등급을 모두 낮추어 더 저렴한 가격으로 판매하기로 했습니다. 그녀는 이렇게라도 품질을 지키고자 했던 것입니다. 그 결과 2004년에는 단 네 종류의 레드 와인만이 세상에 나왔습니다.
그러나 그해의 진짜 고통은 포도밭이 아니라 그녀의 마음에서 비롯되었습니다.
사랑하는 남편이 세상을 떠난 것입니다.
갑작스러운 상실감과 슬픔은 그녀를 깊은 절망으로 몰아넣었습니다.
마음이 산산이 부서진 상태에서 완벽을 추구하는 와인을 만드는 일은 그녀에게 불가능에 가까웠습니다.
그래서 랄루는 포도를 블렌딩하고 등급을 낮추며 이렇게 속으로 중얼거렸습니다.
'어쩌면 나는 지금 내 마음대로 할 자격이 없을지도 몰라. 하지만 이 와인이 사람들에게 실망을 주는 일만큼은 막고 싶어. 모두가 만족하고 행복할 수 있길 바래.'
아이러니하게도, 그렇게 낮춰버린 2004년 빈티지는 예상치 못하게 와인 평론가와 애호가들로부터 높은 평가를 받았습니다. 하지만 랄루는 그 사실에 대해 아무 말도 하지 않았습니다. 그녀에게는 **그해의 와인은 상실과 슬픔, 그리고 자기 자신과의 치열한 싸움의 흔적이었기 때문입니다.**

Episode 3_
1993년은 랄루 비즈 르로이에게 또 다른 시험의 해였습니다.
봄부터 내린 많은 비로 부르고뉴 지역의 포도밭은 곰팡이에 시달렸습니다. 대부분의 와인 생산자들은 포도를 살리기 위해 평소보다 두 배나 많은 살균제를 뿌렸습니다. 마을회관에 모여 대책을 논의하던 자리에서 사람들은 랄루를 향해 손가락질했습니다.

'저 여자는 자기 포도밭이 썩어가는데도 아무것도 안 하고 있어. 미친 거 아니야?'

사람들은 그녀를 이해하지 못했습니다. 그러나 랄루는 끝까지 자신의 포도밭에 화학물질을 허락하지 않았습니다. 포도나무와 땅의 생명을 믿었고, 그것을 깨끗하게 지켜내는 것이 자신이 해야 할 일이라고 생각했기 때문입니다.
결과는 참혹했습니다.
그해 도멘 르로이의 포도 수확량은 형편없이 적었고, 심지어 그녀를 돕던 와인 메이커마저
'이런 방식으로는 도저히 버틸 수 없다'라며 떠나갔습니다. 그러나 랄루는 흔들리지 않았습니다.
몇 년 후, 모든 것이 달라졌습니다.
그해 어렵게 만들어진 1993 빈티지 르로이 와인은 놀라울 정도의 품질로 와인 평론가들로부터 극찬을 받았습니다.
그녀의 이름은 다시 부르고뉴 최고의 와인 메이커로 불리게 되었습니다.
포도나무는 살아있는 존재이고, 와인은 그와의 깊은 대화 속에서 태어나는 '예술'입니다.

'포도나무가 원하는 목소리에 귀 기울이면, 언젠가는 그것이 보답한다.'

최근 르로이 와인 중 최고로 평가받는 빈티지에는 2003년, 2002년, 2001년, 2000년, 1999년, 1997년, 1996년, 1994년, 1993년, 1991이 있습니다. 랄루 비즈 르로이의 와인은 가격이 매우 비싸기 때문에 비판의 대상이 되기 쉽지만, **그녀의 와인 제조 철학은 전혀 비판받을 필요가 없습니다.**

랄루 비즈 르로이 여사의 비즈니스 스타일은 프랑스인, 특히 부르고뉴인의 끈기와 인내, 세심함, 그리고 완벽을 추구하는 특성을 잘 보여줍니다. 그녀의 접근 방식은 **부르고뉴 와인에 대한 깊은 이해와 열정**을 담고 있습니다.

그녀가 만들어낸 와인을 평가하는 일은 마치 그 **깊이를 감히 다 헤아릴 수 없는 예술 작품을 평가하는 것**처럼 느껴집니다.
사람들은 랄루의 와인을 부르고뉴 최고의 와인이라고 부르며 경탄하지만, 그 이면에는 **그녀가 걸어온 '고독하고 고통스러운 길'**이 있음을 알기 때문일 것입니다.

물론 모든 이들이 그녀를 찬양하는 것만은 아닙니다. 어떤 비평가들은 그녀의 방식에 의문을 제기하고, 몇몇 업자들은 랄루의 와인이 가진 깊은 색감이 불법적인 방법으로 만들어진 것 아니냐고 의심하기도 합니다. 심지어 그랑 크뤼 와인의 수확량을 실제보다 적게 보이기 위해 와인을 비밀리에 숨긴다는 근거 없는 소문도 퍼집니다.

하지만 이 **모든 의심과 비난은 어쩌면 두려움과 질투에서 비롯된 것**일지도 모릅니다.

랄루의 방식은 타협하지 않고, 오직 진정성 있는 와인만을 남기기 때문에 다른 생산자들에게는 '**불편한 거울**'처럼 느껴졌을 수 있습니다. 그녀는 그 모든 시선에도 흔들리지 않고 묵묵히 자신의 길을 걸으며, 포도밭과 와인 속에 자신의 신념과 사랑을 담아냈습니다.

이런 이야기들은 오히려 그녀의 와인 한 모금에 '**그녀가 견뎌온 시간과 철학**'을 함께 마시는 것처럼 따뜻하고 벅차게 다가옵니다.

랄루와 그녀의 남편 마르셀은 포도밭에서만큼은 신중하고 위험을 피하는 사람들이었지만, 그들의 마음속에는 언제나 모험을 향한 불꽃이 있었습니다. 가끔은 두 사람 모두 일상을 벗어나 높은 산으로 하이킹을 떠나곤 했습니다. 어느 날, 그들은 일기예보조차 확인하지 않은 채 길을 나섰습니다. 가고 싶은 마음이 더 컸기에 날씨 따위는 개의치 않았던 것이죠. 하지만 예기치 않게 폭풍이 몰아쳤고, 당시에는 휴대전화도 없던 시절이라 오랜 시간 산속에 고립된 채 서로를 의지해야만 했습니다.

이 이야기를 통해 우리는 랄루가 포도 재배만큼이나 도전을 사랑했으며, 위험 속에서도 자신의 길을 끝까지 고집할 줄 아는 사람이라는 것을 느낄 수 있습니다.

그녀는 언제나 '**불굴의 메이커**'라는 이름에 걸맞게 강하고 단단한 의지를 지녔습니다.

하지만 그 고집은 꿈을 지키고 자신이 믿는 길을 끝까지 걸어가려는 따뜻한 열정이었습니다.
랄루의 모험심과 강한 실행력은 와인을 만드는 과정뿐 아니라, 그녀의 삶 그 자체를 빛나게 한 힘이었습니다.

다음은 랄루가 인터뷰나 기사 중에 했던 이야기들로 엮었습니다.
이 글들로 그녀의 유형이 더 잘 설명됩니다.

랄루:
"수확된 포도송이들은 일정 시간 효모와의 숙성과정을 거치고 나면, 껍질과 줄기, 씨앗만 남아 거의 완전히 해체되어버립니다.
그들은 자신을 포도주로 바치며 서서히 소멸해가는 것이죠.
식물을 살아 있는 액체로 변화시키는 이 과정이 바로 연금술입니다.
와인은 곧 인생입니다."

이 말은 포도가 와인으로 변하는 과정과 인간의 삶을 은유적으로 연결하고 있습니다.
포도는 자신을 희생해 와인이라는 새로운 존재로 변모하고, 이는 마치 인생의 과정을 통해 무언가를 이루고 나서 소멸하는 것과 같은 의미를 전달합니다.

랄루:
"식물의 뿌리뿐만 아니라, 땅을 구성하는 모든 것은 실제로 생명입니다.

"균류(菌類)'라 불리는 뿌리곰팡이까지 포함해서 말이죠.
이 균류가 식물을 변화시키고, 심지어 미네랄에도 영향을 미칩니다."

이 말은 땅과 식물, 그리고 그 사이에서 상호작용하는 생명체들의 관계를 강조합니다.
특히 균류를 포함한 아주 작은 것들도 식물에 미치는 중요한 역할을 말하고 있으며, 이러한 생명체들은 토양을 더욱 풍부하게 만들어 식물의 성장을 돕고, 미네랄 흡수까지 촉진합니다.

랄루:
"포도나무는 우리가 더 많이 사랑할수록 더 많은 '사랑'을 원합니다.
그리고 우리가 더 많이 일할수록 더 많은 노력을 요구하지만, 그 일은 절대로 끝나지 않습니다."

이 말은 포도나무와 와인 양조 과정에 대한 비유로, **사랑과 노력이 필수적임**을 나타냅니다. 포도나무를 돌보는 일이 단순한 농작업이 아니라, 지속적인 헌신이 필요하고, 그만큼 보살핌과 애정이 더해질수록 더 많은 관심과 노력, 즉 끝없는 수고를 요구한다는 의미입니다. 포도나무는 살아있는 생명체로서, 농부와의 끊임없는 상호작용을 통해 결과를 내지만, 그 과정은 결코 쉬운 일이 아님을 상기시켜 줍니다.

랄루:
"그분은 모든 것을 주시는 분입니다. 중요한 것은 누가 그것을 가장 잘 전달하는가입니다."

이 말은 자연 혹은 우주적 힘(혹은 신으로 해석할 수도 있음)이 모든 것을 공급해 주지만, 그것을 받아들이고 전달하는 사람이 중요하다는 뜻입니다. 즉, 자연의 힘이나 생명의 에너지는 항상 존재하지만, 그 본질을 잘 이해하고 전달하는 능력이 관건이라는 메시지를 담고 있습니다.

랄루:
"저는 부르고뉴에서 태어났습니다. 부르고뉴는 제 조국이고 제 뿌리입니다.
저는 이 땅에 깊이 뿌리내린 느낌을 받습니다.
부르고뉴를 떠나면 얼마 지나지 않아 무의식적으로 돌아가고 싶어집니다.
그때는 불행해지고, 돌아와야만 평온을 되찾을 수 있습니다."

이 말은 부르고뉴라는 지역에 대한 깊은 애착과 정체성을 표현합니다. 태어난 고향이 단순히 출생지가 아닌, 삶의 평온과 행복을 좌우하는 중요한 뿌리라는 점을 강조하고 있어요. 부르고뉴를 떠나면 불안하고 평온을 잃는 자신을 묘사하며, 고향에 대한 강한 소속감과 귀속 의식을 보여줍니다.

랄루:
"일본어에는 '맛본다'라는 말과 '말을 듣는다'라는 말이 같습니다.
같은 단어라는 것이 정말 환상적입니다.
와인 앞에서 우리는 자신을 모으고 소리를 듣습니다."

일본어에서 '맛본다'와 '듣는다'라는 의미의 단어는 '味わう (아지와우)' (あじわう, ajiwau)입니다. 이 단어는 주로 음식의 맛을 느끼거나 즐긴다는 의미로 사용되지만, 단순히 맛을 보는 것을 넘어 경험하고 감상하는 깊은 의미를 내포하고 있습니다.

'味わう (아지와우)'는 맛을 음미하는 과정뿐만 아니라, 음악이나 문학, 예술을 감상하거나 경험할 때도 사용될 수 있습니다. 이를 통해 청각적으로도 감동이나 깊이 있는 감상을 표현할 수 있으므로, 일상적인 의미에서 '듣는 것'과 연결됩니다. 예를 들어, '음악을 맛본다'라는 '음악을 듣고 깊이 음미한다'라는 의미로 쓰일 수 있습니다.

랄루는 '떼루아'의 중요성도 여러번 이야기했는데요, '떼루아(Terroir)'라는 단어는 프랑스어로, 다른 언어로는 쉽게 번역되지 않는 독특한 개념입니다. 쉽게 풀면 지형, 토양, 기후가 섞여 만든 포도밭의 특성이라고 할 수 있지만, 이게 끝이 아니에요!

와인이 프랑스에서 점점 발전하면서, 와인 생산자들은 같은 포도 품종이라도 어디에서 자라는지에 따라 맛과 향이 크게 달라진다는 사실을 알게 되었습니다. 그 경험이 쌓이면서, 점점 더 작은 마을과 소규모 포도밭까지 세밀하게 구분하게 되었습니다.

그러다 보니, **포도밭마다의 차이를 설명하는 여러 환경적 요소를 묶어서 '떼루아'**라는 단어 하나로 표현하게 되었는데. 즉, 떼루아는 각 포도밭이 가진 고유한 개성을 한 단어로 정의하는 것입니다. 그 포도밭만이 가진 특별한 기후, 지형, 토양의 조합이 바로 떼루아이고, 이 개성은 와인에 그대로 담겨요. 한마디로 와인의 '고향(원조)'을 맛볼 수 있는 **'비밀 레시피'**라고 할 수 있습니다.

루돌프 슈타이너의 바이오 다이내믹 농법에 대하여
_ 르로이 와인의 근본 철학

르로이 와인을 이해하기 위해서는 랄루 비즈 리로이를 알아야 했듯이 랄루를 이해하기 위해서는 그녀의 농법이 어떤 것이었는지 아는 게 중요할 것입니다.

바이오 다이내믹의 철학

바이오 다이내믹은 매우 모호하게 들립니다.
바이오 다이내믹 농법(biodynamic agriculture)은 1920년대 루돌프 슈타이너(Rudolf Steiner)가 제안한 개념으로, **'자연의 에너지와 우주의 리듬을 고려한 농업 방식'**입니다. 루돌프 슈타이너(1861-1925)는 오스트리아 출신의 철학자이자 교육자, 그리고 영적 지도자로, 그는 인간과 자연, 우주 간의 조화를 중요하게 여겼습니다. 그는 '인지학(Anthroposophy)'이라는 철학을 발전시켰는데, 이는 인간의 정신적·영적 성장을 중시하는 사상입니다. 이 철학은 교육, 의학, 예술, 그리고 농업 등 다양한 분야에 영향을 미쳤습니다.

바이오 다이내믹 농법의 기본 개념은 **'농장은 스스로 자생이 가능한 하나의 유기체'**라는 것으로 자연과 농작물 간의 상호작용을 통해 농업을 지속할 수 있게 만들고, 농작물의 건강과 품질을 높이는 것을 목표로 합니다.

슈타이너는 화학비료나 살충제를 사용하지 말고 자연적인 방법으로 토양과 작물을 관리해야 한다고 주장했습니다. 그는 달의 주기와 행성의 위치와 같은 천체의 움직임이 농업에 영향을 미친다고 보았습니다.

이 농법은 처음 독일과 오스트리아의 농부들에 의해 사용되었고, 이후 프랑스 와인 생산자들에 의해 더욱 발전되었습니다. 특히 프랑스 루아르 지방에서는 니콜라 졸리(Nicolas Joly)가 이 방식을 포도 재배에 처음 적용하여 고품질의 와인을 생산하며 유명해졌습니다. 오늘날에는 프랑스의 부르고뉴, 샴파뉴, 보르도뿐만 아니라 독일, 이탈리아, 미국, 호주 등 전 세계적으로 많은 와인 생산자들이 이 농법을 도입하고 있습니다.

바이오 다이내믹 농법은 인공적인 화학비료나 살충제를 전혀 사용하지 않고, 자연에서 얻은 재료로 만든 특별한 혼합물을 사용해 땅과 식물의 건강을 지키는 농사법입니다. 이 방법은 포도밭 안에 사는 다양한 생물들이 서로 조화를 이루며 살아가도록 돕고, 시간이 지날수록 더 좋은 품질의 포도가 자라날 수 있는 환경을 만들어 줍니다.
이 농법에서 중요한 부분 중 하나가 바로 8가지 천연 혼합물인데, 각각 BD500부터 BD508이라는 이름이 붙어 있습니다. 이 혼합물들은 땅을 건강하게 만들고, 포도나무가 더 튼튼하고 자연스럽게 자라도록 돕는 '자연 비타민' 같은 역할을 한다고 할 수 있습니다.

가장 유명한 혼합물인 BD500은 소의 똥을 소뿔 안에 넣고 땅속에 묻어 겨울 동안 자연스럽게 익히는 방법이에요. 이렇게 하면 땅이 더 건강해지고 포도나무 뿌리가 더 많은 영양분을 받을 수 있답니다.

BD501은 토양 속 이산화규소라는 성분을 활성화해서 땅을 더 비옥하게 만들고, 포도나무 잎이 잘 자라고 광합성도 잘하도록 도와줍니다.

나머지 혼합물들은 카모마일(Chamomile), 서양 풀 톱, 민들레, 쐐기풀 같은 허브를 소의 장기나 동물 뼛속에 넣어 땅속에 묻어 숙성시킨 후 퇴비로 사용하는 거예요. 이런 자연스러운 방법들이 땅의 힘을 키워주고, 포도밭의 생태계를 건강하게 지켜서 좋은 포도가 자라게 돕는답니다.

바이오 다이내믹 농법을 적용하면 포도의 생산량은 현격히 줄어들지만, 맛이 더 농축되어 순수하고 진하며 '떼루아'를 더 잘 표현할 수 있다고 알려져 있습니다. 이렇게 키운 와인은 깊고 복합적인 맛을 가진 것으로 평가되며 와인 애호가들 사이에서 매우 높은 평가를 받고 있습니다. 이 방식으로 생산된 와인들은 국제 인증 기관인 '데메터(Demeter)'로부터 인증을 받을 수 있으며, 지속 가능한 농업과 자연 친화적인 방식에 관심이 많은 소비자에게 인기를 끌고 있습니다.

아래는 2004년 8월 23일(포춘 잡지)에 '진 케이 릴리(JEAN K. REILLY)'라는 프리랜서 와인 작가이자 교육자가 쓴 기사를 요약해 보았습니다. 이 글을 통해 바이오 다이내믹을 바라보는 외부적인 시각을 살짝 엿볼 수 있습니다.

(「」내용은 기사 내용입니다.)

「최근 한 잡지에서는 '바이오 다이내믹'이라는 특별한 포도 재배 방법을 소개했습니다. 이 방법은 별자리의 움직임과 동종요법 같은 자연 치료법을 유기농 재배와 함께 사용해 와인의 품질을 높인다고 합니다. 이 주장이 맞는지 확인하기 위해, 바이오 다이내믹 방식으로 만든 와인과 일반 와인을 눈가림(blind) 테이스팅으로 비교해 보았습니다.

테이스팅 결과, 10쌍의 와인을 비교했을 때 일반 와인이 바이오 다이내믹 와인보다 더 좋다고 평가된 경우는 단 한 번뿐이었습니다. 와인 전문가 더그 프로스트(Doug Frost)는 "바이오 다이내믹 농법이 60년대의 히피 문화처럼 미친 소리로 들릴 수도 있지만, 실제로 와인을 맛보면 확실히 차이가 있습니다."라고 말했습니다.

패널 중에는 바이오 다이내믹 농법에 회의적인 사람들도 있었지만, 이번 결과에 크게 놀라지 않았습니다. '와인 포 더 미즈(Wine For Dummies)'의 공동 저자이자 마스터 오브 와인(Master of Wine)인 메리 융-멀리건(Mary C. Y. Mulligan)은 "저는 거의 항상 바이오 다이내믹 와인이 일반 와인보다 향과 맛이 더 섬세하고 정교하다고 느낍니다."라고 이야기했습니다.

또한 일부 패널은 바이오 다이내믹 와인을 만드는 사람들이 공통으로 열정적이고 독창적인 성향을 지녔다고 덧붙였습니다. 뉴욕 몽라셰 레스토랑(Montrachet restaurant)의 수석 소믈리에 버니 선(Head Sommelier Bernie Sun)은 "대부분의 바이오 다이내믹 와인 생산자들은 예술가와 같습니다. 그들은 굉장히 집중적이고 열정적입니다."라고 설명했습니다.

바이오 다이내믹 와인은 특정 지역의 기후와 토양이 주는 개성을 잘 담아내는 것으로 평가됩니다. 이런 지역의 특성을 잘 드러내는 것을 '테루아(Terroir)'라고 부르며, 바이오 다이내믹 와인 생산자들이 특히 강조하는 부분입니다.」

'와인 & 스피릿(Wine & Spirits)' 잡지(magazine)의 편집장 레이 아일(Ray Isle)은 이렇게 설명합니다.
"소비자가 바이오 다이내믹 와인을 선택한다는 것은
1. 농약이나 해로운 화학물질을 쓰지 않고,
2. 포도밭을 아주 세심하게 관리하며,
3. 그 땅의 특성을 와인에 담기 위해 노력하는 생산자가 만든 와인을 마신다는 의미입니다.
그들이 소뿔에 거름을 묻어 우주적 에너지가 전해진다고 믿든, 그것은 소비자에게 크게 중요하지 않습니다."

바이오 다이내믹 와인의 인기는 점점 높아지고 있지만, 이 방식이 전 세계적으로 널리 퍼질 가능성은 크지 않습니다. 이 농법을 만든 루돌프 슈타이너(1861~1925)는 지금도 논란이 많은 인물로, 그의 저서와 사상은 매우 복잡하기 때문입니다. 예를 들어, 슈타이너는 농업에 대해 이렇게 말한 적이 있습니다.
"태양에서 지구로 흘러드는 존재들이 봄과 여름 동안 지구에 관련된 존재들과 만납니다. 이 교류를 통해 지구는 그런 존재들을 알아차릴 수 있는 기관을 형성합니다. 식물은 이를 인식하지 못합니다."
이처럼 그의 글은 **일반인이 이해하기 어렵고, 신비주의적 표현이 많아** 논란이 되기도 합니다.

바이오 다이내믹의 실천은 계속해서 진화할 것으로 보입니다.
론 계곡(Lon Valley)의 메종 샤푸티에(Maison Chapoutier) 와인 제조자인 알베릭 마조예(Alberic Magnard)는 이렇게 말합니다.
"바이오 다이내믹 농법이 테루아의 맛을 제대로 지켜준다는 사실은 이미 입증되었습니다. 이제 우리는 그다음 단계로, 와인의 '영적인 깊이'를 더 높이기 위해 노력하고 있습니다. 지금 우리는 새로운 혁명의 문턱에 서 있습니다."
앞으로 이 분야가 어떻게 진화할지 지켜봐 주세요.

◆ Endnote

슈타이너의 영향을 받은 대표적인 분야로는 다음과 같은 것들이 있습니다.
- 발도르프 교육: 아이들의 전인적 발달을 목표로 한 교육 방식.
- 슈타이너 의학: 인체의 자연 치유력을 강조하는 의학.
- 바이오 다이내믹 농법: 농업에 생태적 균형과 우주의 리듬을 반영한 방식.

에니어그램 4번 유형의 개요

결핍을 예술로 바꾸는 감정의 예민한 탐구자

에니어그램 4번 유형은 '마음 기반(center of heart)'에 속하는 성격 유형입니다. 2번, 3번, 4번 유형이 모두 감정을 중심에 두는 유형이지만, 그중에서도 4번은 가장 깊고 섬세하게 '내면의 감정'과 연결된 사람들입니다. 4번 유형의 삶을 지배하는 핵심 키워드는 '결핍감'입니다.
이들은 본능적으로 '나는 뭔가 부족하다'라는 느낌을 안고 살아갑니다. 다른 사람들은 다 가진 것 같은데, 나만 가지지 못한 것이 있다고 느끼죠. 그래서 그 결핍을 채우기 위해 끊임없이 자기 자신을 탐구하고, 자신만의 독특함을 찾아내려 합니다.
하지만 역설적이게도, 결핍에 너무 집중하다 보니 눈앞에 있는 충족감이나 만족을 잘 받아들이지 못합니다. 사랑받고 있어도 사랑받는다고 느끼지 못하고, 이미 충분한 가치를 가지고 있어도 스스로 부족하다고 느끼죠.

'내 안에 부족함이 있어… 하지만 그게 나를 특별하게 만들어.'

4번 유형은 자신의 결핍과 부족함을 그저 숨기지 않습니다. 오히려 그것을 독특함과 특별함으로 '재해석'하려 합니다.
마치 예술가가 흠집 난 대리석에서 아름다운 조각상을 만들어내듯, **자신이 가진 상처와 감정을 창조적 에너지로 바꾸는 것이죠.**

융의 심리학에서 '**그림자**'라고 불리는 개념과도 맞닿아 있습니다.
융은 그림자를 '우리가 인정하기 싫어하거나 숨기고 싶은 열등한 부분'이라고 했습니다.
4번 유형은 자신의 그림자와 친숙합니다.
그들은 자신이 부족하고 어두운 면을 마주하며, 거기서 오히려 자신만의 의미와 아름다움을 찾습니다.
반면 3번 유형이 '세상에 보여줄 완벽한 이미지'에 집착한다면,
4번 유형은 오히려 '**나의 결핍과 고통**'을 진짜 나의 일부로 받아들이고 그것을 드러내려 합니다.

4번 유형은 감정을 깊이 경험합니다.
사람들은 때로
슬픔, 상실, 질투, 그리움 같은 감정을 외면하려 하지만, 4번 유형은 정면으로 마주하고 그것을 삶의 한 부분으로 받아들입니다.
그래서 그들은 감정의 풍경을 누구보다 섬세하게 묘사할 수 있습니다.
'고통 속에서도 아름다움을 본다.'
는 말이 어울리는 사람들이 바로 4번입니다.
이런 성향 때문에 많은 4번 유형이 예술가, 작가, 디자이너, 음악가 등 감정을 표현하고 전달하는 일을 선택합니다. 그들은 자신의 깊은 감정이 다른 사람에게도 감동을 줄 수 있다는 걸 알고 있죠.

아이러니하게도, 4번 유형은 사랑과 인정에 대한 갈망이 큽니다.

하지만 결핍에 지나치게 집중하기 때문에 누군가가 주는 사랑을 온전히 받아들이지 못합니다.

'이건 진짜 사랑이 아닐 거야.'
'나는 아직 충분히 가치 있지 않아.'

이런 생각이 스스로를 가로막습니다.
결국 이들은 '**사랑받고 싶지만, 사랑을 못 느끼는**' 악순환에 빠지기도 합니다. **다른 사람들과 자신을 비교하며 질투하거나, 스스로 특별해야 한다는 압박감 속에 고립**되기도 하죠.

에니어그램에서 2번, 3번, 4번은 모두 '마음 기반' 유형입니다.
2번은 감정을 억누르고 '다른 사람을 도와야 사랑받는다'라는 방향으로 나아갑니다.
3번은 감정을 잘라내고 '성취해야 사랑받는다'라는 믿음을 가집니다.
반면, 4번은 감정을 외면하지 않고 정면으로 바라보며 '내 감정과 진짜 나를 이해해야 사랑받는다'라고 생각합니다.
이 때문에 4번 유형의 중심 감정은

'**슬픔**'입니다.

'**나는 있는 그대로 사랑받지 못해.**'

어떻게 하지?
뭐가 잘못된 거지?
.
……,
이 슬픔은 그들을 자기 탐색으로 몰아넣지만,
동시에 그만큼 자신을 더 깊게 이해하고 성장하게 만드는 힘이 되기도
합니다.

4번 유형은 예술적 감각이 뛰어나고, 감정을 섬세하게 표현하는 능력이
있습니다.
모든 4번 유형이 예술가는 아니지만, 그들은 일상 속에서도 예술적 시선
을 가지고 살아갑니다.
낡은 건물에서 아름다움을 보고,
사소한 감정에서 깊은 이야기를 발견할 줄 아는 사람들입니다.
그들의 '슈퍼파워(Super Power)'는 **'감정적 직관력'**입니다.
다른 사람들이 불편해할 만큼 깊은 감정의 세계로 들어가도 **4번 유형은
거기서 길을 잃지 않습니다.**
오히려 그곳에서 힘을 얻고, 새로운 통찰을 가져옵니다.

모든 강점에는 그림자가 있듯이, 4번 유형의 섬세한 감정 세계는 때로 그
들을 괴롭히기도 합니다.
감정에 너무 몰입하다 보면 현실적 판단이 흐려질 수 있고,

끝없는 비교와 결핍감에 사로잡혀 우울감에 빠질 수도 있습니다.

'나는 왜 저 사람처럼 행복하지 못할까?'
'왜 나는 이렇게 부족하지?'

이런 생각이 스스로를 더 외롭고 힘들게 만들죠.

진짜 성장 _ 내면의 그리움과 대화하기

그렇다면 4번 유형의 진짜 성장은 어디서 시작될까요?
그건 바로 '**결핍감과 싸우는 것**'이 아니라, 그 **결핍이 전하려는 메시지를 따뜻하게 들어주는** 데서 시작됩니다.
4번 유형의 마음속에는 늘 이렇게 말하는 목소리가 있습니다.
'**너는 뭔가 부족해.**'
'**다른 사람들처럼 완전하지 않아.**'
이 목소리를 억누르려 할수록 4번은 더 깊은 슬픔과 비교심에 빠져듭니다.
하지만 그 목소리를 이해하려고 귀 기울일 때, 변화가 시작됩니다.

'**그래, 네가 외로움을 느끼는 걸 알아.**'
'**내가 너를 더 사랑하고 싶어. 너는 원래부터 충분히 특별해.**'

이렇게 자신에게 말을 걸 수 있을 때, 4번 유형은 결핍을 채우려는 끝없는 싸움 대신,
있는 그대로의 자신을 사랑하는 법을 배우게 됩니다.

4번 유형의 고통은 '**나는 평범해서 사랑받지 못한다**'라는 깊은 믿음에서 옵니다.

그래서 특별하고 독창적인 존재로 보이기 위해 애쓰지만, 진짜 성장은 그

반대 방향에서 이루어집니다.

'나는 평범해도 괜찮아. 평범 속에도 내 빛이 있다.'

이 진실을 받아들일 때, 4번 유형은 고통을 예술과 지혜로 바꾸는 놀라운 힘을 발휘합니다.
비교와 결핍에서 벗어나 자신이 가진 고유한 아름다움을 사랑하게 되고, 그 감정의 깊이를 통해 다른 이들에게도 위로와 영감을 전하는 따뜻한 사람이 됩니다.

4번 유형은 세상에서 감정의 깊이를 가장 잘 보는 사람들입니다.
그러나 그 깊은 감정의 바다에서 길을 잃지 않으려면, 먼저 자기 자신에게 이렇게 속삭여야 합니다.

'나의 결핍도, 나의 눈물도 모두 나를 이루는 아름다운 색깔이야.'
'있는 그대로의 내가 이미 충분히 사랑받을 만한 존재야.'

"오디세이아(Odyssey)"로 보는 에니어그램 4번 유형의 상징적 이야기
_ 하데스(Hades)와 사이렌(Siren)

하데스 _ 고립된 지하세계의 왕, 그리고 오디세우스의 여정

어둠 속에서 눈을 뜨면, 마치 시간이 멈춘 듯한 세계가 펼쳐집니다. 그곳은 햇빛이 닿지 않는 차가운 땅, 죽은 자들의 왕 하데스가 지배하는 저승입니다.
하데스는 그리스 신 중에서도 유난히 고독한 신입니다. 올림포스(Olympus)의 찬란한 연회와도 거리가 멀고, 인간 세계의 소란에도 관심이 없습니다. 그는 검은 대리석 같은 얼굴로 영원한 침묵의 세계를 다스립니다. 그곳에는 웃음도, 희망도 없습니다. 오직 수많은 영혼의 흐느낌만이 바람처럼 스칠 뿐입니다.

끝없는 항해 속에서, 오디세우스는 신탁(신이 사람을 통해서 그의 뜻을 나타내거나 인간의 물음에 대답하는 일)을 구하기 위해 저승을 찾아야 했습니다. 마녀 키르케가 그에게 남긴 조언은 짧지만 의미심장했습니다.
"죽은 자들의 왕국에서 예언자 테이레시아스(Teiresias)를 찾아라. 그는 네 여정의 열쇠를 쥐고 있다."

거센 파도를 헤치며 나아가던 오디세우스의 배는 어느덧 죽음의 경계에 도달했습니다. 공기마저 무겁게 가라앉은 땅, 그곳은 살아 있는 자가 감히 발을 들여서는 안 되는 세계였습니다.

오디세우스는 두 손에 검은 양의 목을 쥐고 떨리는 손으로 칼을 들어 그 피를 흘렸습니다. 어둠 속으로 붉은 피가 스며들자, 저승의 영혼들이 몰려들었습니다.

흰 연기처럼 떠다니던 영혼들이 피의 향기에 끌려와, 마치 목마른 자들이 물을 찾듯 몸을 비틀며 다가왔습니다. 오직 피를 마신 후에야 그들은 목소리를 되찾을 수 있었습니다.

먼저 다가온 것은 오디세우스의 어머니 안티클레이아(Anticleia)였습니다. 그녀의 창백한 손길이 허공을 헤매며, 아들은 그 손을 붙잡으려 애썼습니다. 그러나 죽은 자와 산 자는 결코 만날 수 없는 법이었습니다. 손끝은 공허한 바람만 움켜쥐었습니다.

영웅들의 그림자

그리고 나타난 영혼들 트로이 전쟁의 영웅 아킬레우스(Achilles)와 아이아스(Aias)가 있었습니다. 그들은 여전히 전장의 용맹한 기운을 품고 있었습니다.

"살아 있는 자여, 네가 지금 어디에 서 있는지 아느냐?"
아킬레우스의 눈빛은 죽음 너머의 진실을 꿰뚫는 듯했습니다.
마침내, 예언자 테이레시아스가 피를 마신 뒤 낮은 목소리로 운명을 말했습니다.

"너의 여정은 아직 끝나지 않았다.

그러나 이 길의 끝에서 너는 다시 살아남을 것이다.
그대가 자신을 잊지 않는다면."

세이렌(Siren)_ 감정의 소용돌이, 유혹과 결핍의 목소리

바다는 잔잔했지만, 그 고요함 속에 섬뜩한 긴장감이 감돌고 있었습니다.
수평선 너머로 서서히 안개가 피어오르고, 그 너머에서 세이렌의 목소리가 들려오기 시작했습니다.
그 소리는 노래라기보다 마법 같았습니다. 달콤하고 따스하며, 귀에 닿는 순간 심장의 가장 깊은 곳을 파고드는 금빛 유혹이었습니다. 마치 세상에 존재하는 모든 슬픔과 사랑을 한꺼번에 녹여낸 듯한 음성.
그 노래를 듣는 순간, 항해자들은 스스로를 잃어버렸습니다.
"돌아와…. 너를 기다리고 있어…"
바람을 타고 속삭이는 세이렌의 목소리는 집으로 향한 그리움, 잃어버린 사랑, 이루지 못한 꿈을 한꺼번에 건드렸습니다. 마치 '내가 찾는 모든 답이 저곳에 있다'라는 착각을 심어주는 듯했습니다.

그러나 오디세우스는 이 유혹이 얼마나 위험한지 알고 있었습니다.
키르케의 경고가 그의 귀에 여전히 선명히 남아 있었죠.
"세이렌의 노래를 들으면 넌 끝장이다. 그 소리에 한 번 빠지면 돌아올 수 없어."

그는 부하들을 불러 모아 단호하게 명령했습니다.
"모두 귀를 밀랍으로 막아라. 어떤 소리가 들리든 절대 귀를 열지 마라. 내가 몸부림쳐도 묶은 밧줄을 풀지 마라. 설령 내가 죽여버리겠다고 외쳐도 말이다."
그리고 오디세우스 자신은 배의 돛대에 단단히 묶였습니다. 그는 단 한 가지 이유로 이 위험한 결정을 내렸습니다.
"그 노래가 도대체 어떤 것이기에 사람들의 영혼을 빼앗는지, 나는 직접 들어야겠다."

바람이 멈추고 파도조차 고요해졌을 때, 그 목소리들이 시작되었습니다.
"오디세우스… 위대한 전사여.
너의 이름을 안다. 네가 찾아온 걸 안다.
우리는 너를 기다려왔다."
노래는 점점 강렬해졌고, 오디세우스의 눈빛이 흔들리기 시작했습니다. 그의 가슴은 쿵쾅거리며 터질 듯 뛰었고, 눈앞에는 마치 오래된 기억이 펼쳐지는 듯했습니다.
잊었던 사랑의 얼굴, 그리운 고향의 바람, 그리고 이루지 못한 꿈의 조각들이 그의 귀를 스쳤습니다.
"풀어라! 나를 풀어라! 저곳에 가야 한다!"
그는 목이 터져라. 외쳤지만, 부하들은 그를 보지 않았습니다. 귀를 막은 그들은 오직 노를 젓는 손에 힘을 더할 뿐이었습니다.

배는 암초를 아슬아슬하게 비켜나갔습니다. 세이렌의 노래는 점점 멀어졌고, 그 소리는 차갑게 사라져갔습니다. 오디세우스는 마치 깊은 꿈에서 깨어난 사람처럼 숨을 헐떡이며 돛대에 기대었습니다.
"우리는 이겼다…."
그는 속으로 중얼거렸습니다. 하지만 그의 눈동자에는 아직도 그 황홀한 노래의 여운이 남아 있었습니다.
그것은 **결핍과 유혹, 그리고 인간 마음 깊은 곳의 약함**을 드러내는 소리였습니다.

하데스와 세이렌의 이야기는 '오디세이아'에서 가장 어둡고 강렬한 장면 중 하나입니다.
우리가 살아가면서 느끼는 갈망, 질투, 후회 같은 감정은 마치 세이렌의 노래처럼 우리를 유혹합니다. 아무리 벗어나려 해도 그 감정에 사로잡히면 쉽게 빠져나오기 어렵습니다.
하지만 이런 감정들은 우리를 파괴하기 위한 것만은 아닙니다.
그 감정을 있는 그대로 마주하고 받아들일 용기가 있다면, **그 안에서 오히려 우리 마음속 깊은 진실을 발견**할 수 있습니다.
결국, 이러한 감정을 직면하는 것은 **진정한 나 자신을 찾는 여정에서 꼭 필요한 과정**입니다.
즉, 4번 유형이 겪는 슬픔과 갈망은 자신을 더 깊이 이해하고 성장하게 만드는 '**지혜의 문**'일 수 있습니다.

"He who knows how to taste does not drink wine but savors secrets."
-Salvador Dali

"맛을 아는 사람은 와인을 마시는 것이 아니라 비밀을 듣는다."
- 살바도르 달리(Salvador Dalí, 1904-1989, 스페인의 대표 초현실주의 화가)

살바도르 달리는 와인을 마시는 것이 목을 축이는 행위가 아니라고 말했습니다.
그는 **와인을 마신다는 것**은 그 속에 담긴 맛과 향을 천천히 느끼고, 그 안에 숨겨진 이야기와 비밀을 찾아내는 과정이라고 강조했습니다.
그리고 와인은 **그 자체로 이야기와 감정을 전하는 매개체**라는 메시지를 담고 있습니다.
진정으로 와인을 즐기는 사람은 **그 안에 담긴 예술적, 문화적, 심리적 깊이를 이해하려고 노력**하며, 그 경험 속에서 감동한다고 설명했습니다.

'와인을 마시는 것은 섬세한 감각으로 세상을 탐험하는 예술적 여정과 같다.'

고급 와인은 그 향과 맛으로 유명하지만, 와인이 전하려는 이야기를 제대로 이해하려면 '**잘 듣는 마음**'이 필요합니다. 와인 한 잔에는 그해의 기후(빈티지), 만드는 과정, 포도 품종, 그리고 와인을 만든 사람의 철학이 담겨 있어 수십 가지 향과 맛으로 우리에게 말을 걸어옵니다.
이런 이유로 와인을 마시는 경험은 그 자체로 예술 감상과 같은 특별한 체험입니다. 그래서 위대한 예술가들이 와인 속에서 하나의 걸작을 발견했다고 해도 전혀 이상할 게 없죠.
달리에게 건배합니다!
그가 우리에게 바랐던 것처럼….

박쥐와 거미가 지키는 셀로스(Selosse)의 셀러(cellar, 저장소)

앙셀름 셀로스(Anselme Selosse)의 숙성실에 들어서면 마치 자연의 작은 우주 속에 들어온 듯한 기분이 듭니다.
왼쪽 벽에는 거미가 집을 짓고, 오른쪽 천장에는 박쥐가 매달려 있습니다. 그는 셀러의 문을 닫지 않습니다. **바람, 흙, 나뭇잎이 스치는 소리와 함께 자연의 숨결**이 와인에 스며들게 하기 위함입니다.

"자연이 와인을 만들고, 나는 그저 그것을 조심스레 돌볼 뿐이다."
"나는 산파일 뿐, 와인은 스스로 태어난다."
앙셀름은 자신을 '메이커(Maker)'라고 부르는 것을 싫어합니다.
그는 자신을 그저 와인이 태어날 수 있도록 돕는 **'산파'**에 비유합니다.

앙셀름은 '레꼴땅 마니퓰롱(Récoltant-Manipulant, RM), 즉 포도를 직접 재배하고 와인을 양조하는 **소규모 생산자의 선구자**로 불립니다.

원래 셀로스 가문은 포도만 재배하는 농가였습니다. 대부분의 포도는 유명 샴페인 하우스인 샹파뉴 랑송(Champagne Lanson)에 팔았죠. 하지만 1959년, 그의 아버지 자크 셀로스(Jacques Selosse)는 결심을 내립니다.
"우리 이름을 걸고 와인을 만들자."
이때부터 '자크 셀로스 샴페인(Champagne Jacques Selosse)'이 탄생했습니다.
앙셀름은 17살에 부르고뉴(Bourgogne)로 가서 와인 양조와 포도 재배를 배웠고, 이후 스페인 리오하(Rioja)에서 실습을 마친 뒤 1974년 도멘으로 돌아옵니다. 그는 아버지가 만든 틀을 넘어서 샹파뉴를 전혀 새로운 시각으로 바라보기 시작했습니다.

앙셀름은 수확량을 절반 이하로 줄입니다. 포도가 완전히 익어 스스로 목소리를 낼 때까지 기다립니다. 발효는 토착 효모만으로 진행하고, 말로락틱(malolactic) 발효를 억제해 산미와 긴장감을 살립니다. 황(이산화황, SO_2)은 최소한만 사용하고, 리스를 저어 풍미를 깊게 하는 바통나주(bâtonnage)를 실천합니다. 그리고 도자주(dosage, 당 첨가)는 거의 하지 않아, 와인의 본연의 질감과 떼루아의 이야기를 있는 그대로 담습니다.

"라벨에 적는 '바이오 다이내믹'이나 '유기농' 같은 단어는 중요하지 않습니다. 진짜 중요한 것은 자연과 균형을 이루는 것, 흙의 목소리를 그대로 전하는 것입니다."
앙셀름이 믿는 것은 유행이 아니라 자연 그 자체입니다.

앙셀름이 가장 사랑하는 요소 중 하나는 산소입니다.

"산소는 파괴가 아니라 계시다. 시간과 경험이 와인을 진짜 자기 자신으로 만든다."
그의 셀러에는 스틸 탱크가 없습니다. 포도즙은 곧바로 오크통으로 옮겨져 발효와 숙성을 거칩니다. 와인은 그곳에서 천천히 호흡하며 산소와 만나고, 싱그러운 사과와 배 향은 구운 빵, 견과류, 그리고 미네랄 향으로 변해갑니다.

"이 땅은 오래된 바다였다."
그는 토양을 설명하며 이렇게 말합니다.
"나트륨은 짠맛을, 마그네슘은 쓴맛을, 칼슘은 신선함을 만든다."
그의 와인에서 느껴지는 복합적인 맛은 바로 이 땅과 시간의 깊은 대화입니다.

앙셀름의 샴페인이 특별한 이유 중 하나는 솔레라 시스템(Solera System)입니다. 원래 셰리(Sherry) 와인에서 사용되는 이 기법을 샹파뉴에 도입해 여러 빈티지를 블렌딩하고 시간의 켜를 켜켜이 쌓아 올렸습니다. 단일 빈티지로는 절대 흉내 낼 수 없는 복합성으로 시간의 기억이 잔에 담겨 있는 듯한 맛이 완성됩니다.

그는 샹파뉴의 길을 이렇게 설명합니다.

"하나는 '네스프레소(Nespresso)'처럼 소비자가 원하는 것을 주는 길.
다른 하나는 '인샬라(Inshallah, 신이 원하신다면)'처럼 자연의 굽이진 모습을 있는 그대로 보여주는 길."
그는 당연히 후자를 택했습니다.
1994년, Gault Millau 가이드는 그를 '프랑스 최고의 와인메이커'로 선정했고, 그의 이름은 전 세계로 알려졌습니다.

"와인은 반드시 즐거울 필요는 없다. 와인은 흥미로워야 한다."
"와인은 살아 있기에 죽을 수도 있다."
그래서 와인에 개성과 시간을 불어넣는 것이 그의 삶의 사명입니다.

지금 지구는 겪고 있는 기후 변화에 대해서도 앙셀름의 삶의 태도가 보입니다.
"기후 변화는 우리가 더 나은 포도즙을 만들도록 돕는다. 그 변화에 맞춰 일해야 한다."
그리고

"나는 혼자 있는 길을 택했다. 하지만 그 덕분에 더 자유로워졌다."
이 고백은 그가 걸어온 길, 조용하지만 강렬한 혁신의 발자취를 잘 보여 줍니다.

지금은 그의 아들 기욤 셀로스(Guillaume Selosse)가 2020년부터 도멘을 이어받아 운영하고 있습니다.
자크 셀로스 하우스는 샹파뉴 '꼬뜨 데 블랑, 아비즈(Côte des Blancs, Avize)' 마을을 중심으로 약 8.3헥타르, 총 54개 구획의 포도밭을 소유하고 있습니다. 평균 수령 55년 이상의 포도나무가 대부분이며, 샤르도네(Chardonnay) 7.3헥타르, 피노누아(Pinot Noir)는 Ambonnay(암보네),

Aÿ(아이), Mareuil-sur-Aÿ(마뢰이 쉬르 아이) 지역에서 1헥타르를 재배합니다.

앙셀름의 와인은 **'세계에서 가장 비싸고 구하기 어려운 와인'** 중 하나로 꼽힙니다.

하지만 한 번 맛본 사람들은 이렇게 말합니다.

"이건 그냥 셀로스다."

모유 수유의 기쁨

엄마가 되는 과정은 매 순간이 놀라움의 연속입니다. 우리는 문명사회에 살며 스스로가 동물들과는 전혀 다른 특별한 존재라고 생각하기 쉽습니다. 하지만 출산의 순간을 겪으면, 우리가 소나 말, 강아지와 다를 바 없는 생명체라는 사실을 깨닫게 됩니다. **세상에 태어나는 일**은 그 어떤 신성한 기적이 아니라, 피와 땀, 배설물이 뒤섞인 **날것의 과정**이라는 사실을 잊고 살아가는 것이지요. 우리가 동물을 가두고 다루기 때문에 스스로 우월한 존재라 착각할 수도 있습니다. 어쩌면 그것은 같은 생명체로서 느끼는 죄책감을 덜기 위해, 그들을 우리와 다른 존재로 여기려는 심리일지도 모릅니다.

비약적인 이야기 같지만, 이제 다시 본론으로 돌아가 엄마가 되는 경험에 관해 이야기하겠습니다. 엄마가 된다는 것은 깊고 신비한 연결을 경험하는 일입니다. 아이가 배 속에 있을 때, 엄마는 자신이 가진 영양분 대부분을 태아와 나눕니다. 단지 음식뿐 아니라 마음의 움직임, 정신적인 스트레스, 심지어 육체적 고통까지도 아이는 무의식적으로 함께 느끼고 받아들입니다. 내가 부모로부터 물려받은 유전자, 내 몸에 쌓인 영양분, 체질적인 특징 – 예를 들어 시력 문제나 소화 상태, 키 등 – 이 모든 것이 태아에게까지 이어집니다. 그렇게 많은 것을 공유한 아이가 세상에 태어나면, 이 **'나눔'**은 **'모유 수유'**를 통해 더욱 분명하게 이어집니다.

모유 수유를 하다 보면 내가 먹는 음식이 아이에게 그대로 전해진다는 사실을 실감하게 됩니다. 예를 들어 상추와 삼겹살을 맛있게 먹은 후 모유 수유를 하면 평소에는 황금색이던 아이의 변이 초록색으로 변하기도 합니다. 또 매운 음식을 먹고 수유를 하면 아이가 변을 볼 때 우는 일도 있습니다. 그럴 땐 아이가 똥꼬가 너무 맵고 따가워서 우는 것 같아 마음이 아프지요. 그래서 친정어머니들이 미역국처럼 자극적이지 않은 음식을 권하시는 겁니다

이 과정을 통해 저는 바이오 다이내믹 농법이 모유 수유와 닮았다고 생각하게 되었습니다. 농사는 마치 아이를 잉태하고 키우는 일과 비슷합니다. 대지는 열매를 품고 키우는 엄마의 자궁 같은 역할을 하고, 포도나무는 영양분을 열매로 보내는 탯줄이나 젖줄 같은 역할을 합니다. 대지를 건강하게 만들고, 그 생태의 소리를 귀 기울여 듣는 일은 건강한 아이를 낳기 위한 엄마의 돌봄과 같습니다.

엄마의 성격이 모두 다르듯, 농부의 방식도 제각각입니다. 어떤 엄마는 느긋하고, 어떤 엄마는 활동적이며, 또 어떤 엄마는 다소 까칠할 수도 있습니다. 출산의 순간을 돕는 산파는 이런 엄마의 성향을 이해하고, 아이가 건강하게 태어날 수 있도록 지혜롭게 돕습니다. 제가 생각하기에, **와인 세계에서 최고의 '산파'는 '랄루 비즈 르로이' 여사**일 것입니다. 그녀는 병원처럼 기계적으로 아이(와인)를 만드는 것이 아니라, 산파처럼 대지와 포도나무가 자연스럽게 최고의 열매를 낳도록 돕습니다.

저는 최근 네덜란드에 사는 지인으로부터 흥미로운 이야기를 들었습니다. 그곳에서는 여전히 집에서 산파를 불러 출산하는 경우가 많다고 합니다. 네덜란드에서는 전체 출산의 약 20~30%가 집에서 이루어지고, 영국은 약 2~3%, 스웨덴도 비교적 높은 비율을 기록하고 있다고 하네요. 산파를 부르는 이유는 다양합니다. 첫째, 산파는 출산 과정에서 산모와 가족에게 맞춤형 돌봄을 제공합니다. 둘째, 가정 출산은 병원보다 비용이 덜 들 수 있어 경제적인 장점이 있습니다. 셋째, 자연스럽고 의료적 개입이 적은 출산을 원하는 사람들에게는 가정 출산이 매력적일 수 있습니다. 마지막으로, 산파들이 전문적이고 숙련된 기술을 갖추고 있어 출산의 안전성을 신뢰할 수 있기 때문입니다.

물론 가정 출산과 병원 출산 중 어느 것이 더 옳다고 할 수는 없습니다. 중요한 것은 산모와 아기에게 가장 적합하고 안전한 선택을 하는 것입니다. 그러나 집에서의 출산을 결심했다면, 나에게 맞는 유능한 산파를 찾는 것이 무엇보다 중요합니다. 그리고 출산 후에는 반드시 산모의 회복을 위한 충분한 산후조리를 잊지 말아야 합니다.

오늘 하루가 유난히 힘들었다면, 와인 한 잔과 함께하세요

'모든 영양분을 기꺼이 나눈 대지의 여신에게 감사하며…'

♦ Endnote

헤라(Hera)와 제우스(Zeus), 그리고 헤라클레스(Herakles)

올림포스의 여신 헤라는 결혼과 가정의 수호신이었습니다. 그녀의 남편, 제우스는 그리스 신화에서 최고의 신이었지만, 바람둥이였습니다. 제우스는 신들뿐만 아니라 인간 여성과도 관계를 맺었고, 그로 인해 헤라와의 결혼생활은 복잡하고 갈등이 많았습니다.

어느 날, 제우스는 알크메네(Alcmene)라는 인간 여성과 몰래 사랑에 빠졌고, 그 결과 헤라클레스라는 아들이 태어났습니다. 제우스는 헤라클레스에게 신의 힘을 주고 싶어 헤라의 눈을 피해 이 계획을 실행하려 했습니다. 제우스는 헤라가 잠에 빠져 있는 틈을 타 몰래 그녀의 모유를 헤라클레스에게 물려주었습니다. 하지만 갑자기 헤라가 깨어나게 되면서 일이 커집니다.

헤라는 자신이 다른 아이에게 모유를 주고 있는 것을 발견하고 깜짝 놀랐습니다. 당황한 헤라는 그 아이를 밀쳐내며 도망쳤고, 그로 인해 헤라클레스는 '헤라의 젖을 빨아 성장한 힘의 상징'으로 여겨지게 되었습니다.

에니어그램 5 유형_____

까칠한 츤데레

_ 츤데레 ; 일본어에서 비롯된 단어로,
"츤츤" (냉담하고 퉁명스러운 태도)과
"데레데레" (다정하고 부드러운 태도)의 합성어

차가운 첫인상 뒤에 숨은 진짜 속마음

주변에 까칠한 친구 한 명쯤 떠오르지 않으세요? 가족일 수도 있고, 직장 동료일 수도 있고, 혹은 오늘 아침 지하철에서 우연히 마주친 사람일 수도 있겠네요. 굳게 다문 입술, 차가워 보이는 표정, 무심한 태도—마치 주변 사람들에게 관심이 전혀 없는 듯 보이죠. 그런데 그 친구의 눈빛은 반짝입니다. 왠지 모르게 **논리적이고 명료한, 이성적인 대화가 이어질 것만 같은 느낌**이 들죠.

시간이 흘러 그 친구와 한 해 두 해를 함께 하다 보면, 어느 날 갑자기 내게 꼭 필요한 한 마디를 툭 건네거나, 말없이 내가 힘들 때 조용히 도와주는 모습을 발견할 때가 있습니다. 관심 없어 보이던 그가 사실은 내 모든 것을 지켜보고 있었다는 사실에 놀라죠. 그 모든 마음을 숨긴 채, 차가워 보이지만 **속으로는 따뜻한 마음을 지닌 '츤데레'**라는 걸 깨닫는 순간, 묘하게 감동스럽고 고마운 마음이 듭니다.

"츤데레"는 겉으로는 차갑고 무심해 보이지만, 속마음은 따뜻하고 정이 많은 사람을 가리킵니다.
맛으로 비유하자면, 처음엔 매콤하게 톡 쏘는 카레처럼 강렬하지만, 시간이 지나면 그 뒤로 부드럽고 은은한 단맛이 느껴지는 그런 음식과 같다고 할 수 있죠.

그래서 소개할 와인은 호주의 명품 와인 '펜폴즈(Penfolds)'입니다.

이 와인은 알코올 도수가 14.5%로 꽤 높은 편이라, 첫 모금에 알코올의 강렬한 향이 코를 자극합니다. 잔에 따르면 깊고 진한 붉은빛이 빠르게 잔을 물들이고, 두툼한 질감이 혀를 감싸며 입안에 무게감을 줍니다. 알코올의 강렬한 첫인상이 코끝을 찌르고 나면, 그 뒤를 이어 체리, 딸기, 블루베리 같은 잘 익은 작은 과일들의 향기가 서서히 퍼집니다. 왼쪽 어금니로는 달콤함이 감돌고, 오른쪽 어금니로는 상큼한 산미가 톡 쏘듯 혀를 자극하며, 두 맛이 입안에서 어우러져 목을 타고 넘어가는 순간, 이 풍부한 향미는 온몸으로 퍼져가며 짜릿한 만족감을 남깁니다.

한여름, 뜨겁게 달아오른 얼굴을 차가운 세숫대야에 담근 뒤 꺼내면 물방울이 얼굴을 타고 흘러내리죠.

물방울이 흐르는 얼굴로 선풍기와 마주 앉아서 시작 버튼을 켭니다.
바로 그때, 한입 크게 베어 문 잘 익은 피자두(겉과 속이 빨간 자두 품종).

진득한 단맛이 퍼지면서, 그 상큼함이 입안에 가득 차오릅니다.
시원한 바람에 실린 과일 향기와 함께, 갓 벗어 놓은 운동화 밑창에서 올라오는 축축한 흙냄새.

그렇게 여름날의 향들이 입안 가득 떠오릅니다. 그 가득 퍼졌던 검붉은 자두가 와인으로 바뀌면서 목을 타고 내려가고 나면, 향은 순환하듯 비강을 타고 다시 역류해 올라와 강렬한 과일 향으로 폭발합니다.
그 순간, 와인은 이렇게 속삭입니다.

"나, 사실은 달콤하고 향기로운 과일이었어!"

'츤데레'는 사랑을 모르는 게 아니라, 속마음을 들키는 것이 부끄러운 것 뿐이야.

떫은맛을 내는 성분인 타닌(tannin)은 감나무 열매의 경우 달콤한 곶감으로 변하게 하고, 와인에서는 단맛과 장기 숙성에 기여합니다. 펜폴즈의 타닌은 부드럽지만, 그 속에 꼿꼿한 기품이 서려 있습니다. 깊고 진한 색은 벨벳처럼 은은하게 빛나며, 두텁고 고급스러운 질감을 자아냅니다. 이러한 느낌은 첫인상만으로는 단번에 알아차리기 어렵고, 오히려 섣불리 다가가도 괜찮을지 조심스러울 정도입니다.

흑백사진 속에서만 보았을 법한 아름답고 웅장한 성,
그 안에서 희미하게 들려오는 피아노 연주 소리.

호기심에 이끌려 어느새 연주자의 뒤에 서 있지만, 쉽게 말을 걸 수 없습니다. 숨소리 하나조차 망설여지는 그 순간, 조심스레 그의 내면세계로 들어가 그와 하나 되는 기분을 느껴봅니다. 세상과 거리를 두고 지식을 탐구하며 자신이 쌓아온 벽 안에서만 편안함을 느끼며 그 벽 안에서만 외부 세계로부터 자신을 지켜줄 것이라는 강한 믿음으로 이루어져 있습니다.
하지만 그 벽 앞에 놓인 **펜폴즈는 세상과 소통하기 위한 깊고 따뜻한 붉은 목소리로 다가옵니다.**
관심이 없어 보였지만, 사람에 대한 진정한 사랑으로 만들어진 것이 느껴집니다.

펜폴즈를 천천히 음미하며 쇼팽의 녹턴 15번 바단조를 함께 들어보세요. 감미로운 멜로디가 마음 깊은 곳의 숨겨진 감정을 건드리며, 단단히 쌓아 올린 감정의 벽을 허물고 작은 문을 열 용기를 선사합니다.

오늘 이 와인을 고른 당신은 때로 지나치게 자기방어적으로 변해 세상과의 소통을 피하려 할 수도 있습니다. 하지만 **진정한 성장과 성숙은 그 단단한 벽에 작은 틈을 내고, 세상과 연결되려는 노력에서 비롯된다는 사실을 잊지 마세요.**

무뚝뚝해 보이지만 묘하게 끌리는 '츤데레'의 매력을 느껴보고 싶지 않으신가요?

눈을 감고 펜폴즈 와인을 한 모금 머금으며 쇼팽의 음악에 몸을 맡기면, 그 단단한 방어벽 뒤에 숨겨진 낭만적인 선율과 향기가 세상과 소통하는 첫 순간을 열어줄 것입니다. 이 경험은 당신의 삶을 더욱 깊고 풍부하게 만들어줄 **진정한 지혜와의 연결 순간**이 될 것입니다.

에니어그램 5번 유형의 개요

세상과 거리를 두는 관찰자

에니어그램 5번 유형은 '**머리 기반(center of head)**'에 속합니다. 이들의 삶은 주로 '생각'에서 시작됩니다. 감정이나 몸의 본능보다 머릿속에서 먼저 상황을 분석하고, 가능한 모든 경우의 수를 계산하고, 위험 요소를 최소화하려 합니다. 그래서 5번 유형은 종종 '**지적인 사람**', '**냉정한 사람**'으로 보입니다.

하지만 그 이면에는 깊은 불안과 결핍감이 숨어 있습니다.
5번 유형은 '**세상은 나의 에너지를 빼앗는다**'라는 근원적 두려움을 가지고 있습니다.
사람들과 지나친 접촉이나 감정적인 요구는 자신을 소모하게 하고 고갈시킬 것이라는 믿음이 있기에, 그들은 '**철저히 안전한 공간**'을 필요로 합니다. 이 공간은 물리적인 '방'일 수도 있고, 머릿속 지식의 세계일 수도 있습니다.

'나는 준비되어 있어야만 안전하다.'

이들은 세상을 살아가기 위해 '**지식**'과 '**정보**'를 쌓아야 한다고 생각합니다.

어린 시절, 주변의 감정적 폭풍이나 **예측 불가능한 상황 속에서 무력함을 느끼며** '내가 더 똑똑해지고 준비되어야 살아남을 수 있다'라는 믿음을 품게 되는 경우가 많습니다. 그래서 5번 유형은 감정보다 지식에, 관계보다 자기만의 세계에 더 깊이 몰입하게 됩니다.

겉보기엔 고요하고 이성적인 사람처럼 보이지만, 사실 그 내면에는 두려움이 있습니다. 누군가 다가와 자신을 요구하거나 침범할까 봐, 자신이 가진 에너지를 모두 빼앗길까 봐 불안합니다.
그래서 5번 유형은 스스로를 **'지켜주는 벽'**을 쌓습니다.
인간관계는 조심스럽게 유지하고,
감정은 철저히 통제하며,
필요 이상으로 세상과 거리를 둡니다.
이러한 삶의 방식은 **한편으로는 그들을 안전하게 보호하지만, 다른 한편으로는 세상과의 연결을 단절시키고 고립시킵니다.**

진짜 성장 _ 벽 너머로 한 걸음 내딛기

5번 유형의 진짜 성장은 **'세상과의 연결'**을 회복하는 데서 시작됩니다. 자기만의 안전한 공간에 숨어 있는 것은 그들을 보호해주지만, 동시에 삶의 풍부함을 빼앗습니다.

'세상은 생각보다 덜 위협적일 수 있다.'
'내가 가진 에너지는 고갈되는 것이 아니라, 나눌수록 더 풍부해질 수 있다.'

이 사실을 조금씩 체험할 때, 5번 유형은 자신이 쌓아온 지식과 통찰을 세상과 나눌 수 있는 힘을 얻게 됩니다. 그리고 그 과정에서 자신이 진정으로 **'살아있다'**라는 감각을 느끼게 됩니다.

감정이 두렵더라도 작은 것부터 느껴보는 것.

신뢰할 수 있는 사람에게 솔직한 생각이나 감정을 나누는 것.

생각에서 벗어나 몸과 감각을 깨우는 활동(산책, 운동, 예술 등)을 시도해보는 것.

이런 작은 실천들이 5번 유형의 삶을 점점 더 넓고 깊게 만듭니다.
5번 유형은 **세상에 새로운 통찰을 선물할 수 있는 사람들**입니다.

하지만 그 통찰이 빛을 발하기 위해서는 먼저 자신을 둘러싼 고립의 벽을 허물고, 세상과 더 많이 연결될 **용기**가 필요합니다.

"오디세이아(Odyssey)"로 보는 에니어그램 5번 유형의 상징적 이야기

비밀의 문을 여는 자들 _ 헤르메스(Hermes)의 지혜와 키르케(Circe)의 마법

깊고 신비로운 숲속, 신들과 인간들이 나누는 얇은 경계가 있는 곳, 이곳에서 두 신이 등장합니다.
바로 **헤르메스와 키르케**입니다.

헤르메스는 신들의 전령이자 비밀의 수호자입니다.
그는 세상의 모든 숨겨진 지식을 꿰뚫고 있으며, 그것을 감추거나 드러내는 일을 자유자재로 다룹니다. 마치 투명한 장막 뒤에서 세상을 내려다보듯, 그는 **자기 보호의 방법과 경계를 만드는 법**을 누구보다 잘 알고 있죠. 하지만 중요한 건, 그가 그 비밀을 아무에게나 주지 않는다는 점입니다.
선택된 이에게만 그의 지혜가 열립니다.

어느 날, 모험가 오디세우스가 헤르메스를 찾아옵니다. 그는 탐욕과 두려움이라는 두 가지 굴레를 깨기 위한 해답을 찾고 있었죠. 헤르메스는 잠시 미소 지으며 은밀한 비밀을 꺼냅니다.

"스스로를 지켜야 한다. 그러나 세상과 단절하지 말고, 경계와 소통 사이에서 균형을 잡아라."

그 한마디는 오디세우스의 내면에 불을 지폈습니다. 이제 그는 세상의 유혹을 꿰뚫어 보며 자신을 보호할 힘을 얻었습니다. 이 지혜가 있었기에, 그는 곧 다가올 키르케의 시험을 이겨낼 준비가 되었죠.
이제 이야기는 숲속 깊은 곳으로 향합니다.

그곳에 키르케가 살고 있습니다. 마법과 비밀의 여신, 숲의 궁전 주인. **그녀는 세상의 위험과 인간 내면의 어둠을 꿰뚫어 보는 신비로운 눈을 지녔습니다.** 마법 지팡이와 비밀스러운 물약으로 세상을 변화시키는 그녀는, 인간들의 가장 깊은 욕망—탐욕을 시험하는 존재이기도 하죠.
오디세우스와 그의 부하들이 키르케의 궁전에 도착했을 때, 그녀는 그들을 미소로 맞이합니다. 하지만 그 미소 뒤에는 날카로운 시험이 숨어 있었습니다.

"너희 안의 탐욕이 얼마나 너희를 지배하는지 직접 보게 될 거야."

순식간에 부하들은 돼지로 변합니다. 이는 그들 안에 숨어 있던 탐욕과 두려움의 상징.

그 순간, 오디세우스는 헤르메스가 준 지혜를 떠올립니다. 그는 그녀의 마법에 굴하지 않고 단단히 저항합니다.
키르케는 놀란 듯 눈을 크게 뜹니다.

"이게 뭐지? 내 마법을 뚫고 나온 남자는 네가 처음이야!"

이때부터 이야기는 전환점을 맞습니다. 키르케는 패배를 인정하며 오디세우스를 새로운 눈으로 바라봅니다.

"좋아, 너라면 내 비밀을 들을 자격이 있어."

그녀는 오디세우스에게 지하 세계, 하데스로 가는 길을 안내하는 비밀의 지도를 건넵니다.
그리고 이렇게 속삭입니다.

"진짜 지혜란 욕망을 이겨낸 뒤에만 손에 쥘 수 있는 거야."

이 두 신은 5번 유형의 완벽한 모델을 보여줍니다. 그들은 모두 **비밀 지식의 수호자로, 지식을 지키고 그것을 선택된 자에게만 전달하는 특징을** 가지고 있습니다.

헤르메스는 자기 보호와 세상과 소통의 균형을 맞추는 방법을 가르치고, 키르케는 탐욕과 두려움을 극복해야만 진정한 성장과 지혜를 얻을 수 있음을 알립니다.

헤르메스는 자기 보호의 중요성을, 키르케는 탐욕을 넘어서기 위한 교훈을 주며, 결국 오디세우스는 그들 덕분에 **진정한 성장과 자기 인식**을 얻게 됩니다. 이 이야기는 바로 5번 유형의 성장과 지혜의 여정을 보여주는, 비밀을 풀어가는 과정을 나타냅니다.

그리고, 여러분도 이 이야기처럼 비밀을 풀고, 자신의 내면을 탐구하며, 진정한 성장을 이뤄가는 여정을 떠날 준비가 되었나요? 헤르메스와 키르케처럼, 자기 보호와 성장을 동시에 이룰 수 있는 방법을 찾을 수 있을 겁니다.

◆ Endnote

헤르메스는 그리스 신화에서 신들의 사자이자 비밀의 수호자로, 지식과 경계를 자유롭게 넘나드는 능력을 지닌 신입니다. 그는 언제든지 비밀을 드러낼 수 있는 힘을 가지고 있었죠.
이는 오늘날까지도 **'헤르메틱리(Hermetically)'는 '밀폐'된 공간을 상징하는데, 이는 단순히 문을 닫은 것이 아니라, 그 안에 감춰진 비밀과 의미를 탐구하는 것을 의미**합니다.
'Hermeneutics'의 '**해석학**'이라는 개념도 이와 같은 맥락에서 발전했죠. 텍스트나 사건 속에 **숨겨진 의미를 밝혀내는 과정**입니다.
펜폴즈의 와인도 이와 비슷한 느낌을 주는데 표면적인 맛만을 즐기는 것이 아니라, 그 안에 숨겨진 깊은 이야기와 전통, 지혜를 발견하게 해 줍니다. 한 잔의 와인 속에 숨겨진 비밀을 풀어내는 일은 마치 헤르메스처럼 지식과 경계를 넘나드는 탐구자의 여정처럼 마치 신비로운 길을 떠나는 여행과도 같습니다.

♦ Endnote

키르케라는 이름은 '매(맷과의 맹조(猛鳥)의 총칭, Peregrine falcon)'를 의미하는데, 이는 그녀가 **멀리서 예리하게 세상을 바라보는 이미지**를 떠올리게 합니다. 키르케는 마법의 지팡이와 비밀 약물을 사용해 세상을 변화시키는 신비로운 존재였어요. 그녀는 **인간보다 훨씬 더 넓은 시각으로 세상의 길과 위험을 알았고, 탐험자들에게 길을 안내해주는 지혜로운 안내자 역할**을 했습니다. 오디세우스가 그녀를 찾아왔을 때, 그녀는 그에게 비밀의 지식을 나누며 그의 길을 잃지 않도록 도왔죠. 특히, 오디세우스가 욕망이나 탐욕에 빠지지 않도록 지혜로운 조언을 해줬습니다.

포도나무의 비밀 – 펜폴즈와 신화 속 지식의 힘

펜폴즈는 그 시작부터 무언가 깊은 이야기를 품고 있습니다. 그 역사는 1844년으로 거슬러 올라갑니다. 영국의 젊은 의사 크리스토퍼 로손 펜폴즈(Christopher Rawson Penfold)와 그의 아내 메리(Mary Penfold)가 호주 애들레이드(Adelaide) 인근, 도심에서 약 7km 떨어진 맥길(Magill) 지역에 정착하면서 모든 것이 시작되었습니다.

영국인인 그들이 왜 머나먼 호주로 향했을까요? 당시 메리는 건강 문제로 고생하고 있었는데, 따뜻하고 건조한 호주의 기후가 그녀의 회복에 도움이 될 것이라는 믿음이 있었습니다. 게다가 19세기 중반은 더 나은 삶을 꿈꾸며 많은 영국인이 새로운 대륙으로 이주하던 시기였습니다. 크리스토퍼 펜폴즈 역시 의사로서 새로운 도전을 위해 그 여정을 선택했던 것입니다.

그는 의사로서 환자를 치료하는 것에 만족하지 않았습니다. 크리스토퍼 펜폴즈는 건강을 더 넓은 시각에서 바라보았고, 전통적인 치료법에만 머무르지 않고 새로운 대안을 찾고자 했습니다. 그 과정에서 그의 눈길을 사로잡은 것이 바로 **와인**이었습니다.
펜폴즈는 와인이 건강과 치유의 도구가 될 수 있다고 믿었습니다.
이러한 믿음으로 탄생한 곳이 바로 맥길 에스테이트(Magill Estate) 포도원입니다.

그곳에서 그는 치료 목적의 와인을 빚기 시작했습니다. 당시에는 와인이 건강에 좋다고 믿는 사람들이 많았고, 특히 빈혈 치료에 효과가 있다는 인식이 널리 퍼져 있었습니다. 와인 속 철분이 빈혈 개선에 도움이 된다고 여겨져, 사람들은 마치 약처럼 와인을 복용하기도 했습니다.

펜폴즈는 특히 달콤한 **포트와인**을 생산하며 그 효과를 극대화하려고 했습니다. 포트와인은 당시 호주에서 굉장히 인기가 많았던 와인 중 하나로, 달콤하면서도 진한 맛 덕분에 사람들이 자주 찾는 음료였습니다. 펜폴즈는 이 포트와인을 병원에서 환자들에게 제공하며 그들의 건강 회복을 도왔습니다. 병원 안에서 의사로서 진료를 하고, 동시에 포도밭에서 와인을 만들어 환자들에게 처방하는 독특한 이중 역할을 수행한 것이었습니다.

하지만 그의 꿈은 환자들만을 치료하는 데 머물지 않고 더 많은 사람과 이 와인을 나누고 싶었습니다. 치료를 넘어, 더 나은 삶을 제공하고, 그들에게 새로운 경험을 선사하고 싶었던 것이죠. 와인의 깊은 풍미 속에 건강과 치유의 힘을 담아, 이를 널리 퍼뜨리고자 했습니다.

결국, 그의 열정은 1948년에 **맥스 슈버츠(Max Schubert)가 수석 와인 메이커로** 합류하면서 더 큰 날개를 달게 됩니다. 슈버츠는 와인의 가능성을 실험하며 새로운 와인을 소량으로 만들기 시작했습니다. 그러던 중 1955년, 그의 첫 빈티지가 시드니 **와인 쇼**에서 **금메달을 수상**하게 되면서 펜폴즈는 새로운 명성을 얻게 되었습니다. 그 이후로 펜폴즈는 호주 와인의 상징이 되었고, 특히 **"그랜지(Grange) 2001"**은 호주의 국가 문화재로 등재될 만큼 역사와 가치를 인정받았습니다.

그러나 펜폴즈의 매력은 훌륭한 맛에만 있지 않습니다. 그들은 와인에 담긴 깊은 지식과 전통을 중요하게 여기며, 동시에 혁신을 추구하는 브랜드입니다. 펜폴즈가 제공하는 독특한 서비스 중 하나가 바로 **"리코르킹(re-corking) 서비스"**인데, 이 서비스는 오래된 와인에 새 생명을 불어넣는 과정입니다. 와인의 코르크를 새것으로 교체하고, 시간이 흐르며 소실된 와인을 보충해줍니다. 마치 **죽어가는 환자에게 생명을 불어넣는 의학적 이식수술**과도 같죠. 이 서비스를 통해 펜폴즈는 와인의 생명을 이어가고, 오래된 것에 새로운 가치를 부여하는 법을 보여줍니다.

펜폴즈의 라벨에서도 이러한 실용적 철학을 엿볼 수 있습니다. **초창기 펜폴즈 와인의 라벨을 보면, 마치 의약품 병의 라벨과 유사한 심플한 디자인**을 볼 수 있습니다. 이는 펜폴즈의 창립자인 크리스토퍼 펜폴드가 의사로서 약병을 많이 접해왔기 때문일 것입니다. 예를 들어, 세계 최초의 항생제인 **'페니실린'의 약병 라벨을 보면, 그 내용은 철저히 정보전달과 명확한 식별을 목적으로 한 단순하고 명확한 형식**입니다. 이런 라벨 디자인의 목적은 오히려 화려한 장식보다도 훨씬 중요한 정보를 직관적으로 전달하는 데 있었습니다.

펜폴즈의 초기 라벨도 비슷한 이유에서 이런 단순한 형태를 취하고 있었죠.

어떤 와인이 몇 년도 빈티지의 포도로 만들어졌고, 몇 년 동안 숙성되었는지, 그리고 몇 번째로 병입된 와인인지를 약병처럼 명확하게 표시한 것입니다. 그 유명한 빈(BIN) 시리즈도 이런 배경에서 탄생한 것이죠. BIN 407, BIN 389, BIN 28등 **화학 기호처럼 보이는 번호들은 단순히 와인을 구별하기 위한 것이 아니라, 와인 속에 담긴 정보**를 정확하게 전달하기 위한 것입니다.

여기서 우리는 **찰스 다윈(Charles Darwin)**의 이야기를 떠올려 볼 수 있어요. 다윈 역시 탐구와 발견의 대명사입니다. 그의 대표적인 저서 '종의 기원(The Origin of Species)'에서는 자연선택에 의한 진화를 설명하며, 생물 종이 오랜 시간에 걸쳐 환경에 적응하고 변화한다고 이야기합니다. 이 개념은 그의 세계 탐험, 특히 '비글호 항해(H.M.S. Beagle)'에서 비롯되었습니다. 다윈은 이 항해 중에 포르투갈의 '마데이라(Madeira)' 섬에 들러 마데이라 와인을 처음 맛보았다고 합니다. 이 와인은 그가 건강을 챙기기 위해 즐겼던 음료 중 하나가 되었습니다. 다윈도 건강 문제로 힘들어했던 인물이니, 와인이 그에게도 일종의 치료적 역할을 했을지도 모르겠네요. 펜폴즈의 시작과 다윈의 와인을 접한 계기가 묘하게 맞닿아 있습니다.

신화와 지혜를 담은 한 잔의 성장 _ 펜폴즈

펜폴즈 와인의 철학은 믿을 수 있는 이에게만 전해지는 은밀한 지식과 닮았습니다. 오직 마음을 열고 다가오는 이에게만 속삭이는 깊은 이야기처럼, 응축된 지혜가 잠들어 있습니다. 와인을 탐험하는 일은 오래된 전설속 길을 따라가며 스스로를 발견하는 여정과도 같습니다. 그 여정 끝에서 우리는 더 나은 삶으로 향하는 힘을 조용히 얻게 되지요.

이제 잔을 채우세요.
와인을 입 안에 머금고, 마치 신화 속에서 오래 잊힌 지혜를 발견하듯 특별한 여행을 시작합니다. 지금, 이 순간, 당신 안의 까칠하지만 다정한 츤데레 자아와 눈을 맞춰보세요. 그 맛과 향이 이끄는 길 위에서 우리는 조금씩 벽을 허물고, 성장이라는 미지의 숲으로 발을 옮깁니다.

세상과 마주하고, 오랫동안 움켜쥐었던 지식을 나누는 그 순간, 당신은 어느새 성숙의 문턱을 조용히 넘어설 것입니다.

또 다른 까칠한 츤데레

우아한 인어의 몸짓 _ 앙리 지로(Henri Giraud)

프랑스 북동부에 자리한 **아르곤(Argonne)** 숲에 대해 들어본 적이 있으신가요? '**축축한 땅**'이라는 뜻을 가진 아르곤은 고대 프랑스어에서 유래된 이름으로, 이곳의 토양은 매우 독특합니다. 이 지역은 해면암(Gaize)과 규산암으로 이루어져 있는데, 이 두 가지 암석은 각각 죽은 해면류의 골격과 퇴적작용으로 형성된 지질학적 특성이 있습니다. 특히 규산암(Silicic Rock)은 지구 깊은 곳에서 열을 지닌 용암으로 인해 생긴 암석으로, 와인 숙성에 놀라운 영향을 미치는 참나무가 자라는 데 중요한 역할을 합니다.

아르곤 숲에서 자라는 참나무는 다른 지역의 나무들보다 훨씬 천천히 성장합니다. 이는 나무의 섬유질이 더욱 조밀해지며, 그 결과 목재가 매우 단단하고 내구성이 뛰어나게 되는 특징을 갖습니다. 또한, 해면암 토양은 다양한 미네랄을 흡수하여 목재에 특별한 풍미를 부여합니다. 이처럼 아르곤 숲에서 자란 참나무는 와인 오크통을 만드는 데 있어 매우 중요한 재료가 되며, 와인 숙성 과정에서 독특한 맛과 향을 더해주는 중요한 역할을 합니다.

이런 **아르곤 숲에서 자란 나무로 만든 오크통을 사용하는 와이너리가 바로 앙리 지로(Henri Giraud)**입니다. 앙리 지로 와이너리는 이 특별한 오크통을 사용하여 발효와 숙성 과정을 진행함으로써, 와인에 **아르곤 숲 특**

유의 토양과 목재의 풍미를 그대로 담아냅니다. 비밀스러운 앙리 지로만의 독창적이고 차별화된 맛은 여기에서부터 시작됩니다.

눈

코르크가 분리되는 순간, 앙리 지로 퓌 드 센(Henri Giraud, Fut de Chene) 깊숙이 잠들어 있던 **지니(Genie)**가 깨어납니다. 고요한 어둠 속에서 숨죽이고 있던 **요술 램프 속에 갇혀 있던 지니**는 수십 년 동안 깊고 고요한 어둠 속에서 숨죽이며 기다렸습니다. 그리고 마침내 빛과 공기를 만나, 은빛 안개(미스트, Champagne mist)로 피어올라 자유를 얻은 듯 병목을 타고 흘러나옵니다. 그 안개는 찰나의 순간에 사라지지만, 남겨진 시간은 마법처럼 마음을 사로잡습니다.

오크통과 병 속 깊은 곳 어딘가에서 숨 쉬던 와인의 영혼은 '지니'만이 알고 있는 비밀처럼 투명한 속삭임을 남기고 그 향과 기억은 오래도록 마음에 머뭅니다.

기존 와인병과는 확연히 다른 이 짙은 갈색 유리병의 디자인은 고급 레스토랑에서 더욱 빛을 발합니다. 와인을 여는 방식부터 오직 앙리 지로를 위해 만들어진 **전용 오프너(opener)**까지, 부드러운 곡선과 적절한 투명감이 주변의 시선을 단숨에 사로잡습니다. 현대사회의 **'외모 지향주의'를 '속물 같다'** 손가락질할 수 있겠지만, 이 아름다운 자태 앞에서 나 또한 어쩔 수 없이 그 유혹에 빠진 외모지상주의자임을 인정할 수밖에 없습니다.

이 아름다움 앞에서 눈을 감거나, 감히 '아름답다' 말하지 못하는 건 오히려 비겁한 일이니까요.

그리하여 한참 동안 외모지상주의에 빠져 헤매다 보면, 속살을 들여다보고 싶은 욕망이 피어오릅니다.
란제리 패션쇼는 훤히 다 드러나는 모습에 즉각적으로 흥분할 수는 있어도, 그 속이 궁금해 미칠 정도는 아닙니다.
하지만 앙리 지로는 마치 쓰개치마로 얼굴까지 가려져 살갗 한 점 보이지 않는, **고운 한복을 입은 '양반집 규수'**를 보는 듯한 떨림과 설렘을 줍니다.
화려하거나 자극적인 라벨은 전혀 없습니다.
단지 정제된 로고와 품명만이 그 자리에 있을 뿐입니다.
화려한 이야기도, 그 어떤 유명 여배우의 애정도,
혹은 이 와인으로 목욕을 즐긴다는 호사스러운 이야기조차 없습니다.
그저 한결같이, '오크통! 오크통! 오크통!'이라는 단 하나의 이야기만이 담겨 있을 뿐.
그래서 그 속살이 더욱 궁금하고, 그 신비가 더욱 깊게 다가오는 것입니다.

코

지금 막 비가 그친 오래된 비밀의 정원.
풀과 빗방울이 만나는 푸릇푸릇한 향.
그 틈새로 어디선가 풍기는 작고 귀여운 흰 꽃의 깨끗한 향

이어지는 신선한 과일 향은 잘 익은 사과와 배의 부드러운 달콤함, 시트러스의 청량하고 경쾌한 기운과 함께 춤을 추듯 어우러집니다. 마치 햇살이 가득 스며든 과수원에서 한 손 가득 과일을 따는 듯한 상큼한 기분을 불러일으키죠

앙리 지로의 향은 자연의 원초적 순수함과 바다의 깊은 숨결이 한데 어우러진 풍경을 닮았습니다. 흰 꽃향기, 파인애플, 말린 복숭아, 그리고 미네랄의 섬세한 터치가 어깨를 스치듯 지나가고 나면, 바닷속 인어의 살냄새가 뒤섞인 듯한 아찔하고 관능적인 향을 상상하게 만듭니다.
그 순간, 에메랄드빛 지중해의 심해가 눈앞에 환영처럼 펼쳐지고, 금빛 인어의 머리카락에서 흩어진 물방울이 잔을 가득 채워 빛납니다.

입

기포(무스, mousse)는 마치 **투명한 진주 알갱이들이** 유리잔 속에서 비밀스러운 춤을 추듯 섬세하고 신비롭게 피어오릅니다.
일정한 간격으로 끊임없이 솟아오르는 가늘고 고운 무스들은 깊은 바다에서 금빛 머리카락을 흩날리며 헤엄치는 인어가 유영하듯 우아하고도 매혹적인 곡선을 그립니다.
'이 인어를 정말 마실 수 있을까?'
잠시 머뭇거리는 그 순간, 은은하고 깨끗한 흰 꽃향기가 내 인내심을 단숨에 무너뜨립니다.
유리잔이 입술에 닿는 찰나, 연약한 잔은 욕망으로 뜨거워진 입술에 그 순결을 내어주듯 떨리고, 첫 모금이 혀에 닿는 순간 예상치 못한 강렬함이 입안을 전율시킵니다.
날카롭고 단단한 산도가 정교하게 다듬어진 칼날처럼 예리하고 긴장감 있는 자극을 남깁니다.

긴장감을 뒤로 갓 구운 바게트 껍질의 고소함, 아몬드와 견과류의 고운 풍미가 입안을 감싸고 퍼집니다.
잔에 남은 입술 자국이 흐려지기도 전에 두 번째 욕망은 더 대담해져 와인을 삼키고, 혀 위에서 천천히 굴리며 그 풍미를 탐닉합니다.
이번에는 짭짤하고도 미묘한 미네랄 풍미가 터져 나와 벌어진 입안으로 바닷바람이 들어온 것이 아닌지 착각을 일으킵니다. 그 순간, 시공간이 뒤틀린 듯한 감각에 사로잡혀 주변을 두리번거리며 눈을 크게 뜨게 됩니다.

샴페인답지 않게 입안을 채우는 질감은 놀랍도록 두껍고 묵직함.
벨벳을 어루만지듯 부드럽지만, 그 속에는 오크 숙성에서 배어 나온 진하고 단단한 뼈대가 있습니다.

성격 급한 버블 요정들이 모두 빠져나가고 나면, 입안을 가득 채운 형형색색의 풍미가 '수확의 풍요'를 선사합니다.
그것은 긴 시간 동안 조용히 숨을 고른 고급 화이트 와인을 음미할 때 느끼는 중후한 깊이와도 같습니다.
그 착각에 취해 꿈을 꾸듯 빠져 있을 때, 와인은 갑자기
'나 샴페인이야!'
하고 속삭이며 다시 한번 산뜻하고 톡 쏘는 산미를 터뜨립니다.
그 신선한 자극은 혀끝을 깨우고 식욕을 자극하며, 다음 한 모금을 재촉합니다.

그리고 낭만

병의 곡선에서부터 테이블 위에 놓인 자태까지, 앙리 지로는 다른 유명 와인들과는 달리 쉽게 다가갈 수 없는 고고한 기운을 풍깁니다.
시끌벅적한 자리에는 어울리지 않습니다.
아무나와 무심히 마실 수도 없을 것 같습니다. 시음 전부터, 심지어 시음하는 그 순간에도 마치 선행학습이 필요한 듯한 묘한 거리감을 느끼게 만듭니다.

샴페인을 열기 전, 보통의 적정 온도(8~10도)보다 조금 더 낮춰 오픈을 준비합니다. 고가의 샴페인을 테이블에 흘려보내기 싫고, 과도한 '뻥' 소리로 주변의 시선을 끌고 싶지 않다면 이 방법이 최선입니다. 그리고 마침내 — '피익' 하고 울리는 오픈의 숨소리와 함께, 병목에서는 잠깐의 안개처럼 흰 김이 피어올랐다가 이내 사라집니다. 이 짧지만 강렬한 순간, **바로 이 '샴페인 클라우드'가 제 기억 속 가장 황홀한 장면**으로 남아 있습니다.
병목이 잔에 다가가면, 갇혀 있던 버블 요정들이 세상 구경을 하겠다고 서로 먼저 뛰어오릅니다. 잔 안으로 미끄러지듯 흘러들면서도 방울을 부풀려 몸집을 키우는 그들의 모습은, 어느새 잔을 황금빛 거품으로 가득 채웁니다. 잠시 후 거품이 가라앉고, 맑은 황금빛 액체를 배경으로 가늘게 뻗어 오르는 버블 라인은 마치 인어가 물살을 가르며 춤추는 듯한 환상을 그려냅니다. 그때 앙리 지로가 다른 샴페인과 다름을 온몸으로 느끼게 됩니다.
이 와인은 까칠하고 도도합니다. 하지만 그 속에는 우리가 쉽게 다가가지 못했던 우아함과 낭만이 숨어 있습니다. 앙리 지로와 마주한다는 것은 마치 현미경으로 세상의 숨겨진 결을 들여다보는 경험과 같습니다. 그 복합적이고 미묘한 풍미는 당신 안의 깊은 감각을 깨우며, 세상과 함께 울고 웃는 경이로운 순간으로 인도할 것입니다.

'오크에도 떼루아가 존재한다는 걸 알려주는 낭만 품은 앙리 지로'

에니어그램 6 유형_____

눈 속에 피는 꽃 에델바이스(Edelweiss)

"진정한 용기는 두려움이 없는 것이 아니라 두려움을 느끼고 극복하는 것이다."

아킬레우스(Achilles)와 헥토르(Hector)의 1대1 대결에서 헥토르가 두려움을 이기지 못하고 도망가는 모습은 **오히려 진정한 용기의 상징**으로 여겨집니다. 고대의 철학자 소크라테스(Socrates), 아리스토텔레스(Aristotle), 플라톤(Plato)은 이러한 점에서 깊은 통찰을 보여주었습니다. 그들은

'용기의 본질이 두려움을 완전히 없애는 것이 아니라, 두려움을 인식하고 그에 맞서 싸우는 과정에 있다.'
고 보았습니다.

신화 속에서 파리스(Paris, 알렉산드로스 : 지키는 자)는 **'두려움을 알았으나 극복하지 못한 자'**,
아킬레우스는 **'두려움을 모르는 자'**,
그리고 헥토르는 **'두려움을 알고 극복한 자'**로 묘사됩니다.

이러한 구분은 용기의 진정한 의미를 드러내며, 헥토르의 경우처럼 **두려움을 인식하고 그에 맞서 싸우려는 노력이 바로 진정한 용기의 핵심임**을 강조합니다.

결국,

용기는 두려움을 완전히 없애는 것이 아니라, 그 두려움을 이해하고, 그것을 극복하기 위해 노력하는 과정에서 나타납니다.

트로이 전쟁의 전설적인 영웅 '헥토르'와 그리스의 무적전사 '아킬레우스'

전쟁의 열기와 긴장감이 공기를 가득 채우고 있습니다.
아킬레우스와의 운명적인 결투를 앞둔 헥토르는 자신의 운명을 직시하며, 마지막으로 가족과 시간을 갖습니다.
그는 아내 안드로마케(Andromache)와 사랑스러운 아들 앞에서 자신의 피 묻은 헬멧을 벗고, 아들을 안으며 미소를 짓습니다. 하지만 그의 얼굴에는 다가올 비극을 직감한 슬픔이 묻어 있었습니다. 눈물을 머금은 안드로마케는 그를 말리지만, 헥토르는 가족과 도시를 지키기 위해 반드시 싸워야 한다는 의무감으로 아내를 안아 다독이며 마지막 발걸음을 전장으로 옮깁니다.

전장의 중심에 도착한 헥토르는 멀리서 걸어오는 아킬레우스를 바라봅니다. **그리스 최강의 전사, 신이 내린 힘을 지닌 아킬레우스의 위엄 있는 모습이 헥토르의 시야에 들어오자 그의 숨이 잠시 막히듯 멈춥니다.** 두 전사는 마치 세상이 멈춘 듯 서로를 뚫어지게 바라보며 그 한순간의 침묵 속에 모든 전장의 소리가 사라진 듯했습니다. 긴장감은 바늘처럼 공기를 찔렀고, 이 결투가 끝나면 트로이의 운명도 달라질 것이라는 사실이 그들을 둘러싸고 있었습니다.

전투가 시작되자 헥토르는 전사의 자존심을 걸고 아킬레우스와 맞섭니다. 그의 창이 번뜩이고 방패가 울리며, 그는 한 치의 망설임도 없이 공격을 퍼

부었습니다. 그러나 아킬레우스의 속도와 전투력은 그야말로 인간을 초월한 것이었습니다. 아킬레우스의 창끝은 한 번도 헛나가지 않았고, 그의 움직임은 번개처럼 빠르며 무자비했습니다. 헥토르는 필사적으로 방어하고 반격했지만, 점점 그 격차에 압도당하고 있음을 깨닫습니다. 그의 심장은 점점 더 요란하게 뛰고, 이마에는 피와 땀방울이 뒤섞여 흐릅니다.

결국 두려움이 그의 가슴을 조여옵니다. 그때 헥토르는 본능적으로 발걸음을 돌려 도망치기 시작합니다. 그의 발이 성벽을 향해 달리며, 그 뒤를 아킬레우스가 맹렬히 추격합니다. 트로이 성벽 위에서 수많은 병사와 시민들이 그 장면을 숨죽여 바라봅니다. 헥토르는 성벽을 세 번이나 빙글빙글 돌며 '**도망자**'라는 치욕적인 모습으로 쫓깁니다. 그는 달리면서도 자신의 자부심이 무너져 내리는 것을 절실히 느끼며, 가족과 트로이 시민들이 자신을 어떻게 볼지 마음 깊은 곳에서 두려워합니다.

'**나의 용기는 여기서 끝나는 것인가?**'

그의 내면은 두려움과 수치로 갈기갈기 찢기고, 숨은 점점 거칠어집니다. 먼지와 전장의 잔해가 그의 시야를 흐리게 하고, 그의 눈에는 공포와 슬픔이 뒤섞여 번뜩입니다.
그러나 더는 도망칠 수 없음을 깨달은 헥토르는 발을 멈추고 심호흡을 하며 마지막으로 창을 움켜쥡니다. 하지만 이미 지쳐버린 그의 몸은 무거웠고, 아킬레우스의 압도적인 기세 앞에서 무력했습니다. 두 전사의 마지막

격돌에서, 아킬레우스는 번쩍이는 창으로 헥토르의 방어를 완전히 뚫어버리고, 마침내 치명적인 일격을 날립니다. 헥토르의 몸은 바닥에 내동댕이쳐지고, 피가 흙바닥 위로 번져갑니다. 쓰러진 헥토르의 마지막 시선은 트로이의 성벽과 멀리 있는 가족을 향했고, 그 눈빛에는 사랑과 미련이 서려 있었습니다. 아킬레우스는 묵묵히 그를 내려다보며 승리를 선언했습니다.

아킬레우스의 손에 죽음을 맞이한 헥토르는 트로이의 왕자이자, 전장에서 도시와 가족을 지키기 위해 싸운 '용감한 전사'입니다.

그는 자신의 힘과 본성을 제어하며 사랑하는 사람들을 위해 싸운 전사였지만, 아킬레우스는 정반대였습니다. **아킬레우스는 감정의 폭발과 복수심으로 전장을 휘저으며, 통제되지 않는 분노를 드러냈습니다.**

헥토르의 죽음은 비극이지만, 그는 자신의 가족과 도시를 지키기 위해 합리적이고 이성적인 분노를 보여줍니다.
헥토르의 남성성은 자신의 본성을 통제하며, 타인을 해치지 않고 자신과 사랑하는 이들을 지키려는 방향으로 나아갑니다.

진정한 용기란
두려움이 없는 것이 아니라, 두려움을 직시하고 그럼에도 불구하고 싸워 나가는 것입니다.

헥토르는 결투 중 도망치며 두려움에 흔들렸지만, 그 두려움을 인정한 채 끝내 맞서 싸웠습니다.
이 모습이야말로 인간적인 약함을 넘어선 **진정한 용기의 본질**을 상징합니다.

에니어그램 6번 유형의 개요

두려움 속에서도 끝까지 '믿음'을 찾는 충성가

에니어그램 6번 유형은 '머리 기반(center of head)'에 속합니다. 이들의 생각과 감정은 '불안'과 '두려움'이라는 신호에서 출발합니다. 다른 사람보다 조금 더 빨리 위험을 감지하고, 그 위험에 어떻게 대처할지 고민하는 본능이 있죠.

'만약 일이 잘못되면 어떡하지?'
'혹시 저 사람이 나를 속이는 건 아닐까?'
'내가 잘못 판단해서 다 망치면 어떡해?'

6번 유형의 머릿속은 늘 이런 질문들로 가득합니다. 이들은 세상이라는 거대한 바다에서 '안전한 닻'을 찾으려 합니다. 그래서 자신이 믿을 수 있는 사람이나 규칙, 시스템을 만나면 그 안에서 안정을 찾습니다.

6번 유형은 겉보기엔 강해 보일 수 있습니다.
하지만 그 강함은 '두려움'을 극복하기 위해 만들어진 방패일 때가 많습니다. 예를 들어, 헥토르가 트로이 전쟁에서 가족과 도시를 지키기 위해 끝까지 싸운 것처럼, 6번 유형도 두려움 속에서도 포기하지 않고 싸우는 힘이 있습니다. 그들의 용기는 두려움을 몰라서 나오는 것이 아니라, **두려움을**

'알고도' 맞서는 데서 나옵니다.
이 점에서 헥토르는 6번 유형의 상징 같은 인물입니다. 아킬레우스처럼 무모한 용기가 아니라, 두려움과 망설임 속에서 결국 책임을 선택하는 용기—이것이 바로 6번 유형의 진정한 강점입니다.

6번 유형에게 가장 중요한 것은 신뢰할 수 있는 관계입니다.
어린 시절 이들은 종종 이런 메시지를 듣습니다.

'조심해. 잘못하면 다칠 수 있어.'
'실수하면 안 돼. 누군가 널 비난할 거야.'

이런 경험은 그들에게 세상은 위험한 곳이라는 인식을 심어줍니다. 그래서 그들은 '믿을 수 있는 사람'을 찾고, 그 관계 안에서 안정감을 느끼려 합니다. 그 믿음이 한 번 형성되면 6번 유형은 누구보다 헌신적이고 충성스러운 친구, 동료, 가족이 됩니다.
예를 들어, 전쟁터에서 믿을 수 있는 동료를 끝까지 지키는 헥토르,
혹은 위험 속에서 집요하게 해결책을 찾는 탐정형 인물들이 바로 6번 유형의 전형입니다.

하지만 이들의 강점은 때로 약점이 되기도 합니다.
'과도한 의심'과 **'걱정'**이 끝없이 이어지며, 결정을 내리는 데 시간이 걸릴 수 있습니다.

'이 길이 맞을까?'
'혹시 잘못 판단해서 더 큰 문제를 만들면 어떡하지?'

이런 생각 때문에 6번 유형은 결정을 미루거나, 누군가 대신 결정해주길 기다리는 경우가 많습니다.
심지어 자신이 믿는 대상에게 지나치게 의존하다가, 그 신뢰가 흔들리면 깊은 배신감과 불안을 느끼기도 합니다.

진짜 성장 _ 내면의 두려움과 대화하기

그렇다면 6번 유형의 진짜 성장은 어디서 시작될까요?
그건 바로 두려움을 없애려고 애쓰는 것이 아니라, 그 **두려움과 마주 앉아 대화를 시작**하는 것에서 출발합니다.

'그래, 네가 나를 지켜주려고 두려움을 느끼게 하는 거 알아.'
'고마워. 하지만 지금은 그만 걱정해도 괜찮아.'

이렇게 자신 안의 두려움에게 말을 걸 수 있을 때, 6번 유형은 조금씩 긴장을 풀고 진짜 안정감으로 나아갑니다. 두려움을 억누르거나 무시하려 할수록 불안은 더 커지지만, 그 두려움을 있는 그대로 인정하고 다독일 때 오히려 용기가 피어납니다.

불안은 '약점'이 아닌 '안테나(antenna)'

6번 유형은 세상이 언제든 위험해질 수 있다고 생각하기 때문에, **문제를 예측하고 대비하는 놀라운 능력**을 갖춥니다.
예를 들어, 친구들이 '그런 걱정은 괜한 거야'라고 말할 때도, 6번 유형은 이미 열 가지 위험 시나리오를 머릿속에서 점검하고 있을 수 있습니다.
이 능력은 **위험을 빠르게 감지하는 감지기(안테나)** 같은 역할을 하죠.
하지만 문제는,

이 안테나가 너무 예민하게 작동해 상상 속 위험까지 현실처럼 느껴질 때입니다.

이럴 땐 스스로 이렇게 말할 필요가 있습니다.

'좋아, 지금 내 안테나가 너무 민감해졌구나. 하지만 이건 진짜 위험이 아니야.'

6번 유형은 위험 앞에서 두 가지 선택지를 떠올립니다.
첫째는 **'도망'**으로 불안한 상황을 피하고 숨거나, 믿을 수 있는 사람에게 의존합니다.
둘째는 **'싸움'**으로 불안의 근원에 정면으로 맞서 싸웁니다.
또한 세 번째 전략, 즉 **'권위에 의지하는 길'**도 택합니다.

'누군가 믿을 만한 리더나 규칙이 있다면, 그 안에서 안전할 수 있어.'

이런 믿음은 안정을 주지만, 권위가 무너지면 6번 유형은 극심한 혼란과 불안을 느낄 수 있습니다.

6번 유형은 대개 어린 시절부터 두려움을 배우게 됩니다.
권위적인 부모가 무섭게 통제했거나, 반대로 과 보호적인 부모가 '세상은 위험하다'라는 메시지를 자주 주었을 수 있습니다.

예를 들어, 아버지가

'네가 잘못하면 큰일 난다.'

는 말을 자주 했다면, 권위자 앞에서 늘 불안을 느끼게 됩니다.
어머니가 과도하게 보호했다면,
세상 자체가 위험하고 불확실하다는 믿음이 더 강해질 수 있습니다.
이런 경험은

'내가 스스로 안전을 책임져야 해'

라는 불안한 신념을 키웁니다.

6번 유형의 진짜 성장은 '**내 안의 두려움을 믿음으로 바꾸는 것**'입니다.
이는 두려움을 없애는 것이 아니라,

'두려워도 괜찮아, 난 해낼 수 있어.'
'그래, 실수할 수도 있어. 하지만 나는 준비했고, 이 정도면 충분히 괜찮아.'

두려움은 적이 아니라 나를 지키려는 친구입니다.

그 친구에게
'괜찮아, 함께 가자'
라고 손을 내밀 때,

진짜 용기를 경험하게 됩니다.

"오디세이아(Odyssey)"로 보는 에니어그램 6번 유형의 상징적 이야기

라에스트리고니아(Laestrygonia) 섬의 재앙(라이스트리고네스 족 Laistrygones)

트로이 전쟁이 끝나고, 오디세우스와 그의 선원들은 고향으로 돌아가기 위해 끝없는 항해를 이어가고 있었습니다. 그들의 몸과 마음은 이미 지칠 대로 지쳐 있었습니다. 파도는 잔잔했지만, 가슴 속에는 늘 알 수 없는 불안과 두려움이 소용돌이쳤습니다. 그러던 어느 날, 그들은 낯선 섬 하나를 발견합니다. 멀리서 바라본 그 섬은 마치 천국 같았습니다. 푸른 산과 빛나는 해안선, 그리고 햇살이 끝없이 내리쬐는 항구가 눈앞에 펼쳐졌습니다. 이 섬은 특이하게도 1년 365일 해가 지지 않는 곳으로, 즉, 낮과 밤, 그리고 빛과 어둠의 순환이 없는 곳이었습니다. 이곳은 바로 끔찍한 식인 거인 라이스트리고네스(Laistrygones) 들이 사는 땅이었습니다.

처음에는 평화로워 보였던 이 땅은 아름다운 풍경으로 둘러싸여 있었고, 오디세우스의 선원들은 긴 항해 끝에 한숨 돌릴 좋은 기회라고 생각했습니다. 오디세우스는 늘 그렇듯이 조심스럽게 탐험대를 조직해 섬을 탐색하러 보냈습니다. 그의 부하들은 섬을 탐색하다가 아름다운 도시와 사람들을 발견하게 되었고, 거대한 체구의 여인과 마주쳤습니다. 그녀는 마치 땅을 지진처럼 울릴 것 같은 발걸음을 옮기며 탐험대를 똑바로 바라보았습니다. 놀란 선원들이 말을 걸기도 전에, 그녀는 그들을 거칠게 잡아끌어 자신의 집으로 데려갔습니다. 그곳은 섬의 왕, 거대한 식인 거인 안티파테스(Antiphates)의 거처였습니다.

하지만 그들이 만난 왕은 환대해줄 생각이 전혀 없었습니다. 탐험대가 무슨 말을 꺼내기도 전에, 안티파트는 거대한 손으로 한 선원을 번쩍 들어 올렸습니다. 그리고 믿을 수 없는 광경이 펼쳐졌습니다. 왕은 그 선원을 산 채로 잡아먹어 버린 것입니다!
"도… 도망쳐!"
피비린내가 가득한 그 집에서, 남은 탐험대원들은 목숨을 걸고 뛰쳐나왔습니다. 그들의 비명은 섬 전체를 울렸고, 여인은 다른 거인들에게 소식을 전했습니다. 순식간에 수십 명의 거인이 몰려들며 사냥이 시작되었습니다.
항구에 남아 있던 오디세우스는 멀리서 몰려오는 거인들의 발걸음 소리를 듣자마자 상황을 직감했습니다.
"모두 배로! 지금 당장 노를 젓자!"
거인들은 산처럼 커다란 돌을 들고 항구로 달려왔습니다. 하늘에서 돌덩이가 우박처럼 쏟아지고, 정박해 있던 배들이 산산조각이 나며 불길에 휩싸였습니다. 바다는 배에서 흘러나온 피와 파편으로 붉게 물들었습니다.
"노를 저어! 빨리! 살아남아야 한다!"
오디세우스의 목소리는 절박했고, 살아남은 선원들은 미친 듯이 노를 저었습니다. 거인들은 그들을 잡기 위해 물속으로 뛰어들었지만, 오디세우스의 배는 간발의 차이로 거인들의 손아귀를 벗어나며 바다로 빠져나갔습니다.
하지만 이미 대부분 배는 바닷속으로 가라앉아 있었습니다. 그날 이후,

오디세우스의 함대는 단 1척만 남게 되었습니다. 선원들은 친구와 동료들이 잔인하게 죽는 모습을 직접 보았고, 공포와 충격으로 몸을 떨었습니다. 그때 오디세우스는 이를 악물며 다짐했습니다.
'다시는 이곳, 라에스트리고니아 땅에 발을 들이지 않겠다.'

이 빛만 가득한 섬은 그야말로 지옥이었다고 할 수 있습니다. 낮과 밤이 구분되지 않는, 해가 지지 않는 그 섬은 '**휴식 없는 세상**'을 상징합니다. 아름다운 항구와 햇살은 평화롭게 보였지만, 그 안에는 잔혹한 함정이 도사리고 있었던 것이죠.

이 이야기를 오늘날의 우리 삶에 대입해볼까요?
우리 사회 역시 '**빛만 있는 세상**'일지 모릅니다. 여기서 말하는 빛과 어둠은 '**노동과 휴식**', '**긴장과 이완**'이라는 삶의 리듬입니다. 우리는 쉴 새 없이 일하고, 잠깐의 휴식조차도 마음속 긴장을 내려놓지 못한 채 보내고 있습니다.
휴식 시간이 많아도, 진정으로 몸과 마음을 쉬지 못한다면 그건 이미 '빛만 있는 섬'에 사는 것과 다르지 않습니다.
밤이 되어도 긴장은 풀리지 않고, 낮 동안의 스트레스는 고스란히 집으로 따라옵니다.
침대 위에서도 우리는 여전히 불안과 걱정의 파도에 시달리며, 편히 쉴 수 없습니다.
그 결과는 무엇일까요?

우리는 점점 라에스트리고니아의 거인처럼 거칠고 잔인해지고 있습니다. 지친 사람들에게 따뜻한 물 한 모금을 건네기보다, 서로를 공격하거나 다투는 일이 더 잦아지고 있지 않나요?

라에스트리고니아는 지금도 우리 안에, 우리 사회 곳곳에 존재하고 있습니다.
이 모험은 **두려움과 불안을 관리하지 못할 때 우리의 삶이 얼마나 잔인한 섬이 될 수 있는지**를 상징적으로 보여줍니다.

살아 있는 독일 와인의 전설 마르쿠스 몰리터 와이너리
(Weingut Markus Molitor)

모젤(Mosel) 지역의 와인은 그리스·로마 시대부터 사람들의 찬사를 받아 왔습니다. 독일(Germany)을 대표하는 와인 산지인 이곳에서는 1816년부터 1832년 사이, 포도밭에 등급을 매겨 세금을 거두던 기록이 남아 있습니다. 그리고 오늘날, 이 지역에서 가장 눈부신 성공을 거둔 와이너리 중 하나가 바로 '마르쿠스 몰리터(Markus Molitor) 가문으로, 8대째 이 지역에서 포도밭을 경작해온 유서 깊은 집안입니다. 마르쿠스 몰리터 와이너리는 모젤강을 따라 자리 잡은 젤팅거(Zeltinger)의 포도밭이 내려다보이는 벨레너 크로스터베흐(Wehlener Klosterberg) 중앙에 있습니다.

몰리터 가문은 오랜 세월 이 땅을 지켜온 전통 있는 포도 재배 가문입니다. 그러나 현재 우리가 알고 있는 '마르쿠스 몰리터'가 가문을 이끌기 시작한 것은 그리 오래되지 않았습니다.

 마르쿠스가 겨우 열 살이 되었을 때, 아버지는 불의의 사고로 오른팔을 잃었습니다. 갑작스러운 사고는 가문 전체에 큰 위기로 다가왔습니다. 포도 농사와 와인 양조가 중단될 위기에 처했고, 가문의 포도밭은 점점 줄어들었습니다. 어린 마르쿠스는 **아버지의 '오른팔'**이 되어야 했습니다. 그는 포도밭의 잡초를 뽑고 포도나무를 돌보는 것은 물론, 양조 과정에도 손을 대기 시작했습니다.

1984년, 마르쿠스 몰리터는 스무 살이 되어 가문으로부터 단 1.5헥타르의 포도밭을 물려받습니다. 그 시절 독일 모젤 와인은 쇠락의 길을 걷고 있었고, 사람들은 값싼 와인만 찾았습니다. 그러나 마르쿠스는 포기하지 않았습니다. '**모젤 와인의 명성을 반드시 되찾겠다**'라는 꿈으로 필사의 노력을 다했습니다.

모젤의 포도밭은 대부분 강을 따라 가파른 언덕 위에 자리합니다. 이 경사면 덕분에 포도나무는 더 많은 햇빛을 고르게 받을 수 있습니다. 점판암(Slate) 토양은 낮 동안 태양열을 머금었다가 밤이 되면 그 열을 다시 내뿜어 포도나무를 따뜻하게 감싸줍니다. 덕분에 포도는 조급하지 않게 천천히 익어 안정적으로 성장할 수 있습니다. 이러한 환경에서 자란 포도는 복합적인 향과 풍미를 지니게 되는데 미네랄이 풍부한 맛과 높은 산도를 가지며 섬세하고 우아한 와인으로 탄생하게 되는 것입니다.

마르쿠스 몰리터의 포도밭은 30도의 경사는 기본이고, 70도 이상의 경사도 흔합니다. 위르지거 뷔르츠가르텐(Ürziger Würzgarten) 포도밭의 경사도는 무려 85도에 달합니다. 이런 곳에서는 모든 작업이 오직 사람의 손으로 이루어집니다. 평지보다 5배, 많게는 10배 이상의 시간과 비용이 들어가지만, 마르쿠스는 타협하지 않습니다. 그는 포도를 여러 번 나누어 수확하고, 첨가제를 쓰지 않고 자연 효모로만 발효시킵니다. 그 고집이 오늘날 몰리터 와인의 품질을 보장합니다.

몰리터 와이너리의 대표 품종은 단연 리슬링(Riesling)입니다. 이 품종은 모젤 지역의 기후와 토양 특성을 그대로 반영할 수 있는 최적의 품종으로 알려져 있습니다. 리슬링은 독일과 모젤을 대표하는 화이트 와인 품종으로, 복숭아, 사과, 라임 등 화려하고 섬세한 아로마를 자랑하며, 높은 산도로 인해 장기 숙성이 가능합니다. 리슬링은 토양의 특성에도 민감하여, 점토 토양에서는 감귤류 향이, 붉은 사암 토양에서는 살구 맛이, 점판암 토양에서는 미네랄 풍미가 강조됩니다. 이러한 특성 때문에 리슬링은 떼루아의 특성을 그대로 보여주는 품종으로 평가받고 있습니다.

마르쿠스 몰리터는 리슬링이 모젤 지역의 떼루아를 완벽하게 반영하는 품종으로 가파른 경사와 척박한 토양, 배수가 잘되는 포도밭에 심어진 리슬링은 늦가을의 햇살을 충분히 받으며, 천천히 익어 복합적인 풍미를 발달시킵니다. 프랑스 부르고뉴 지역의 포도 수확 기간이 보통 100일 정도인 것에 비해, 모젤의 리슬링은 개화부터 수확까지 150일 정도가 걸리며, 이는 거의 1.5배에 해당하는 긴 시간입니다. 이러한 긴 시간을 통해 리슬링은 최상의 품질을 완성하게 됩니다.

독일은 와인의 품질을 포도의 숙성도에 따라 6가지로 나누는 프래디카츠바인(Prädikatswein) 등급 체계를 가지고 있습니다. 이 체계는 카비넷(Kabinett)부터 시작해 슈페트레제(Spätlese), 아우스레제(Auslese), 베렌

아우스레제(Beerenauslese), 아이스바인(Eiswein), 트로켄베렌아우스레제(Trockenbeerenauslese)로 이어집니다. 각각의 등급은 포도의 수확 시기와 당도에 따라 결정되며, 아우스레제 등급 이상의 와인은 특히 당도가 높고 풍미가 복합적입니다.

마르쿠스 몰리터는 와인의 당도에 따라 캡슐의 색상을 달리해 소비자들이 쉽게 와인의 스타일을 알 수 있도록 했습니다. 화이트 캡슐은 드라이 와인, 그린 캡슐(Green capsule)은 오프-드라이(Off-dry), 골드 캡슐(Gold capsule)은 스위트 와인(Sweet wine)을 나타내며, 각각의 캡슐에 따라 와인의 풍미와 특징이 달라집니다. 또한, 라벨(Label)에 별(*)을 하나부터 세 개까지 표시해 빈티지(Vintage)의 품질을 알 수 있게 했습니다. 별의 개수가 많을수록 더 좋은 품질의 포도를 사용한 와인임을 의미합니다.

마르쿠스 몰리터는 매년 100종 이상의 와인을 생산하며, 그중에서도 '젤팅어 존넨누어 리슬링 아우스레제(Zeltinger Sonnenuhr Riesling Auslese)'가 특히 주목받고 있습니다. 이 와인은 모젤 지역 최고 등급의 포도밭에서 재배된 포도로 만들어지며, 투명하고 깨끗한 색상과 오렌지, 복숭아, 자몽, 배 등의 복합적인 향을 지니고 있습니다. 입안에서 느껴지는 섬세하고 화려한 신맛과 단맛의 조화는 매우 뛰어나며, 그 풍미는 고급스럽고 우아한 특징을 보여줍니다.
2013년, 몰리터의 2011 빈티지 '벨레너 존넨누어 리슬링 아우스레제

(Wehlener Sonnenuhr Riesling Auslese)'가 로버트 파커로부터 100점을 받았습니다. 특히 이 해는 유럽 전역에서 포도 작황이 좋지 않았던 해였기에, 이 평가는 더욱 큰 의미가 있었습니다. 이후 **2015년에는 무려 3개의 와인이 동시에 100점을 받았고, 지금까지 총 22개의 와인이 100점 기록을 보유하고 있습니다. 이는 독일 와이너리 중 최다 기록입니다.**

마르쿠스 몰리터가 이룬 성공은 오랜 시간의 노력과 끈기에서 비롯된 것입니다.

마르쿠스 몰리터는 1990년대 초, 보르도 와인 엑스포에서 3일 동안 자신의 부스를 찾은 사람이 단 한 명도 없었다고 회상합니다. 그때의 좌절감이 그를 오히려 강하게 만들었습니다. 그는 잠자는 시간을 줄이며 최고의 와인을 만들기 위해 모든 것을 쏟아부었습니다. 오늘날 그의 포도밭은 120헥타르에 달하며, 그중 95%가 최고 등급으로 평가됩니다. 독일 모젤 지역에서 가장 성공한 와이너리 중 하나로 평가받고 있는 몰리터는 여전히 품질에 대한 열정을 가지고 모든 와인을 수작업으로 관리하며, 첨가제 없이 자연 효모를 사용해 와인을 양조하는 전통적인 방식을 고수하고 있습니다.

평론가들은 그를
'와인 양조에 두려움이 없는 사람',
'일 중독자',

'광기 어린 창의적 장인'

이라고 부릅니다. 그는 포도 수확부터 병입까지 한 치의 타협도 하지 않습니다.
그의 이러한 철저함은 그를 모젤 지역의 포도밭에 대한 '도서관' 또는 '교과서'라고 불리게 한 이유입니다.

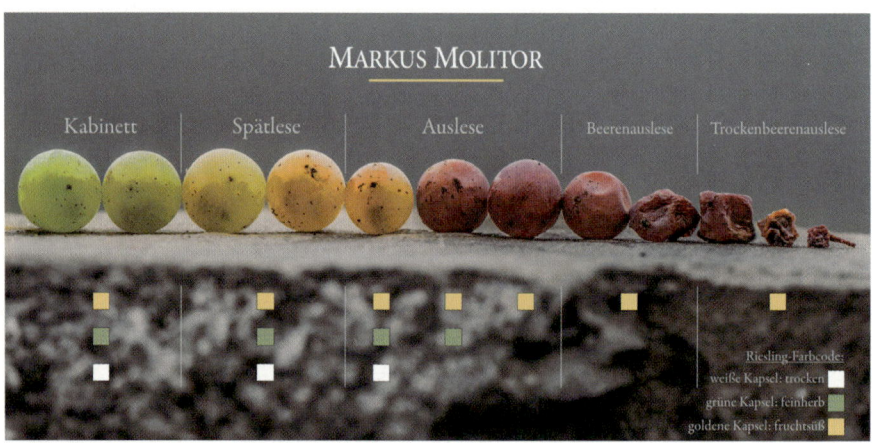

어느 자리든 신뢰할 수 있는 우아한 리슬링(Riesling)의 매력

_리슬링은 깊이와 우아함을 동시에 갖춘 와인입니다.
그리고 그 맛과 깊이에서 완벽한 조화를 이루는 와인입니다._

1435년, 독일 뤼셀쓰하임(Rüsselsheim)에서 작성된 문서에는 '22 ßumb seczreben Rießlingen in die wingarten'이라는 문장이 적혀 있었습니다. '포도밭에서 수확한 22개의 리슬링 포도나무'라는 뜻의 재고 장부였죠. 이 문서에서 우리는 리슬링의 존재를 처음 확인할 수 있습니다.

1522년에는 식물학자 히에로니무스 복(Hieronymus Bock)이 쓴 '허벌(Herbal)'에서 오늘날 우리가 알고 있는 '리슬링'이라는 이름이 최초로 등장했습니다. 수도원에서 재배되던 이 품종은 이후 독일 전역으로 퍼져나가며 특히 모젤, 라인가우, 팔츠(Pfalz)와 같은 주요 와인 생산지에서 중요한 품종으로 자리 잡았습니다. 초기에는 수도원에서 주로 재배되었으며, 이 품종을 통해 고품질 와인이 생산되기 시작했습니다.

중세 시대를 거치면서 리슬링은 독일뿐 아니라 오스트레일리아, 미국, 뉴질랜드 등 세계 여러 지역으로 퍼져나갔습니다. 리슬링이라는 단어는 '흩어져 떨어지다'를 의미하는 독일어 '페어 리즐른(verrieseln)'에서 유래했으며, 이 품종은 오늘날까지도 전 세계 와인 애호가들에게 널리 사랑받고 있습니다.

모젤 리슬링 역사에서 빼놓을 수 없는 이름, 바로 '닥터(Doctor)' 포도밭입니다. 1630년, 병을 앓던 트리어 대주교가 이 포도밭에서 생산된 와인을 마시고 병이 나았다는 전설이 전해집니다. 그 후 이 리슬링은 '닥터 와인'이라는 이름을 얻었습니다.

1900년, 베른카스텔(Bernkastel) 시장은 이 귀한 포도밭 4,300㎡를 칼 베겔러(Karl Vegeler)에게 팔았습니다. 당시 한 그루의 와인 나무 가격은 무려 100 골드마르크(Goldmark)―지금으로 환산하면 600~700유로에 달하는 값비싼 거래였습니다. 이 포도밭은 지금도 모젤에서 가장 귀한 땅 중 하나로 꼽힙니다.

20세기 초, 리슬링은 세계에서 가장 비싼 와인이었습니다. 1913년 경매에서 1908년산 모젤 존넨우어 프륌(Sonnenuhr Prüm) 와인은 프랑스 보르도의 명문 샤토 라투르(Château Latour)보다 두 배 이상 비싼 가격에 팔렸습니다. 그 시절, 화이트 와인이 레드 와인보다 더 큰 가치를 지니던 시대였고, 리슬링은 프랑스 보르도 와인과 어깨를 나란히 할 정도로 그 가치를 인정받았습니다.

리슬링은 그 복합적인 향과 맛으로 유명합니다. 사과, 배, 복숭아, 감귤류, 꿀, 꽃향기까지―입안 가득 펼쳐지는 화려한 아로마는 리슬링만의 매력입니다. 특히 최고급 리슬링은 점판암 토양이 주는 미네랄 향과 높은 산도로 우아하고 세련된 풍미를 완성합니다.

시간이 흐르면 숙성된 리슬링에서는 독특한 페트롤(Petrol) 향, 마치 석유 같은 향이 피어오릅니다. 이 향은 결코 불쾌하지 않고 오히려 와인의 깊이와 복합성을 더해주며, 리슬링의 진짜 매력을 알게 하는 요소입니다.

리슬링은 스타일이 다양합니다. 드라이(dry), 미디엄 드라이(medium-dry), 스위트(sweet). 심지어 겨울철 얼어붙은 포도를 수확해 만드는 아이스와인(Icewine)까지—농축된 과일 아로마와 높은 당도의 희귀 와인은 전 세계 애호가들에게 보석 같은 존재로 평가됩니다.
귀부 포도(Botrytis cinerea)로 만든 베렌아우스레제(Beerenauslese)나 트로켄베렌아우스레제(Trockenbeerenauslese)는 달콤하면서도 균형 잡힌 산미를 자랑하며 세계적인 디저트 와인으로 명성을 얻고 있습니다.

라인가우(Rheingau)는 독일 내에서도 **가장 균형 잡힌 리슬링**을 생산하는 지역으로 유명합니다. 이 지역은 라인강이 남쪽에서 북쪽으로 흐르다가 서쪽으로 꺾이는 구간에 위치하여 일조량과 온도가 포도 재배에 매우 유리합니다. 그 결과, 라인가우산 리슬링은 우아하면서도 균형 잡힌 산도를 자랑하며, 특히 섬세한 구조감과 복합적인 맛이 돋보입니다. 리슬링 특유의 신선함과 산미가 잘 살아있는 라인가우 와인은 다양한 음식과 완벽하게 어울리며, 그 우아함으로 어느 자리에서도 돋보이지 않으면서도 깊은 인상을 남깁니다.

라인가우의 남쪽에 있는 **라인헤센(Rheinhessen)**은 **복합적인 산도와 특유의 풍부한 과일 향**으로 유명합니다. 이 지역의 리슬링은 보다 강렬한 산도와 함께 다양한 과일 향이 느껴지며, 리슬링의 다채로운 맛을 보여줍니다. 복합적이고 깊이 있는 풍미로 인해 라인헤센 리슬링은 와인 애호가들 사이에서 큰 인기를 끌고 있습니다.

모젤은 독일에서 가장 유명한 리슬링 산지 중 하나로, 이 지역의 리슬링은 **비교적 부드럽고 섬세한 달콤한 산미가 특징**입니다. 모젤강은 독일의 주요 강 중 하나로, 이곳의 포도밭은 급경사를 이루며, 특히 유럽에서 가장 가파른 칼몬트(Kalmont) 포도밭이 있는 곳으로 유명합니다. 모젤 지역은 따뜻한 기후와 점판암 지대 덕분에 포도나무가 깊게 뿌리를 내려 풍부한 미네랄을 끌어 올리고, 이로 인해 리슬링 와인에 독특한 미네랄리티와 섬세한 풍미가 더해집니다. 모젤강과 함께 형성된 이 지역은 리슬링 재배에 최적의 환경을 제공합니다. 낮에 저장된 열기가 밤에도 발산되어 포도의 성숙도를 높이고, 포도밭의 암반과 점판암이 포도에 미네랄리티를 더해 리슬링 와인을 더욱 우아하고 섬세하게 만듭니다. 또한, 모젤의 많은 포도밭 이름은 '라이(lay)'로 끝이 나는데, 이는 포도나무가 점판암 위에서 자란다는 의미입니다. 켈트족 시절부터 사용된 이 이름은 점판암의 오랜 역사를 담고 있습니다.

리슬링은 독일을 넘어 세계로 뻗어나갔습니다.
프랑스 알자스(Alsace)에서는 드라이하고 미네랄리티가 강한 리슬링이 유명하며, **사과, 복숭아, 허브의 향이 조화롭게 어우러진 미네랄리티가 강한 와인**을 생산합니다.

호주 클레어 밸리(Clare Valley)와 에덴 밸리(Eden Valley)에서는 그린 사과와 라임 향이 돋보이는 신선한 와인이 만들어집니다.
미국 워싱턴주(State of Washington)와 뉴욕주(State of New York), 그리고 오스트리아(Austria) 역시 우수한 리슬링 산지로 꼽힙니다

리슬링은 독일에서 시작되어 전 세계로 퍼져나간 독특한 와인 품종으로, 그 신선한 산도와 복합적인 아로마, 뛰어난 숙성 잠재력 덕분에 세계적으로 명성을 얻고 있습니다. 각 지역의 기후와 토양에 따라 리슬링의 맛과 향이 달라지며, 드라이한 스타일부터 스위트한 디저트 와인까지 다양한 스타일로 즐길 수 있는 것이 리슬링의 가장 큰 매력입니다.

리슬링의 명성
– 한 잔의 와인이 걸어온 왕국과 전쟁의 역사

리슬링의 명성은 프로이센 왕국 시절부터 본격적으로 빛나기 시작했습니다. 특히 18세기 후반, 프로이센의 국왕 프리드리히 대왕(Frederick the Great)은 리슬링을 애정 어린 시선으로 바라보았습니다.
그는 포츠담 근처의 상수시 궁전에 직접 포도밭을 조성하고 리슬링을 심으며, 마치 예술 작품을 다루듯 이 품종을 홍보했습니다.
그 당시, 귀족들의 만찬 자리에서 리슬링은 황금빛 보석처럼 빛났습니다. 프리드리히 대왕의 한마디는 곧 유럽의 유행을 결정지었고, 리슬링은 독일 전역뿐 아니라 유럽 상류층 사회에서도 '고급 와인'으로 자리매김하게 됩니다.

19세기에 이르러 리슬링은 그야말로 절정의 시기를 맞이합니다. 샤블리, 샴페인 같은 프랑스 와인들과 당당히 어깨를 나란히 하며 세계에서 가장 높은 평가를 받던 시절이었죠.
독일과 오스트리아-헝가리 제국은 리슬링을 자국을 대표하는 와인으로 내세웠고, 리슬링의 인기는 유럽 전역으로 퍼져나갔습니다.
그러나 이 황금빛 시대는 오래가지 못했습니다. 20세기 초, 세계정세의 거대한 격변이 리슬링의 운명을 바꿔 놓습니다.

1914년, 1차 세계대전(1914-1918)의 포화 속에서 독일은 경제적 타격을 피할 수 없었습니다.

당시 독일 리슬링의 주요 수출국이었던 영국과 프랑스는 적국이 되어버렸고, 수출길은 한순간에 막혀버렸습니다.
포도밭은 전쟁의 상흔을 입었고, 노동력 부족과 파괴로 인해 생산량은 급감했습니다.
그전까지 귀족들의 잔에 오르던 리슬링은 점차 빛을 잃기 시작했고, 유럽의 와인 시장에서 독일 와인은 '저평가'라는 쓰라린 현실을 마주하게 됩니다.

전쟁이 끝난 후, 1919년 체결된 베르사유 조약은 독일을 심각한 경제 위기로 몰아넣었습니다.
리슬링 역시 회복의 길이 멀었습니다.
하지만 그 와중에도 일부 포도밭에서는 전통적인 방식으로 리슬링 재배가 이어졌고, 독일 내에서는 여전히 중요한 와인 품종으로 자리 잡고 있었습니다.

1939년, 2차 세계대전(1939-1945)이 발발했습니다. 나치 정권은 와인 산업을 포함한 모든 농산물 생산과 유통을 강력히 통제했습니다.
포도밭이 다시 파괴되고, 와인은 전쟁 물자 뒤로 밀려났습니다.
모젤과 라인가우—리슬링의 심장이라 할 수 있는 주요 산지가 전쟁의 상처를 입었고, 와인 품질은 크게 떨어졌습니다.
전쟁 직후, 세계 시장에서 독일 와인은 '값싼 와인'으로 인식되며, 리슬링의 과거 명성은 거의 사라진 듯 보였습니다.

2차 세계대전 후 독일은 폐허 위에서 경제 재건을 시작했습니다. 와인 산업도 예외는 아니었습니다.
1950~60년대, 리슬링은 다시 시장에 모습을 드러냈지만, 당시에는 품질보다 양산에 초점이 맞춰져 있었습니다.
이 시기 대량으로 생산된 달콤한 저가 리슬링은 오히려 품질 이미지를 해치며 '리슬링=싸구려 디저트 와인'이라는 인식을 만들고 말았습니다.

전환점은 1980년대였습니다.
독일 와인 생산자들이 품질 혁신을 목표로 다시 한번 고개를 들기 시작했죠. 첨단 양조 기술과 전통 농법의 조화를 통해 고급 드라이 리슬링이 시장에 등장하면서, 리슬링은 과거의 명성을 되찾기 위한 첫 발걸음을 내딛습니다.
이 과정에서 독일 리슬링은 국제 와인 시장에서 재평가되기 시작했고, 미국·오스트레일리아·프랑스 등 다른 리슬링 생산국들 역시 이 품종에 주목하며 다양한 스타일을 선보였습니다.

이제 리슬링은 과거의 그 영광을 되찾았습니다.
드라이부터 스위트, 아이스와인에 이르기까지 다양한 스타일로 세계적인 인정을 받으며, 다시 한번 유럽과 세계를 대표하는 고급 화이트 와인으로 자리 잡았습니다.

왕의 사랑을 받던 한 잔의 와인이 전쟁의 그림자 속에서 몰락하고, 오랜 시간의 인내와 장인정신으로 다시 빛을 찾은 '부활의 이야기'입니다.

리슬링과 에니어그램 6번 – 흔들림 속에서 빛나는 신뢰의 와인

독일의 가파른 경사지나 추운 기후처럼 불안정하고 까다로운 환경에서도 리슬링은 포기하지 않고 자신의 뿌리를 단단히 내리며 놀라운 생명력을 보여줍니다.
이는 에니어그램 6번 유형이 불확실한 세상 속에서도 끈질긴 충성심과 끈기를 발휘해 끝내 자신이 믿을 수 있는 **'안정의 자리'**를 찾는 모습과 닮았습니다.

흥미로운 점은, 같은 리슬링이라도 환경에 따라 완전히 다른 매력을 드러낸다는 것입니다.
회색 점판암 토양에서 자란 리슬링이 날카롭고 섬세한 산미와 미네랄리티를 뽐낸다면,
붉은 점판암에서는 풍부한 과일 향과 깊은 맛이 터져 나옵니다.
6번 유형이 가진 전혀 다른 '얼굴'을 보여주는 것과 비슷하지 않을까요?
안전하다고 느낄 때는 유머와 따뜻함으로 사람들을 안심시키지만,
위기 상황에서는 날카로운 직관과 충성심으로 주변을 지키는 방패가 됩니다.

리슬링이 가진 다채로운 성격은, 6번 유형의 **'조건 반응형 지혜'**를 그대로 닮았습니다.
불확실함이 많을수록 그 환경에 민감하게 적응하고, 가장 아름다운 **'자기만의 답'**을 만들어내는 능력이 바로 리슬링의 매력 포인트입니다.

추운 날씨나 가파른 언덕이라는 위협이 오히려 리슬링을 더욱 빛나게 만드는 것처럼, 6번 유형 또한 **도전적인 상황에서 믿음과 용기로 성장해 자신만의 깊이 있는 풍미**를 내는 것입니다.

첫 모금에서 느껴지는 청량한 산미와 은근한 긴장은 **'늘 상황을 점검하는 경계심'**을 닮았고,
시간이 지나 드러나는 풍부한 과일 향과 부드러운 뉘앙스는 **'믿음과 충성에서 나오는 따뜻한 신뢰'**를 떠올리게 합니다.

에니어그램 6번 유형의 불안과 용기 사이의 균형

에니어그램 6번 유형은 늘 마음속에서 두려움과 용기가 팽팽히 맞섭니다. 세상의 위험을 예의주시하며 불안을 느끼지만, 그 불안을 껴안고 극복하는 과정에서 놀라운 내면의 힘을 길러냅니다. 척박한 경사지와 거친 기후, 때로는 잔혹한 추위 속에서도 꿋꿋하게 뿌리를 내리는 리슬링의 그 험난한 조건은 포도를 더 강하게 만들고, 그 결과 아름답고 복합적인 풍미가 탄생합니다.

불안과 걱정은 그들의 뿌리 같은 것이지만, 그것을 발판 삼아 자신만의 용기를 키워나갈 때 가장 빛납니다. 가파른 절벽 위에서 태양과 바람, 토양을 온전히 받아들이며 청명한 산미와 고유한 개성을 만들어내듯, 6번 유형 역시 두려움을 뚫고 나아가는 과정에서 더 깊은 신뢰와 따뜻한 용기를 품게 됩니다.

6번 유형은 불안을 뚫고 피어난 용기
- 에델바이스는 차가운 눈을 뚫고 피어난 꽃,

험준한 산, 얼어붙은 공기, 누구도 감히 다가가기 힘든 차가움 속에서만 그 순백의 꽃 '에델바이스'는 피어납니다. 그리고 불안과 두려움이라는 얼음장 같은 현실 속에서만 진짜 용기와 신뢰가 피어납니다.

'혹시 저 구름 뒤에 폭풍이 몰려오지 않을까?'
'저 돌산 너머에 위험이 숨어 있진 않을까?'

이렇게 늘 불안을 품고 발걸음을 내딛습니다.
그러나 에델바이스가 척박한 눈바람 속에서도 꺾이지 않듯, 불안의 눈보라를 뚫고 나아가면서 점점 더 단단해지고, 믿음직해지고, 빛나는 존재로 성장합니다.

에델바이스를 찾는 여정은 쉽지 않습니다.
그러나 그렇게 찾아 헤매던 에델바이스가
이미 자기 자신이라는 사실을 깨닫는 순간,
그 어떠한 두려움도 더 이상 그들을 막을 수 없습니다.

크리스마스 마켓(Christmas market)과 모젤

크리스마스의 뿌리는 예수 그리스도의 탄생을 축하하는 기독교의 축제에서 시작되었습니다. 그러나 현대의 크리스마스는 다양한 문화적 요소가 결합되어 형성되었습니다. 그중에서도 독일은 크리스마스 전통을 발전시키는 데 중요한 역할을 했습니다. 성 니콜라우스(St. Nikolaus) 전통은 4세기 소아시아(현재 터키 : Turkey)에서 활동했던 자선가 성 니콜라우스에게서 유래되었습니다. 그는 12월 6일에 아이들에게 선물을 주는 것으로 유명했습니다. 독일에서는 이날 아이들의 신발이나 양말에 작은 선물과 과자를 넣는 전통이 있었고, 이 전통은 나중에 산타클로스(Santa Claus)로 발전했습니다.

또한, 크리스마스트리(Christmas tree) 장식의 전통도 독일에서 시작되었습니다. 16세기 독일에서 크리스마스 나무를 장식하는 풍습이 생겨났으며, 이 전통은 영국과 미국으로 퍼져 크리스마스의 상징 중 하나가 되었습니다. 특히 영국의 빅토리아 여왕과 독일 출신의 남편 앨버트 왕자가 이 전통을 영국에 소개하면서 크리스마스트리 문화는 더욱 확산되었습니다.

크리스마스는 또한 좋은 음식과 와인을 나누는 시간이기도 합니다. 특히 독일 모젤(Mosel) 지역의 리슬링(Riesling) 와인은 이 축제의 분위기와 잘 어울리는 음료로 18세기와 19세기 유럽 상류층 사이에서 인기가 있었습니다. 이 명성 덕분에 크리스마스와 같은 중요한 행사에서 자주 등장하게 되었습니다.
모젤 리슬링은 높은 산미와 섬세한 과일 향을 가지고 있어, 크리스마스 시즌의 다양한 음식과 잘 어울립니다. 칠면조, 오리, 거위 요리와 환상적인 조화를 이루며, 사워크라우트(Sauerkraut), 감자, 사과 소스와 같은 곁들임 요리와도 잘 맞습니다. 또한, 모젤 지역의 스위트 와인과 디저트 와인은 크리스마스 디저트와 함께 제공하기에 좋습니다. 특히 크리스마스 케이크(Cake), 슈톨렌(Stollen), 진저브레드(gingerbread) 쿠키(Cookie)와 같은 디저트(dessert)와 잘 어울리며, 고급스러운 선물로 인식됩니다.

크리스마스는 사랑과 믿음, 희망의 상징으로, 가족과 친구들이 함께 모여 신뢰와 연대감을 강화하는 시간입니다. 특히 6번 유형은 공동체와 신뢰를 중요하게 생각하기 때문에, **크리스마스의 따뜻한 가족적 분위기와 깊은 관계의 의미는 그들에게 큰 위로와 안정감을 제공합니다. 크리스마스의 상징인 '희망'과 '신뢰'는 6번 유형이 찾고자 하는 가치와도 맞닿아 있어 그들이 겪는 두려움과 불안 속에서, 크리스마스의 메시지는 따뜻한 빛이 되어 그들에게 신뢰와 용기를 불어넣을 수 있는 것입니다.**

또한 크리스마스는 **새로운 시작과 희망의 상징**으로 여겨지는데요 이는 예수 탄생의 기념일로, 인류에게 구원의 메시지를 전달하는 순간을 기념하는 날입니다. 이 숭고한 메시지는 불확실한 상황에서도 신뢰할 수 있는 무언가를 찾고, 그 안에서 자신의 용기를 키워갈 힘을 줍니다.
마치 크리스마스가 겨울의 어둠 속에서 빛과 희망을 가져다주는 것처럼,

6번 유형도 두려움 속에서 희망을 발견하고 자신을 이끌어나가는 힘을 얻습니다.

●Endnote

사람들이 내가 숙달을 위해 얼마나 노력했는지 안다면,
그것이 그렇게 훌륭해 보이지는 않을 것입니다.

[미켈란젤로]

에니어그램 7 유형 _____

♬ 내가 제일 ~ 잘나가 ♬

Bam Ratatata _ 2NE1

"Oh GOD! I Hope I get some more Chateau Petrus before I Die!"
"오, 하나님! 죽기 전에 샤토 페트뤼스(Chateau Petrus)를 더 마실 수 있게 해주세요!"
_ 유명한 컬럼니스트이자 저널리스트인 리즈 스미스(Liz Smith)가 한 말입니다.

1억 3천만 원의 와인, 그들의 축하와 파멸

2001년 6월, 런던의 금융가와 세계 와인 애호가들 모두가 깜짝 놀란 사건이 벌어졌습니다. 사건의 무대는 런던에서 가장 고급스러운 레스토랑 중 하나인 '페트뤼스(Petrus)'였습니다.
이날, 바클레이즈 캐피털(Barclays Capital)의 직원 여섯 명은 자신들의 성공적인 채권 거래를 자축하기 위해 이곳을 찾았습니다. 아무리 성공적인 거래였다고 해도, 그들이 마신 와인은 상상을 초월하는 것이었습니다.

계산서에 적힌 와인 내역은
1982년도 몽라쉐(Montrachet, 화이트 와인) 1천4백파운드, 1945년도 샤토 페트뤼스 1만1천6백파운드, 1946년도 샤토 페트뤼스 9천4백파운드, 1947년도 샤토 페트뤼스 1만2천3백파운드, 1900년도 샤토 디켐(Château d'Yquem, 화이트 와인) 9천2백파운드 등 총액은 43,900파운드.

물가상승을 고려하면, **1억 3천5백만 원**에 달하는 금액이었습니다.
그런데 더 놀라운 점은 이 금액을 다 지불한 뒤에도, 식사비는 4백 파운드(약 135만 원)로, 그들의 와인 가격과 비교하면 정말 미미한 수준이었죠.

그래서 페트뤼스 레스토랑은 감동한 나머지 식사비는 아예 받지 않았다고 합니다.

하지만 이 사건이 특별한 이유는, 이날 마신 샤토 페트뤼스 1945년산과 1947년산은 와인 역사상 20세기 최고의 레드 와인으로 손꼽히며, 많은 와인 애호가들의 꿈의 대상이었습니다. 두 와인은 그들의 삶에서 특별한 한순간을 기념하기에 너무나도 완벽한 선택이었죠.

하지만 그들이 꿈의 와인을 마셨다고 해서 회사에서의 삶도 꿈처럼 아름다웠던 것은 아니었습니다. 결국 이들은 '와인을 너무 많이 마셨다'라는 이유로 회사에서 **해고당하는 신세**가 되었기 때문입니다.

비록 그들의 인생에서 한 끼의 고급스러운 저녁이 문제를 일으켰지만, 그들이 마신 샤토 페트뤼스는 여전히 와인 애호가들 사이에서 **'꿈의 와인'**으로 남아 있습니다. 당시 그들이 마신 와인 중에서, 특히 **1945년산과 1947년산 페트뤼스**는 그 누구도 쉽게 손에 넣을 수 없는 **'와인의 황제'**로 자리를 잡고 있습니다.
그래서 비록 그들은 해고되었지만, 어떤 이들은 그들의 선택에 대해 부러움을 표하기도 했습니다.
'저도 그 와인 한 잔 마셔보고 싶어요'라는 마음이 굴뚝같은 사람들이 많았을 것입니다.

- Endnote
음식값을 페트뤼스로 지불

페트뤼스. 이 와인의 이름만 들어도 고급스러움이 느껴집니다. 그런데, 그 명성만큼이나 재미있는 에피소드도 함께 따라다니죠. 그중 하나는 바로 신용카드가 존재하지 않던 시절의 일화입니다.

한 번은 한 고객이 런던의 고급 레스토랑에서 완벽한 저녁을 즐기고 있었습니다.

맛있게 식사를 마친 고객은 계산하기 위해 계산서를 받아들고 깜짝 놀랐습니다. 음식값이 예상보다 훨씬 많이 나왔기 때문입니다.

고객은 순간적으로 당황하게 되었습니다. 결제할 현금이 부족했던 것이죠. 당황한 고객은 잠시 고민하다가 뜻밖의 물건을 떠올리게 되었죠. 바로 차 트렁크에 있던 '샤토 페트뤼스' 한 병이었습니다. 고객은 와인 한 병을 계산서와 함께 내밀었습니다.

"저… 이걸로 결제해도 될까요?"

직원은 당황했지만, 그 페트뤼스의 명성과 가치를 알고 있었기 때문에 곧바로 고개를 끄덕였습니다. 사실, 그 당시 페트뤼스는 이미 와인의 황제로 불릴 만큼 고급스러움의 대명사였습니다. 그 한 병이 수천 파운드에 달할 만큼 귀한 것이었죠.

결국, 그 고객은 차에서 꺼낸 와인 한 병으로 저녁값을 해결한 셈이었고, 이 이야기는 페트뤼스를 사랑하는 이들은 한 번쯤 들어봤을 흥미로운 사건으로 오늘날까지 회자 됩니다.

역사상 가장 큰 와인 사기 사건
_ 희대의 와인 사기꾼, 루디 쿠르니아완(Rudy Kurniawan)

[그의 사기 이야기는 넷플릭스에서 <사워 그레이프(Sour grape)>라는 다큐멘터리로 제작됐습니다.]

2000년대 초, 와인 경매 시장에서 루디 쿠르니아완(Rudy Kurniawan)이라는 한 남자가 주목받기 시작했습니다. 그는 고급 와인 애호가들 사이에서 빠르게 명성을 쌓으며, 그 누구도 의심할 여지 없이 진품 와인을 소유하고 있다는 이미지를 구축했습니다.

샤토 페트뤼스(Château Pétrus), 로마네-콩티(Romanée-Conti)와 같은 전설적인 빈티지 와인을 대량으로 소유하고 있다는 그의 컬렉션은 경매장에서 엄청난 가격에 거래되었고, 수많은 와인 수집가와 전문가들이 그의 안목과 재력에 감탄했습니다. 하지만 그 화려한 명성 뒤에는 상상조차 할 수 없는 정교한 사기극이 숨어 있었습니다.

쿠르니아완은 최신 와인에 오래된 와인 병과 레이블을 붙여 마치 수십 년 된 빈티지 와인처럼 위장했습니다. 또 어떤 것은 겉모습만 바꾼 것이 아니라, 내용물까지 조작해 오래된 와인의 맛과 향을 흉내 냈습니다. 그의 뛰어난 위조 실력 덕분에 많은 경매 하우스와 전문가들은 속수무책으로 속아 넘어갔습니다.

그는 이렇게 위조한 와인들을 경매에 출품해 엄청난 수익을 올렸습니다. 당시 경매 시장은 진품 인증 절차가 지금처럼 엄격하지 않았기 때문에 그의 와인이 진품인지를 의심하는 사람은 거의 없었습니다. 그러나 시간이 지나면서 일부 와인 전문가와 수집가들 사이에서 그가 출품한 와인에 대한 의심이 제기되기 시작했습니다. 특히 몇몇 샤토 페트뤼스 빈티지 와인의 출처와 상태가 미심쩍다는 의견이 나오면서 진실을 파헤치려는 움직임이 본격화되었습니다.

결정적인 전환점은 2012년에 찾아왔습니다. FBI와 법 집행 기관들은 쿠르니아완의 집과 사무실을 전격적으로 압수 수색을 했고, 그곳에서 수많은 위조된 와인과 레이블, 조작 도구들이 대거 발견되었습니다. 이를 통해 그의 사기 행위는 명백히 드러났고, 결국 그는 2013년에 체포되었으며 이듬해 10년형을 선고받았습니다. 이 사건은 전 세계 와인 업계에 커다란 충격을 안겨주었고, 와인 경매 시장의 불투명성과 진품 인증 시스템의 허점을 적나라하게 드러냈습니다.

쿠르니아완 사건 이후, 와인 경매 시장은 철저한 변화의 바람을 맞이했습니다. 경매 하우스와 수집가들은 그 어느 때보다 진품 인증 절차를 강화하게 되었고, 와인 거래에 있어 출처와 진위를 확인하는 새로운 기준과 장치들이 도입되었습니다. 이 사건은 전 세계 와인 시장의 신뢰와 투명성을 다시 세우는 계기가 되었습니다.

넷플릭스에서 제작된 다큐멘터리 <사워 그레이프(Sour Grape)>는 이 사기극의 전모를 생생하게 담아내며, 쿠르니아완의 치밀한 범죄 수법과 그로 인해 무너진 와인 업계의 신뢰를 고스란히 보여주었습니다. 루디 쿠르니아완 사건은 오늘날에도 와인 경매 역사에서 빼놓을 수 없는 교훈으로 남아, 진품 인증과 시장 투명성의 중요성을 끊임없이 일깨우고 있습니다.

에니어그램 7번 유형의 개요

'마음은 늘 여행 가방을 싼다.'
- 인생을 맛보는 열정가

에니어그램 7번 유형은 '머리 기반(center of head)'에 속합니다. 하지만 다른 머리 유형(5번, 6번)처럼 두려움이나 분석에 머무르기보다는, 그 두려움을 피하려고 즐거움과 자극을 끝없이 찾아 나섭니다. 마치 마음속에 **'다음엔 어디로 갈까?'** 라는 여행 가방이 늘 열려 있는 것처럼, 7번은 언제나 새로운 경험과 가능성을 찾습니다.

이들은 **삶을 하나의 '뷔페'로 봅니다.** 여행, 맛있는 음식, 와인, 책, 사람… 어느 것 하나 빠짐없이 다 맛보고 싶은 마음이 가득하죠. 단순히 '즐거움을 쫓는다'라기보다는, 즐거움 속에 인생의 의미가 있다고 믿습니다. 예를 들어, 친구들이 갑자기 '내일 떠나자!' 하고 제주도로 여행을 가자고 하면, 7번 유형은 망설임 없이 가방을 챙기며 이렇게 말할 겁니다.

'인생 뭐 있어? 이런 게 바로 행복이지!'

하지만 그 자유분방함 뒤에는 **'고통을 회피하려는 두려움'** 이 숨어 있습니다. 7번 유형은 불편한 감정이나 답답한 상황을 견디기 힘들어합니다. 누군가 **'가만히 앉아서 너의 슬픔을 느껴보라'** 라고 하면, 마음속에서 경고음이 울립니다.
'슬픔? 우울? 아니야, 그건 나랑 안 어울려. 다른 즐거운 걸 찾아야 해!'
그래서 이들은 바쁘게 움직입니다. 다음 약속, 다음 프로젝트, 다음 여행으로 스스로를 가득 채워 마음의 공허함을 덮어버리죠. 하지만 그 끝없는 일정 속에서 문득, 이렇게 속삭이는 내면의 목소리를 들을 때도 있습니다.

'이렇게 많이 움직이는데… 왜 마음은 더 허전하지?'

특히 자기 보존형 7번은 '**자원의 확보와 안전**'을 중요하게 생각합니다. 겉으로는 신나고 활기차 보이지만, 속으로는 꽤 **계산적이고 현실적**입니다. 이들은 사람과 기회를 연결해 '**나에게 유리한 환경**'을 만드는 데 능숙합니다. 예를 들어, 저녁 모임에서 이들은 은근슬쩍 분위기를 주도하면서도 좋은 정보를 챙깁니다. 마치 이렇게 생각하는 듯하죠.
'**내가 원하는 기회를 놓치면 안 돼. 지금 이 자리에서 뭔가 얻을 수 있을 거야.**'
게다가 '**좋은 것**'을 포기하지 못하는 욕구가 강합니다. 맛있는 음식, 좋은 와인, 재밌는 모임이 있다면, 절대 놓치지 않으려 하죠. 그 **열정이 긍정적으로 발휘되면 삶을 풍성하게 채우지만, 때로는 과도한 소비나 충동적 선택**으로 이어지기도 합니다.

7번 유형이 진짜로 자유로워지는 순간은 '**불편한 감정과 마주할 용기**'를 가질 때입니다.
한 번쯤 가만히 앉아 아무것도 하지 않고 내면의 두려움과 허전함을 바라보는 연습이 필요합니다. 처음에는 답답하고 심심할지 몰라도, 그 감정을 견디며 깊이 들어가면 그곳에서 오히려 진짜 만족과 평온을 만날 수 있습니다.

7번 유형에게 삶은 끝없는 모험입니다.
새로운 맛을 보고, 세상을 여행하고, 사람들과 즐겁게 웃는 순간, 이들은 누구보다 살아 있음을 느낍니다.
하지만 가장 큰 모험은 어쩌면 바깥이 아닌 **'자기 안의 깊이'**일지도 모릅니다.

'열정가는 인생을 맛보며 달리는 여행자지만, 진짜 자유는 멈춰서 내면의 진짜 감정을 마주할 때 온다.'

진짜 성장 _ 멈춤 속의 자유

그렇다면 7번 유형의 진짜 성장은 어디서 시작될까요?
그건 바로 끊임없이 '**재밌는 것**'을 찾아 떠나게 만드는 내면의 두려움과 **대화하는 것**에서 시작됩니다.
7번 유형의 마음속에는 언제나 이런 목소리가 있습니다.
'**가만히 있으면 지루하고 허전할 거야. 빨리 뭔가 재밌는 걸 찾아야 해.**'
'**이 감정을 느끼면 힘들어질 거야. 다른 즐거운 걸로 잊어버려.**'
이 목소리는 사실 7번을 괴롭히려는 게 아닙니다.
내면 깊은 곳에서 느껴지는 공허감이나 슬픔이 너무 무섭기 때문에, 그것으로부터 도망치게 하려는 '**보호자**' 같은 역할을 하는 것이죠.

하지만 진짜 성장의 열쇠는 그 목소리와 싸우는 것이 아니라, 따뜻하게 말을 걸어주는 것입니다.

'**그래, 네가 나를 힘든 감정에서 지켜주려고 하는 거 알아.**'
'**고마워. 하지만 이번엔 도망가지 않고, 그냥 이 마음을 느껴볼게.**'

이렇게 말할 수 있을 때, 7번 유형은 비로소 자극과 즐거움 없이도 괜찮은 자기 자신을 발견하기 시작합니다.
삶의 재미를 끝없이 쫓지 않아도 충분히 풍요롭고,
그 속에 깊이 있는 평온과 만족이 있다는 걸 깨닫게 됩니다. 7번 유형은 세상에서 누구보다 인생을 맛있게 즐길 줄 아는 사람들이지만, **진짜 자유는 끊임없는 모험이 아니라, 멈춰서 자기 마음 깊은 곳을 여행하는 순간에 찾아옵니다.**

"오디세이아(Odyssey)"로 보는 에니어그램 7번 유형의 상징적 이야기

에니어그램 7번 유형의 상징적 이야기 : 오디세우스와 아이올리아(Aeolus) 섬

트로이 전쟁이 끝난 후, 승리의 영광도 잠시, 오디세우스와 그의 일행은 끝없는 바다 위를 떠도는 긴 여정을 시작했습니다. 그들의 목표는 단 하나, 고향 이타카로 돌아가는 것이었습니다. 하지만 바다는 그들을 쉽사리 보내주지 않았습니다. 거센 풍랑과 예측할 수 없는 조류가 그들의 배를 사방으로 몰아쳤고, 마치 바다의 신들이 그들의 귀환을 시기라도 하는 듯 매 순간 위기가 닥쳤습니다.

그러던 어느 날, 오디세우스의 배는 마침내 한 신비로운 섬에 다다랐습니다. 그곳은 아이올리아 섬.
물 위에 마치 구름처럼 떠 있는 그 섬은 사방이 반짝이는 청동 성벽으로 둘러싸여 있었습니다. 그 광경은 경이로웠고, 그 위엄은 감히 침범할 수 없는 성역 같았습니다.

섬에는 바람의 지배자 아이올로스(Aeolus)가 살고 있었습니다. 그는 히포테스(Hippotes)의 아들로, 여섯 아들과 여섯 딸을 서로 짝지어 부부로 삼아 화목하고 평화로운 가정을 이루고 있었습니다. 아이올로스는 바다와 하늘을 넘나드는 모든 바람을 지배하는 힘을 가진 존재였습니다. 그의 손짓 하나에 폭풍이 사라지고, 그의 눈빛 하나에 잔잔한 순풍이 불어왔습니다.

오디세우스와 그의 일행이 섬에 도착했을 때, 아이올로스는 그들을 따뜻하게 맞이했습니다. 고단한 항해로 지친 그들에게는 한 달 동안의 평화로운 쉼이 주어졌습니다. 섬에서 보낸 시간은 오랜만에 찾아온 축복과도 같았습니다. 따뜻한 식사, 편안한 잠자리, 그리고 바람의 신이 직접 들려주는 바다의 이야기들. 모든 것이 마치 꿈결 같았죠.
그러나 오디세우스는 오래 머물 수 없다는 것을 알고 있었습니다. 그는 고향을 그리워했고, 다시 항해를 시작할 준비를 했습니다. 그때 아이올로스는 오디세우스에게 특별한 선물을 내어주었습니다. 그것은 가죽으로 만든 한 개의 부대였습니다.
'이 안에는 순풍을 제외한 모든 바람을 가두어 두었다. 네가 이 부대를 잘 지키기만 하면, 순풍이 너를 고향 이타카로 인도할 것이다.'
아이올로스는 그렇게 말하며 가죽부대의 입구를 단단히 묶어주었습니다. 오디세우스는 그 선물이 얼마나 소중한 것인지 알고 있었기에, 부대를 배의 깊숙한 곳에 감추어 두었습니다. 하지만 그 부대 안의 비밀을 선원들에게는 설명하지 않았습니다.
항해는 순조로웠습니다. 순풍이 불며 배는 마치 새가 날아가듯 매끄럽게 바다 위를 미끄러졌습니다. 고향 이타카가 코앞에 보이는 듯한 어느 날, 오디세우스는 며칠간 이어진 긴장과 피로에 결국 잠에 빠져들었습니다. 그 순간, 그의 일행은 의문을 품었습니다.

"저 가죽부대 안에 뭐가 들어 있을까?"
"보물이 아닐까? 금과 은, 아니면 신비한 약초일지도 몰라."

호기심과 탐욕은 그들의 손을 흔들리게 했습니다. 마침내, 누군가가 부대의 마개를 열어버렸습니다.

순식간에, 굉음과 함께 거센 바람들이 부대에서 폭발하듯 터져 나왔습니다. 마치 갇혀 있던 분노가 세상을 삼키려는 듯, 바람은 배를 집어삼켰고, 한 치 앞도 보이지 않는 폭풍이 몰아쳤습니다. 고향은 바로 눈앞이었지만, 그들은 다시 먼 바다로 휩쓸려 가고 말았습니다.

절망과 혼란 속에서 오디세우스는 깨어났습니다. 상황을 파악한 그는 분노와 실망으로 몸을 떨었지만, 이미 엎질러진 물을 되돌릴 수는 없었습니다. 그들은 다시 떠밀리듯 항해를 계속하다가, 결국 아이올리아 섬으로 되돌아왔습니다.

오디세우스는 다시 아이올로스를 찾아가 도움을 요청했습니다. 하지만 이번에는 이야기가 달랐습니다. 아이올로스는 그들을 매서운 눈빛으로 바라보며 말했습니다.

"신들이 너희를 버렸구나. 내 도움이 이제는 너희에게는 아무 소용이 없을 것이다. 너희는 불운한 자들이야. 떠나거라."

그 말과 함께 아이올로스는 더 이상의 도움을 거절했습니다.

오디세우스와 그의 일행은 다시 바다로 나아가야 했습니다. 고향은 여전히 멀고, 앞길에는 더 많은 시련이 기다리고 있었습니다. 그러나 이 사건은 오디세우스에게 중요한 교훈을 남겼습니다.
무모한 호기심과 통제하지 못한 욕망이 얼마나 큰 대가를 치르게 하는지를 말입니다.

이 이야기는 **자유와 욕망을 다스리는 법, 그리고 진정한 지혜가 무엇인지**에 대한 상징적인 메시지를 담고 있습니다.
오디세우스는 좌절 속에서도 다시 일어서야 했고, 그 여정 속에서 점점 더 깊고 강인한 존재로 변해갔습니다.

페트뤼스와 7번 유형의 열정: 쾌락과 기회, 그리고 사회적 지위까지

프랑스 보르도의 포므롤(Pomerol) 지역에서 태어난 와인 '페트뤼스(Pétrus)'는 전 세계 와인 애호가들에게 고급스러움의 절대 상징으로 불립니다. 한 잔을 마시는 순간, 그 사람의 삶의 질과 취향까지 드러나게 되는 것 같죠. 그런데 이 와인은 **'열정가'의 성향**을 그대로 비추는 거울과도 같습니다. 이제 이 페트뤼스를 통해 열정가의 세계로 들어가 보겠습니다.

1. 최고급 품질과 쾌락적 경험

페트뤼스는 포므롤의 언덕에서 자란 특별한 포도로 빚어집니다. 이 와인의 품질은 독특한 테루아(포도밭의 토양과 환경)와 엄격하고 섬세한 생산 관리에서 나옵니다. 19세기 중반부터 만들어진 이 와인은 메를로(Merlot) 품종 100%만으로 양조 되는데, 그만큼 깊고 부드러우며 진한 풍미가 살아 있습니다.

페트뤼스라는 이름에도 흥미로운 이야기가 숨어 있습니다. 이름은 그리스어 'Petros'(바위, 돌)에서 유래되었는데, 이는 예수의 12사도 중 한 명인 '베드로(Sanctus Petrus)'를 뜻합니다. 실제로 페트뤼스가 위치한 언덕의 이름인 '히로브 페트뤼스(Hirov Petrus)'와 초기 소유자의 이름 'Petrus'에서 비롯되었다고 합니다. 이름만으로도 견고함과 신뢰가 느껴지지 않나요?

이 와인을 한 모금 마시면 인생의 최고의 순간을 맛보는 듯한 **'쾌락적 경험'**을 선사합니다. 그와 더불어 열정가가 꿈꾸는 **'놓치고 싶지 않은 최고의 기회'**를 상징하는 것입니다.

페트뤼스 포도밭의 규모는 단 11.1헥타르에 불과합니다. 세계의 대형 와이너리들과 비교하면 한없이 작아 보이지만, 여기서는 그 작은 땅에 온갖 정성과 장인 정신을 쏟아붓습니다. 예를 들어, 한여름의 포도밭은 뜨거운 열기로 포도가 익어가는 과정이 까다로운데, 페트뤼스는 심지어 헬리콥터를 띄워 공기를 순환시키며 포도 온도를 조절하기도 합니다. 이 정도면 **'와인에 미친 집념'**이라고 불러도 될 만큼 철저하죠.

페트뤼스는 심지어 우주에서 숙성된 와인으로도 유명해졌습니다. 2019년 11월, 페트뤼스의 2000년 빈티지 와인 12병이 국제우주정거장(ISS)으로 보내져 무려 14개월 동안 우주에서 숙성되었습니다. 우주에서의 미세 중력과 독특한 환경이 와인에 어떤 변화를 줄까 하는 실험이었죠.
그리고 이 특별한 와인은 결국 지구로 돌아와 경매에 등장했는데, 거래 가격이 무려 11억 원에 달했습니다. 상상할 수 있나요? 이쯤 되면 페트뤼스는 예술 작품, 아니 그 이상의 '신화'라고 불러도 손색이 없습니다.

페트뤼스를 마시는 경험은 인생의 가장 빛나는 순간을 놓치지 않으려는 **열정가의 본능**과 맞닿아 있습니다.

'이 세상에서 가장 좋은 것, 가장 짜릿한 것, 가장 특별한 경험을 하고 싶다!'

페트뤼스 한 병은 그 욕망을 그대로 실현시켜 주는 '**쾌락과 기회의 상징**' 인 셈입니다.

2. 기회주의와 투자 가치

페트뤼스는 그 자체로 와인의 황제라고 할 수 있습니다. 생산량이 극히 제한되어 있으며, 시간이 흐를수록 그 가치가 높아지는 이 와인은, 마치 고귀한 보석처럼 희소성과 가치를 지니고 있습니다.
그 가치는 계속해서 상승하기 때문에 '열정가' 성향들이 가지는 '기회를 놓치지 않고 싶은 특징'을 잘 드러내는 상징적인 존재라고 할 수 있습니다.
열정가는 삶의 모든 순간을 기회로 보고, 그 기회를 어떻게 활용할지를 끊임없이 고민하는 사람들입니다. 자신이 좋아하는 일, 그리고 이익을 챙길 수 있는 방법을 빠르게 찾고, 기회를 놓치지 않으려 합니다. 페트뤼스는 그런 열정가의 특성을 그대로 반영합니다. 이 와인은 **고급 와인 경매**에서 매우 높은 가격으로 거래됩니다. 그만큼 **투자 가치**가 높아, 금융가들 사이에서 신뢰받는 투자 자산으로 평가받고 있습니다.
고유의 희소성 덕분에 페트뤼스는 마치 **기회의 열쇠**와도 같습니다. 이 와인을 손에 넣을 수 있다는 것은 단순한 소비가 아니라, **기회를 포착하고 그 가치를 극대화**하는 행동과도 일맥상통합니다. 이런 측면에서 페트뤼스는 열정가의 기회를 놓치지 않는 성향을 잘 드러내는 상징적인 존재라고 할 수 있습니다.

3. 사회적 지위와 네트워킹

페트뤼스는 와인 애호가들 사이에서 품질과 명성을 상징하는 존재일 뿐만 아니라, 사회적 지위와도 밀접하게 연결된 와인입니다. 페트뤼스는 1947년 영국 엘리자베스 공주의 결혼식에서 공식 와인으로 사용되었고, 1952년 대관식에서도 사용되었습니다. 이처럼, 페트뤼스는 사회적 상징으로서 그 존재감을 과시해왔습니다.

열정가는 비즈니스와 사회적 네트워킹에서 중요한 역할을 하며, 페트뤼스를 제공하거나 선물하는 것은 네트워크를 강화하는 데 도움을 줍니다 페트뤼스를 제공하거나 선물하는 것은 네트워크를 강화하고 영향력을 확대하는 수단이 될 수 있습니다. 페트뤼스는 그 자체로 강력한 사회적 지위의 표시가 되며, 이를 통해 명성을 쌓고 영향력을 넓히는 열정가의 모습을 엿볼 수 있습니다.

4. 페트뤼스의 진정한 매력: 블루클레이의 성질

샤토 페트뤼스는 최고급 와인이라는 타이틀만으로 설명할 수 없는 특별함을 지니고 있습니다.
그 비밀은 바로 포므롤(Pomerol) 지역의 심장부에 자리한 **블루클레이**

(Blue Clay)라는 독특한 토양에 숨어 있습니다. 이 블루클레이는 마치 와인 세계의 보물창고처럼, 페트뤼스를 **세상 어디에도 없는 독창적인 와인으로 만들어 주는 마법** 같은 요소입니다.

블루클레이 _ 와인의 마법을 빚어내는 땅

블루클레이는 포므롤 지역의 심장부에 자리잡고 있는 독특한 토양입니다. 이 지역의 점토 성분이 가득한 블루클레이는 와인의 품질을 좌우하는 숨은 주인공이라고 해도 과언이 아닙니다. 이 점토질 토양은 포도나무가 필요로 하는 영양분과 수분을 안정적으로 공급하는데, 그 능력이 실로 탁월합니다.

비가 오면 블루클레이는 스펀지처럼 물을 흡수해 땅속에 저장합니다. 그리고 날씨가 건조해지면, 마치 비밀 창고를 열듯 천천히 수분을 방출하여 포도나무가 목마르지 않게 도와줍니다. 덕분에 포도나무는 극심한 기후 변화에도 영향을 덜 받으며, 안정적으로 자라날 수 있습니다.

이렇게 '자연의 완벽한 물 조절기' 같은 블루클레이 덕분에 페트뤼스의 포도는 건강하고 균형 있게 자라나며, 그 맛과 향이 특별해지는 것입니다.

블루클레이가 빚어내는 깊이 있는 풍미

블루클레이에서 자란 포도는 그 자체로도 특별하지만, 와인으로 만들어졌을 때 그 진가가 발휘됩니다.

페트뤼스는 타르(Tar) 향, 미세한 철분 느낌, 트러플(truffle) 같은 고급스럽고 오묘한 향을 뿜어냅니다. 한 모금만 입에 머금어도 깊이 있는 풍미가 층층이 펼쳐지며, 마치 오케스트라가 연주하는 복잡하고 웅장한 하모니를 듣는 듯한 감각을 선사합니다.
이는 페트뤼스가 다른 와인들과 비교할 수 없을 만큼 독특함으로, 와인 애호가들이 평생 꿈꾸는 경험이자 고유한 매력입니다.

블루클레이와 에니어그램 7번 유형의 닮은꼴

에니어그램 7번 유형, 즉 열정가는 늘 새로운 자극과 즐거움을 찾아다니며, 삶을 다채롭고 풍요롭게 만들고자 합니다. 흥미로운 점은 블루클레이의 성질이 이런 열정가의 모습과 놀라울 만큼 닮았다는 것입니다.

블루클레이가 비가 오면 물을 저장하고, 가뭄에는 물을 풀어내어 자연의 변화에 유연하게 적응하듯, 열정가는 삶의 변화와 도전에 빠르게 적응하며 자신만의 길을 만들어나갑니다.

블루클레이가 와인에 깊이와 복합적인 풍미를 부여하듯, 열정가는 수많은 경험과 감정을 통해 내면의 깊이를 쌓아갑니다.

이처럼 블루클레이는 열정가가 추구하는 '풍부함과 다양성, 그리고 삶의 깊이'를 상징하는 완벽한 은유입니다.

페트뤼스 그 안에는 쾌락적인 즐거움, 기회주의적 가치, 사회적 지위가 모두 담겨 있습니다.

특히 블루클레이가 만들어내는 독보적인 풍미는 '**삶을 가장 풍요롭게 즐기고 싶다**'라는 열정가의 본능을 그대로 담아낸 듯합니다.

블루클레이와 페트뤼스의 조화는, **열정가가 자신의 경험을 통해 인생을 풍부하게 만드는 것**처럼, 와인 세계에서도 특별한 가치를 지니고 있습니다.

이병헌이 건넨 '1987 페트뤼스'… 탑(T.O.P) 군입대 전의 잊지 못할 선물

2017년, 가수 겸 배우 탑(T.O.P)이 입대를 앞두고 있을 때, 그의 인생에 오래도록 남을 잊지 못할 순간이 찾아왔습니다. 바로 배우 이병헌이 후배 탑을 위해 준비한 특별한 선물, 그건 '1987 샤토 페트뤼스'였습니다.
이 와인이 왜 특별했을까요?
1987년은 탑이 태어난 해입니다. 이병헌은 탑이 태어난 빈티지 와인을 골라 후배에게 건네며,
'너의 인생과 앞으로의 시간을 응원한다.'
라는 진심 어린 메시지를 담았습니다. 페트뤼스는 세계에서 가장 고귀하고 희귀한 와인 중 하나로 손꼽히며, 특히 **'태어난 해의 빈티지'는 인생의 시간을 상징하는 유산 같은 선물**로 여겨집니다.

'1987 페트뤼스' 이 해의 포도는 뛰어난 기후 조건 속에서 자라나 시간이 흐를수록 깊고 풍부한 풍미를 발휘하는 걸작으로 평가받습니다. 이병헌이 이 와인을 탑에게 건넨 것은, **'군 생활을 통해 더욱 단단하고 깊어진 사람이 되길 바란다'**라는 응원의 메시지를 전하고 싶었기 때문입니다.
탑에게 이 와인은 자신의 과거와 미래를 잇는 특별한 다리가 되었을 것입니다. **'너의 시간은 이 와인처럼 오래될수록 가치 있다'**라는 무언의 격려가 담긴 셈이죠.
태어난 해의 와인, 그 잊지 못할 감동
와인을 좋아하든 좋아하지 않든, 자신이 태어난 해의 와인을 선물받는 것

은 누구에게나 감동적인 경험입니다.
그해의 풍미와 향이 오롯이 담긴 한 병은 **인생의 시간을 기념하고, 지나온 순간을 되돌아보게 하는 특별한 상징**이 됩니다. 특히 '페트뤼스'처럼 한정된 수량으로만 생산되는 명품 와인은 그 의미가 더욱 깊습니다.

우정과 시간, 그리고 한 병의 와인
시간이 흐르면 와인은 더욱 깊어집니다.
이병헌과 탑의 우정도 그 와인처럼 시간이 지날수록 더 단단해지고 빛나는 의미를 지니게 되었을 것입니다.

또 다른 열정가

실버 오크(Silver Oak)
_ 나파밸리의 아이콘, 하나의 와인만을 향한 집념

1972년, 미국 캘리포니아 나파밸리 오크빌(Oakville) 지역에서 조용히 시작된 작은 와이너리가 있었습니다.
창립자 저스틴 마이어(Justin Meyer)와 오일 사업가 레이 던컨(Ray Duncan)은 오직 단 하나의 목표만을 품었습니다. 바로 카베르네 소비뇽(Cabernet Sauvignon) 한 품종에 모든 자원과 열정을 쏟아붓는 것이었습니다.

이듬해 첫 빈티지가 출시되었고, 1981년 오크빌에 본격적인 설비를 갖춘 나파밸리 와이너리가 문을 열었습니다. 1982년 첫 나파밸리 카베르네 소비뇽을 선보인 이후, 실버 오크는 28년 연속 완판 기록을 세우며 빠르게 명성을 얻었습니다

그러던 중 1980년대 후반, 다니엘 배런(Daniel Baron)은 도미누스 에스테이트(Dominus Estate)에서 와인 메이커로 경력을 쌓고 있었습니다. 그러던 중 한 통의 신문 광고가 그의 인생을 바꿔놓았습니다.
실버 오크의 공동 창립자 저스틴 마이어(Justin Meyer)가 그의 후계자로 다니엘 배런을 지명한 것입니다.

배런은 1994년 실버 오크의 두 번째 공식 와인 메이커로 합류했고, 이후 2001년 마이어의 은퇴까지 그의 곁에서 철저한 훈련을 받았습니다.

그는 실버 오크의 철학을 계승하는 동시에, 새로운 확장을 위해 투미 셀라스(Twomey Cellars)라는 세컨드 브랜드 설립을 이끌며 메를로(Merlot), 피노 누아(Pinot noir) 등 다양한 품종을 선보였습니다.

실버 오크는 원래 100% 카베르네 소비뇽만을 사용했지만, 1994년부터는 카베르네 프랑(Cabernet Franc), 메를로(Merlot), 쁘띠 베르도(Petit Verdot) 등이 포함된 블렌드로 변화를 주기 시작했습니다.
그러나 실버 오크만의 고유 철학인 미국산 오크통(American Oak)에서만 숙성하는 방식은 여전히 변하지 않았습니다.
배런은 와인 양조 과정에서 위생과 효율을 극대화한 스테인리스 설비를 도입했고, 2006년 화재 이후 새로운 설비를 친환경적으로 재건하며 실버 오크의 혁신을 이끌었습니다.

다니엘 배런은 이렇게 말하곤 했습니다.

"와인은 단순히 마시는 것이 아니라, 역사와 문화, 그리고 철학이 담긴 예술입니다."

그는 UC 데이비스(UC Davis)에서 와인 학 학사와 석사 학위를 받았으며,

프랑스 보르도에서
'샤토 페트뤼스(Château Pétrus)'에서 배운 경험을 바탕으로 과학과 예술을 결합한 독창적인 와인 철학을 발전시켰습니다.

그리고 2016년도 빈티지를 끝으로 Silver Oak 와 Twomey Cellars의 수석 와인 메이커에서 은퇴하였습니다.

웃음 속의 현실 도피 _ 필즈의 마지막 유머
(깃털보다 가벼운 7번 유형_자유로운 영혼)

미국의 전설적인 코미디언 W. C. 필즈가 병상에 누워있었습니다.
그의 가족들은 걱정스러운 얼굴로 침대 곁을 지키고 있었지요. 한겨울 뉴욕, 병실 창밖에서는 신문팔이 소년의 우렁찬 외침이 들려왔습니다.
"특보! 특보! 주식 시장 가격 하락!"
그 소리를 들은 필즈는 천천히 눈을 떴습니다.
숨을 고르며 가족들에게 손짓하더니, 가까이 오라는 신호를 보냈습니다.
가족들이 귀를 기울이자 그는 힘겹게 속삭였습니다.
"밖에 있는 그 불쌍한 아이들… 영양실조에 걸렸을지도 몰라. 제대로 된 옷도 못 입고 있겠지… 뭔가 조치를 취해야 해. 우리가 뭔가 해야 해…"
순간 가족들은 필즈가 마지막까지 타인을 걱정하는 깊은 마음을 드러낸 것 같아 눈시울이 붉어졌습니다.
하지만 바로 그때, 필즈는 잠시 눈을 감았다가 다시 힘겹게 뜨며 말했습니다.
"…다시 생각해보니, 그냥 신경 쓰지 마."
순간 병실은 웃음으로 가득 찼습니다. 필즈다운 마지막 유머였지요. 그는 끝까지 삶을 유머로 해석하고, 현실의 무거움을 웃음으로 날려버린 자유로운 영혼이었습니다.

현실 도피와 유머의 힘
필즈는 죽음이라는 무거운 상황에서도 현실을 가볍게 비틀어 유머로 전환했습니다. 밖에서 들려온 신문팔이 소년의 외침은 경제 불황과 삶의 고단함을 상징할 수 있지만, 그는 그 순간조차 웃음으로 가볍게 풀어낸 것입니다.
'세상이 힘들어도, 너무 진지하게 고민할 필요는 없어. 잠깐 웃자.'

슬픔이나 고통을 직면하기보다 유쾌하고 가벼운 에너지로 회피하는 에니어그램 7번 유형의 경향
'고민하느니 차라리 웃어넘기자'
라는 태도의 전형적인 예처럼 보입니다. 무거운 현실조차 '웃음 한 스푼'으로 녹여내는 것이죠.

겉으로는 '그냥 신경 쓰지 마'라고 말했지만, 그 이면에는 세상의 부조리와 무력감에 대한 풍자가 숨어 있습니다.
필즈는 마지막 순간까지 **'어차피 세상은 내 힘으로 다 바꿀 수 없다면, 웃고 넘기자'**라는 인생철학을 보여줍니다.

에니어그램 8 유형_____

어디선가 누군가에 무슨 일이 생기면
'주먹쥐고 일어서'

도전, 도전, 도전. 돌격 앞으로

복수의 화신 칭기즈칸 _ 천년의 인물로서의 역사적 의미와 평가

"인류 역사상 최고의 인물은 칭기즈칸(Genghis Khan), 최악의 인물은 히틀러(Adolf Hitler)"
[1995년 12월 31일 자 <워싱턴포스트>의 "서기 1000년부터 1995년까지의 역사상 최고와 최악의 인물 중에서]

칭기즈칸은 세계사에서 가장 복잡하고 강력한 인물 중 하나로, 그의 행동과 리더십은 에니어그램 8번 유형의 전형적인 특징을 보여줍니다. 에니어그램 8번 유형은 흔히 '**도전자(The Challenger)**'로 불리며, 힘과 통제를 중시하고 자신과 자신이 보호해야 할 대상을 지키기 위해 강력한 리더십을 발휘하는 성향을 가지고 있습니다. 칭기즈칸은 이러한 8번 유형의 특성을 극대화하여 세계를 뒤바꾼 인물로 자리매김했습니다. 그러나 동시에 그의 무차별적이고 잔인한 정복 방식은 논란의 대상이 되고 있습니다.

칭기즈칸은 8번 유형의 대표적인 특성인 '**강력한 의지**'와 '**지배력**'을 가지고 있었습니다. 그는 어린 시절부터 수많은 시련을 겪으며 자신을 단련했고, 가족과 부족의 생존을 위해 강력한 리더로 성장했습니다. 그의 아버지 예수게이(Yesügei)가 독살당하고, 자신은 부족에게 버림받은 후에도 그는 굴하지 않고 세력을 다시 모았습니다. 이러한 과정에서 그는 복수심을 주요 동기로 삼았으며, 아버지를 죽인 타타르(Tatar) 부족을 철저히 응징했고, 아내 보르테 카툰(Börte Khatun)이 납치되었을 때는 과감하게 적을 쳐서 그녀를 되찾아왔습니다. 이처럼 그는 강한 본능적 욕구에 충실하면서도 그것을 통해 자신의 권력과 영향력을 확장해 나갔습니다.

8번 유형의 또 다른 특징은 '**통제에 대한 욕구**'입니다. 칭기즈칸은 자신의 통제력과 영향력을 유지하기 위해 적국들을 완전히 무너뜨리고 복종하게 했습니다. 그의 정복 전쟁은 잔인하고 대규모 학살을 동반했으며, 그가 정벌한 많은 도시는 완전히 파괴되었습니다. 그러나 이러한 행동들은 단순한 폭력과 파괴를 넘어서, **그로서는 새로운 질서를 구축하고자 하는 강력한 의지의 표현이었습니다**. 그는 혼란스러운 세계를 자신의 통제 아래 두기 위해 무차별적인 수단을 썼고, 이는 많은 현대적인 관점에서 비판의 대상이 되기도 합니다.

그러나 칭기즈칸은 8번 유형이 가진 긍정적인 측면인 '**정의감**'과 '**보호자 역할**'을 통해 혁신적인 리더십을 발휘했습니다. 칭기즈칸은 **능력이 있다면 신분이나 출신과 관계없이 사람을 등용했으며**, 이를 통해 **전통적인 부족 사회의 경직된 구조를 뛰어넘는 통치 시스템을 구축했습니다**. 그는 **적이었던 사람이라도 능력을 인정하면 과감히 받아들이고, 신뢰를 잃은 자는 가차 없이 배척하는 방식을 통해 효율적인 통치 구조를 만들었습니다**. 이는 기존의 질서를 재편성하는 '**혁신적인 통치자**'로서의 면모를 보여주는 부분입니다. 그의 통치는 상대적 평화와 번영을 가져온 '**팍스 몽골리카(Pax Mongolica)**' **시대**로 이어졌으며, 이는 동서양 간의 교류와 무역을 활성화해 세계사적 변화를 이끌었습니다.

에니어그램 8번 유형은 종종 "세상을 통제하고 변화시키려는 강력한 욕망"을 지닌 인물로 묘사됩니다. 칭기즈칸은 이러한 욕망을 '전쟁과 정복'을 통해 구현했으며, 이를 통해 새로운 질서를 만들고 자신의 힘을 극대화했습니다. 그의 리더십은 강력하면서도 두려움 없는 태도로 권위를 행사하고, 자신이 세운 원칙에 따라 세계를 재구성하려는 시도를 보여줍니다. 동시에 그는 주변 사람들에게 깊은 충성심을 요구하며, 배신을 절대 용납하지 않았습니다. 이는 8번 유형이 가진 '강한 보호자 본능'과도 일맥상통합니다.

수많은 칭기즈칸의 이야기는 에니어그램 8번 유형의 전형적인 특성들을 극적으로 보여줍니다. 그는 강력한 통제와 리더십을 통해 자신의 세계를 구축했으며, 그 과정에서의 잔인함과 무차별적인 응징은 논란의 대상이 되고 있지만 <워싱턴포스트>가 그를 "천년의 인물"로 선정한 이유는 그의 정복이 가져온 세계사적 변화와 영향력 때문이 아닐까요?

뜨거운 피를 갖고 태어난 칭기즈칸은 전쟁과 정복만으로 그를 대표하는 전부가 아니라, 변화와 혁신의 상징으로서 오늘날에도 중요한 교훈을 기록하고 있습니다.

에니어그램 8번 유형의 개요

단단한 갑옷 속 순수한 심장

에니어그램 8번 유형은 '**도전하는 사람**', 혹은 '**보스(우두머리, boss)**'로 불립니다.
이들은 강한 리더십과 독립적인 기질을 타고난 사람들로, 자신과 주변을 보호하기 위해서라면 두려움 없이 앞장서 싸우는 전사의 에너지를 가지고 있습니다.
에니어그램에서 성격은 크게 머리(사고), 가슴(감정), 장(몸) 세 영역으로 나뉩니다. 그중 8번 유형은 '**몸 기반(body-based center)**'에 속하며, 분노·힘·통제라는 키워드와 밀접하게 연결되어 있습니다.
8번 유형은 세상을 마주할 때, **먼저 몸이 반응합니다.**
부당한 상황을 보면 분노가 일어나고, 그 분노는 곧 행동으로 이어집니다.
이들은 자신의 힘을 적극적으로 표현하고, 주도권을 잡아 약자를 보호하며 불의에 맞서려는 성향이 강합니다.
갈등을 피하지 않고, 오히려 정면으로 돌파하려는 기질 덕분에 때때로 직설적이고 과격하게 보일 수 있습니다.
8번 유형의 긍정적인 면은 분명합니다.
강력한 리더십, 결단력, 용기, 그리고 약자를 지키는 본능.
하지만 그 반대편에는 부정적인 면도 있습니다.
모든 것을 **통제하려는 집착**, 감정을 억누르려는 태도, 그리고 대립을 두려워하지 않는 성향이 때로는 관계에서 불편함과 갈등을 초래하기도 합니다.
이들은 자신의 약점을 드러내는 것을 두려워하고, 감정을 표현하지 않으며, 강인함 뒤에 숨어 상처받는 자신을 감추려는 경향이 있습니다.

'몸 기반의 장(腸, body-based center)'에 속하는 8번, 9번, 1번 유형의 사람들은 **분노와 통제를 다루는 방식이 특징적**입니다.
다른 장 유형들과 비교했을 때, **8번 유형은 분노를 억누르지 않습니다.**
그들은 오히려 분노를 힘의 에너지로 전환하여 상황을 직접적으로 움직이려 합니다.
반면 **9번 유형은 분노를 억제하고, 조용한 저항으로 힘**을 발휘합니다.
1번 유형은 분노가 '나쁘다'라고 느껴서 억누르다가 결국 원망의 형태로 분출합니다.

이에 비해 8번 유형은 직선적이고 강하게 분노를 표현합니다.
그 분노가 과도해 보일 수 있지만, **사실은 세상을 바꾸고자 하는 열정의 다른 얼굴**입니다.
8번 유형은 강한 정의감, 독립성, 갈등을 두려워하지 않는 용기, 감정 억제 성향 등을 특징으로 합니다.
그들의 존재는 강력한 에너지를 뿜어내며, **다른 사람들이 자신을 '위협적'으로 느끼는 이유를 잘 이해하지 못할 때가 많습니다.**

8번 유형은 일부러 두려움을 주려는 것이 아니라, 그들의 존재 자체가 힘과 강인함을 상징하기 때문입니다.

8번 유형은 약점과 취약성을 인정하기보다 부정하고, **'두려움이 없는 강함'** 속에서 안정감을 찾으려 합니다.
자신의 본능적 욕구를 숨기지 않고 솔직하게 표현하지만, 그것이 잘 풀리지 않을 때는 강하게 맞서거나 저항하는 모습을 보이기도 합니다.
그들이 강하게 행동하는 이유는 단순히 지배하려는 욕심 때문이 아니라, 스스로를 더 멋지고 강한 존재로 보이고 싶어 하는 마음이 숨어 있기 때문입니다.
그러나 건강한 8번 유형은 자신이 가진 강인함을 넘어섭니다.
타인의 의견을 존중하고, 약한 모습을 인정하며, 도움을 받아들일 때 진정한 리더십이 발휘됩니다.
이들은 힘으로만 세상을 바꾸는 사람이 아니라, 사랑과 보호의 에너지를 가진 따뜻한 방패가 됩니다.

8번 유형의 본능적 성향은 프로이트(Sigmund Freud)의 '이드(Id)', 그리고 융(Carl Gustav Jung)의 '리비도(Libido)' 개념과 맞닿아 있습니다.
예를 들어, 아이가 배고프면
"지금 당장 먹고 싶어!"
라고 울잖아요? 이처럼 **이드는 참지 못하고 바로 충족을 요구하는 원초적인 힘**이에요.

8번 유형도 비슷합니다. 마음속에 뭔가 하고 싶은 욕구가 생기면, 머리로 계산하기보다 바로 행동으로 옮깁니다.
"지금 해야 해, 멈추면 안 돼!"
라는 에너지가 강하게 솟아오르거든요.
또, 융의 **'리비도(Libido)'는 우리를 앞으로 나아가게 하는 동력, 즉 모든 욕망과 추진력을 묶은 큰 에너지**입니다.
8번 유형은 이 리비도의 에너지를 거침없이 쓰는 사람들이에요. **마치 야생마가 들판을 힘차게 달리듯, 하고 싶은 일에 에너지를 몰아붙이고 멈추지 않으려는 힘이 있습니다.**

또 다른 예를 들면, 학교 운동장에서 아이들이 축구를 할 때를 상상해볼까요?
8번 유형은
'누가 제일 강하고 주도권을 쥐고 있는지'
를 바로 파악합니다.
'이 팀에서 누가 주장이지? 누가 제일 잘해?'
이런 식으로요.
그들은 강한 사람에게 끌리거나, 스스로가 강한 사람 쪽에 서야 한다고 생각합니다. 왜냐하면 약한 쪽에 서면 **상처받거나 통제당할까 봐 본능적으로 두려워하기 때문이에요.**

8번 유형은 상황을 직접 손에 쥐고 있어야 안심합니다.
여행을 떠날 때, 모든 계획을 다른 사람에게 맡기면 불안해질 수 있어요.

'혹시 잘못되면 어쩌지? 내가 직접 확인해야 안심이 돼.'
이런 마음이 드는 거죠.
세세한 것에는 관심이 없으면서도, 큰 그림이나 주도권은 꼭 자신이 쥐고 있어야 편안함을 느끼는 이유입니다.

8번 유형은 자신의 본능과 힘을 숨기지 않습니다.
오히려 **문제를 정면으로 맞서 해결하고, 솔직하게 표현하며, 직선적으로 나아갑니다.**
그들의 단단한 에너지는 때로는 폭풍처럼 거칠지만, 그 속에 있는 진짜 마음은 순수하고 따뜻합니다.

진짜 성장 _ 단단한 갑옷을 벗고 마음을 보여줄 때

그렇다면 8번 유형의 진짜 성장은 어디서 시작될까요?
그것은 바로 '**모든 것을 내가 지배해야 한다**'라는 생각을 내려놓는 순간부터입니다.
강함만이 자신을 지킬 수 있다고 믿었던 마음을 풀고,
다른 사람을 신뢰하며 도움을 받아들이는 것에서 진짜 리더십이 자랍니다.

'그래, 나 혼자 다 하지 않아도 괜찮아.'
'조금 약해져도 나는 여전히 사랑받을 수 있어.'

이렇게 말할 수 있을 때, 8번 유형은 힘으로만 세상을 움직이는 사람이 아니라,
부드러움과 용기를 함께 가진 따뜻한 리더로 거듭납니다.
진정한 힘은 약점을 숨기는 데 있지 않습니다.
오히려 약한 자신도 포용하고, 그 속에서 진짜 용기를 찾을 때
더 큰 자유와 사랑을 경험합니다.

8번 유형은 스스로 얼마나 '**강해야 한다**'라는 생각에 갇혀 있는지 잘 모를 때가 많습니다.
그래서 첫 연습은 자신을 있는 그대로 지켜보는 것입니다.

'지금 나는 왜 이렇게 강하게 밀어붙이고 있지?'
'혹시 내 약한 마음을 감추기 위해 그러는 건 아닐까?'

외부 권위에 반발하거나, 모든 걸 내 힘으로 하려 하거나,
누군가에게 의지하는 걸 두려워하는 순간을 포착해보는 것이 성장의 시작입니다.

다음은 마음의 부드러운 목소리를 들어보기입니다.

'화가 나는 건 사실 두려워서야.'
'강한 척하는 건, 속으로는 인정받고 싶어서야.'

이렇게 내 마음의 목소리를 들어줄 때,

비로소 힘과 통제를 내려놓아도

나는 여전히 사랑받고 있는 존재라는 사실을 깨닫게 됩니다.

"오디세이아(Odyssey)"로 보는 에니어그램 5번 유형의 상징적 이야기

에니어그램 8번의 상징적 이야기 _ 사이클롭스(외눈박이 거인) 폴리페모스(Cyclops Polyphemus).

푸른 바람이 끝없이 불어오는 바다.
트로이 전쟁에서 수많은 영광과 피를 맛본 오디세우스와 그의 부하들이, 피곤한 항해 끝에 낯선 섬에 도착합니다.
"식량과 물을 찾아보자. 저 섬은 아무도 살지 않는 듯 고요하군."
하지만 그 고요함 뒤에는 거대한 힘의 그림자가 도사리고 있었습니다.
그들이 발을 디딘 섬은 사이클롭스.
이마 한가운데에 커다란 눈을 가진 거인들의 땅이었습니다.

오디세우스와 부하들은 식량을 찾아 들어간 커다란 동굴에서 향긋한 치즈, 양과 염소를 발견합니다.
"신께서 내려주신 행운인가?"
그들은 그곳에서 잠시 음식을 나누며 휴식을 취하지만, 곧 바람이 멎고 어둠처럼 무거운 기척이 다가옵니다.

"누구냐?"
천둥 같은 목소리와 함께, 동굴 입구를 막아버릴 만큼 거대한 실루엣이 나타납니다.

사이클롭스 폴리페모스(Cyclops Polyphemus).
피부는 바위처럼 거칠고, 외눈은 마치 분노를 품은 불덩이처럼 빛납니다.
순식간에 분위기는 바뀝니다.
폴리페모스는 오디세우스의 부하 중 한 명을 손가락으로 집어 들더니,
"작고 약한 것들이 감히 내 동굴을 더럽히다니."
한입에 삼켜버립니다.
피비린내와 비명이 동굴을 메우자, 부하들은 공포로 떨며 오디세우스를 바라봅니다.

그 앞에서 무력한 인간은 그저 사냥감일 뿐.
오디세우스는 깨닫습니다.
"힘으로 맞서면 죽는다. 이 거인을 꺾으려면 머리를 써야 해."
오디세우스는 곧장 술을 꺼내 폴리페모스에게 건넵니다.
"거인이시여, 신의 음료를 맛보시겠습니까?"
폴리페모스는 호기심에 술을 들이켜며 점점 얼굴이 붉게 물들고, 거대한 몸이 느릿하게 흔들립니다.
"네 이름은 무엇이냐?"
"아무도(노바디, Nobody)라 하옵니다."
"하하하! 이상한 이름이군. 아무도… 너는 재미있다!"
술에 취해 잠든 폴리페모스를 바라보며, 오디세우스의 눈빛이 매서워집니다.
그들은 불에 달군 나무 창을 들어, 그 거대한 외눈을 향해 힘껏 찌릅니다.
"으아아아아악!!!"

동굴은 폴리페모스의 괴성으로 무너질 듯 흔들립니다.

폴리페모스는 고통 속에 울부짖으며, 이웃한 다른 사이클롭스들에게 도움을 청합니다.
"아무도가 내 눈을 멀게 했다!!"

이 소리를 들은 사이클롭스들
"아무도 널 공격하지 않았다면, 신벌이겠지!"
라고 생각해 돌아서고, 폴리페모스는 홀로 분노 속에 몸부림칩니다.

오디세우스는 부하들과 함께 양들의 배 밑에 매달려, 조심스레 동굴을 빠져나옵니다.
'약자가 살아남는 길은 힘이 아니라 지혜다.'

하지만 마지막 순간, 오디세우스는 참지 못하고 외칩니다.
"나는 오디세우스다! 이 눈먼 거인을 속인 자, 바로 나다!"
자존심과 승리의 쾌감이 그를 지배했습니다.

분노한 폴리페모스는 하늘을 향해 포효하며 기도합니다.
"아버지 포세이돈이시여! 이 오만한 자가 집으로 돌아가는 길에 고통을 겪게 하소서!"
그 순간부터 오디세우스의 여정은 더욱 험난해지고, 그의 자만심은 뼈아

픈 대가로 돌아옵니다.

폴리페모스는 힘과 통제의 화신, 바로 에니어그램 8번의 그림자입니다. 그의 압도적인 존재감은 타인을 지배하고 제압할 수 있었지만, 자신의 취약함을 받아들이지 못한 교만이 결국 그를 파멸로 이끌었습니다.
반대로 오디세우스는 지혜와 전략으로 8번 유형의 거친 힘을 넘어섰으나, 승리에 도취하여 자신의 이름을 드러낸 순간 또 다른 교만의 덫에 걸렸습니다.
그 결과 그의 귀향길은 10년 동안의 고난과 시련으로 이어졌습니다.

존재감 그 자체 마르케스 데 무리에타,

"많으면 많이 주고, 적으면 조금 주되 항상 주라"
[마르케스 데 무리에타 기본 이념_홈페이지 참조]

이 한마디가 마르케스 데 무리에타(Marqués de Murrieta)의 철학이자 정신을 꿰뚫는 말입니다.

이번장에서 소개해드릴 와인은 스페인(Spain) 최고의 와이너리이자 글로벌 최고 와인 브랜드 **마르케스 데 무리에타**입니다. 스페인 북동쪽 리오하(Rioja) 지역의 전설적인 포도밭 이가이(Castillo Ygay)에서 탄생한 2010년 빈티지(Vintage) '**마르케스 데 무리에타, 카스틸로 이가이 그랑 리제르바 에스페시알(Marques de Murrieta, Castillo Ygay Gran Reserva Especial)**'은 2020년 와인 스펙테이터(Wine Spectator) TOP 100 리스트에서 세계 1위라는 영예를 차지했습니다.

스페인 와인 현대화의 아버지, 루치아노 무리에타(Luciano de Murrieta)

모든 시작은 한 남자의 집념에서 비롯됩니다.

루치아노 프란시스코 라몬 데 무리에타 가르시아 레모인(Luciano Francisco Ramón de Murrieta García Lemoine). 그는 원래 군인이었습니다. 그러나 스페인 내란이 발발하자 정치적 혼란을 피해 프랑스로 피신하게 됩니다. 당시 많은 정치인과 귀족들이 프랑스로 피신했지만, 루치아노에게 이 망명은 인생의 전환점이 됩니다.

그가 도착한 곳은 프랑스 보르도. 유서 깊은 와인 명가들의 양조 방식과 철학을 직접 목격하면서, 그는 그 화려하고 섬세한 세계에 매혹되었습니다.

'보르도 와인은 왜 이렇게 세계적인 명성을 얻었을까?'

그는 집요하게 그 비밀을 탐구했고, 그 배움은 훗날 스페인 와인 역사의 한 획을 긋는 혁신으로 이어지게 됩니다.

프랑스에서의 배움을 안고 스페인으로 돌아온 루치아노는 포도밭을 소유한 귀족 듀케 데 라 빅토리아(Duque de la Victoria) 가문과 혼인하며 새로운 삶의 기반을 마련합니다. 그러나 그는 군인의 길로 돌아가지 않았습니다. 보르도에서 배운 양조 기술로 진정한 와인을 만들겠다는 열정이 그의 심장을 움직였기 때문입니다.

당시 스페인 리오하 지역 와인의 가장 큰 문제는 '보관'이었습니다. 와인은 주로 돼지가죽으로 만든 **'보라차(Borracha)'**에 저장되었는데, 이 방식은 와인이 금세 변질하게 했습니다. 루치아노는 이 현실을 깨뜨리고자 프랑스에서 배운 **오크통 숙성 방식을 도입**했습니다.
이 새로운 방법은 와인의 보존력과 풍미를 혁신적으로 향상시켰습니다. 1852년, 그는 자신의 와인을 처음으로 쿠바와 베네수엘라에 수출하며 시험대에 올렸습니다.
며칠 후 쿠바에서 돌아온 소식은 뜨거웠습니다.
'지금껏 경험하지 못한 스페인 와인이 도착했다!'
그의 실험은 완벽히 성공했고, 루치아노는 스페인 와인의 새로운 지평을 연 개척자가 되었습니다.

그의 업적은 곧 왕실의 눈에도 들어왔습니다. 1871년, 스페인 국왕 아마데오 데 사보야(Amadeo de Saboya)는 루치아노에게 **후작(Marqués) 작위를 수여**합니다. 루치아노는 이를 기념해 자신의 **와이너리 이름을 '마르케스 데 무리에타(Marqués de Murrieta)'로 바꾸며 명실공히 리오하의 상징이 됩니다.**
1877년, 그는 **리오하의 전설적인 포도밭 '핀카 이가이(Finca Ygay)'를 매입합니다.** 그리고 보르도의 양조장(Château)을 모델로 한 대규모 와이너리를 건립하고, 그 이름을 **'까스띠요 이가이(Castillo Ygay)'**라 붙입니다. 당시 리오하에서는 상상할 수 없는 규모와 혁신이었고, 이는 그가 만들어갈 전설의 초석이 됩니다.

19세기 후반, 프랑스는 악명 높은 **필록세라(Phylloxera)** 전염병으로 와인 산업이 초토화됩니다. 포도나무 뿌리를 파괴하는 미세한 해충은 프랑스 전역의 포도밭을 황폐화시켰고, 프랑스 와인 시장은 급격히 추락했습니다.
이때 리오하가 빛을 발합니다.
보르도와 지리적으로 가까운 리오하는 **프랑스 와인의 대체지로 주목**받았고, **보르도 스타일의 품질 좋은 와인**을 만들 수 있는 곳으로 인정받습니다. 루치아노의 마르케스 데 무리에타 역시 이 흐름을 타고 급성장하며 리오하 와인의 아이콘이 되었습니다.

그러나 **1911년, 루치아노는 자식 없이 세상을 떠납니다. 와이너리는 그의 조카 호세 마누엘 데 올리바레스 이 브루게라(José Manuel de Olivares y Bruguera)에게 상속되었고, 이후 1983년까지 가문이 운영을 이어갑니다.** 하지만 시대가 변하면서 와이너리는 점점 활력을 잃고 쇠락의 길로 접어듭니다.

전환점은 1983년에 찾아옵니다.
갈리시아 지방 리아스 바이사스(Rías Baixas)에서 포도밭을 소유하고 있던 **크레이셀 백작 빈센테 세브리안-사가리가(D. Vicente Cebrián-Sagarriga)**가 마르케스 데 무리에타를 인수하면서 대대적인 혁신이 시작됩니다. 백작의 과감한 투자는 와이너리에 새로운 숨결을 불어 넣으며 다시금 황금기를 열었습니다.
그러나 기쁨도 잠시, **빈센테는 인수 후 몇 년 만에 47세의 젊은 나이에 심장마비로 세상을 떠납니다.**

빈센테의 아들 빈센테 달마우(Vicente Dalmau)는 당시 겨우 19세.
아버지의 갑작스러운 죽음은 그에게 막대한 책임을 남겼습니다.
그러나 그는 두려워하지 않았습니다.
어린 시절부터 아버지에게 국제 마케팅과 와이너리 경영을 배웠던 그는, 그 배움을 토대로 와이너리를 이어가기로 결심합니다.
빈센테는 세계 각국을 돌며 와인의 흐름과 시장 변화를 직접 체험했고, 이를 토대로 자신만의 전략을 세웁니다. 당시 리오하의 전통적인 방식 대신, 다른 지역—특히 **리베라 델 두에로(Ribera del Duero)**—의 현대적인 스타일이 국제적 인기를 끌고 있었습니다. 보르도에서는 **새 오크통을 사용해 타닌이 강하고 단단한 와인이 유행**하고 있었죠.
하지만 그는 유행에 휩쓸리지 않았습니다.
대신, 자신들만의 독창적 스타일을 지키기로 합니다. 그리고 그 결실이 바로 '**달마우(Dalmau)**'입니다.

달마우는 빈센테 달마우 자신의 이름을 걸고 만든 와인입니다.
미국산 오크통에서 숙성해 부드럽고 라운드한 바닐라 향을 품은 달마우는 기존 리오하 스타일과는 전혀 다른 혁신이었습니다.
리오하 DOC 법에 따르면 카베르네 소비뇽(Cabernet Sauvignon)의 사용은 금지되어 있지만, 마르케스 데 무리에타는 19세기부터 이미 소유하고 가꿔온 카베르네 소비뇽밭 덕분에 15%까지 블렌딩이 허용되었습니다. 그 결과 달마우는 템프라니요(Tempranillo) 86%, 카베르네 소비뇽 10%, 그라시아노(Graciano) 4%로 블렌딩 된 '**슈퍼 리오한(Super Riojan)**'으로 불리며 세계적인 찬사를 얻게 됩니다.

마르케스 데 무리에타는 세월과 도전, 열정과 혁신이 빚어낸 살아 있는 전설입니다.

왜
카스틸로 이가이 그랑 리제르바는 8번의 ♀
그리고 달마우 리제르바는 8번의 ♂
_ 같지만 다른, 리오하의 해님과 달님

마르케스 데 무리에타의 두 대표 와인, 카스틸로 이가이(Castillo Ygay)와 달마우(Dalmau)는 마치 서로를 비추는 해님과 달님 같고, 닮았지만 전혀 다른 개성을 지닌 이란성 쌍둥이 같습니다. 둘 다 리오하의 품격과 힘을 상징하지만, 한쪽은 **우아하고 섬세한 여성적인 에너지**를, 다른 한쪽은 **강인하고 묵직한 남성적인 에너지**를 발산합니다.

♀ 카스틸로 이가이는 고령의 템프라니요에서 나오는 섬세함과 우아함이 특징입니다. 반면, ♂ 달마우는 10%의 카베르네 소비뇽이 선사하는 시원한 검은 과실 향과 강력한 힘이 장점입니다. 이 와인은 과일, 허브, 스파이스, 오크의 강렬한 향이 어우러져 직관적으로 풀바디(Full bodied)함을 느낄 수 있는 복합적인 팔레트를 자랑합니다. 특히, 진한 포도 사탕을 연상시킬 정도로 달콤하게 농축된 검붉은 베리 향이 가득 담겨 있습니다. 고목 카베르네 소비뇽 한 그루당 약 한 병 정도의 달마우를 생산할 수 있으며, 빈센트 달마우가 지금까지 겪어온 역경의 삶을 반영하는 강인하고 인상적인 와인입니다.

♀ 카스틸로 이가이 – 리오하의 여왕

카스틸로 이가이는 스페인 리오하를 상징하는 아이콘이자, 시간과 전통을 초월한 여왕 같은 존재입니다. 1877년 첫 빈티지 이후 오직 뛰어난 해에만 출시되어 지금까지 단 53개의 빈티지만 세상에 나왔습니다. 크리스티 경매에서 수집가들의 주요 표적이 되는 우량주 와인으로, 세대를 거듭해도 변치 않는 명성과 가치를 지니고 있습니다.

이가이는 리오하의 심장부 핀카 이가이(Finca Ygay) 포도밭 중 해발 485고지에 자리한 라 플라나(La Plana) 단일 포도밭에서 태어납니다. 품종은 **템프라니요(Tempranillo) 81%**와 **마수엘로(카리냥:Carignan_프랑스, Mazuelo) 19%**가 절묘하게 블렌딩 돼 있으며, 이 와인의 생산 방식과 특성은 강인하면서도 육감적이고 자기 주도적인 성격이 와인에 그대로 반영되는 것을 알 수 있습니다.

주요 품종인 **템프라니요는 풍부한 과일 향과 부드러운 타닌**이 특징입니다. 체리, 자두, 블랙베리와 같은 과일 향을 지니며, 오크 숙성을 통해 복합적인 향과 깊이를 더합니다. 중간 정도의 타닌과 적당한 산도를 제공하여 균형 잡힌 구조를 형성합니다. 반면, **마수엘로는 강한 타닌과 높은 산도**를 지니며, 블랙베리, 블루베리 같은 짙은 과일 향과 스파이시(spicy: 향신료, 양념이 강한)한 뉘앙스를 더합니다. 이 품종은 와인에 구조적 힘과 신선함을 더하고, 숙성 과정에서 깊고 복합적인 맛을 만들어냅니다.

수확은 100% 수작업으로 진행되며, 수확된 포도는 포도 줄기를 제거하는 과정을 거친 후 부드럽게 파쇄되어 스테인리스 스틸 탱크로 옮겨집니다. 발효는 약 11일 동안 진행되며, 와인의 맛과 향을 최대한 추출하기 위해 두 가지 방법이 사용됩니다. 하나는 (**펌핑 오버 : pumping over**)-발효 탱크 위로 와인을 퍼 올려 포도 껍질과 잘 섞이게 하는 것-이고, 다른 하나는 (**펀칭 다운 : punching down**)-포도 껍질이 위로 떠 오르면 눌러서 다시 와인과 섞이게 하는 것-입니다. 이 과정은 **본능적이고 강력한 추진력을 와인에 담아내듯, 강렬한 에너지**를 부여합니다. 숙성 과정에서는 미국산과 프랑스산 오크에서 26개월 동안 진행되며, 이로 인해 와인은 더욱 강렬한 맛과 복합성을 드러냅니다. 오랜 숙성 동안 깊이와 풍미를 더욱 발전시키며, 결단력과 강인함이 와인의 깊이와 풍미 속에 스며듭니다.

까스띠요 이가이는 결단력과 우아함을 동시에 품은 여왕 같은 와인입니다. 오랜 숙성에도 흔들림 없이 견고함을 유지하면서도, 그 속에서는 한없이 섬세하고 부드러운 결을 드러냅니다.
마치 성숙한 여성이 걸어온 시간과 경험을 고스란히 품고 있는 듯, 한 모금마다 깊은 이야기가 피어납니다.

그 풍미는 강렬하지만 거칠지는 않습니다. 남성적인 힘과는 결이 다른, 여성적인 섬세함과 관능적인 우아함이 고요하게 흐릅니다. 높은 고도에서 자생적으로 발휘되는 에니어그램 8번의 에너지—강인하고 자기 주도적인 힘—가 와인 속에 깊숙이 스며들어, 한 번 마주하면 쉽게 잊을 수 없는 인상을 남기죠.

까스띠요 이가이는 이렇게 소개됩니다

'리오하의 위대한 우아함과 강인한 생명력으로 역사를 써 내려가는, 잊지 못할 품격의 와인 – 까스띠요 이가이.'

⚜ 달마우 - 리오하의 전사

달마우는 현대 리오하를 상징하는 새로운 아이콘이자, 강인한 남성적 에너지를 품은 와인입니다.

소유주 빈센테 달마우(Vicente Dalmau)의 이름을 그대로 따온 이 와인은 그의 삶과 철학을 투영한 존재입니다. 1994년 첫 빈티지 이후, 달마우는 '리오하의 혁신'으로 불리며 기존의 틀을 깨는 강렬한 스타일로 주목받아 왔습니다.

그 탄생지는 해발 465 에 자리한 카나자스(Canajas) 싱글 빈야드. 자갈이 많은 겉흙과 점토-백악질이 혼합된 토양은 배수와 온도 조절, 영양소 공급이 탁월해 포도가 최상의 성숙도를 이루도록 돕습니다.

이 땅에서 자란 포도는 강한 햇빛과 낮은 밤 기온을 견디며 놀라운 밀도와 에너지를 품어냅니다.

달마우는 템프라니요, 카베르네 소비뇽, 그리고 그라시아노(Graciano)의 조합으로 태어납니다.

템프라니요가 선사하는 부드러운 과일 풍미에, 카베르네 소비뇽이 전해주는 시원한 검은 과실 향과 단단한 구조가 힘을 더하고, 그라시아노가 날카로운 산도와 스파이시한 뉘앙스를 덧입히며 전체를 완벽히 균형 잡습니다.

그중 카베르네 소비뇽(10~15%)이 선사하는 강력한 힘이 장점입니다.

한 모금만으로도 풀바디의 깊은 에너지가 직관적으로 느껴지며, 마치 검붉은 포도 사탕이 농축된 듯 달콤하고 관능적인 블랙베리와 카시스 향이 터져 나옵니다.
고목 카베르네 소비뇽 한 그루에서 단 한 병이 만들어질 만큼 귀하고 치밀하게 생산됩니다.

이 와인에는 소유주 빈센테 달마우가 살아온 궤적—어린 나이에 가업을 이어야 했던 압도적인 책임감, 그리고 역경 속에서도 꺾이지 않은 의지가 고스란히 스며 있습니다.
달마우는 바로 그의 강인한 정신을 담은 '**리오하의 전사**'입니다.

알코올 도수는 14.5%로, 오늘날 레드와인의 평균 도수(13~15%)보다 높은 편입니다. 포도는 100% 손으로 직접 수확되며, 수확된 포도는 작은 바구니에 담겨 가능한 한 빠르게 와이너리로 운반됩니다. 보통 수확은 그라시아노 → 템프라니요 → 카베르네 소비뇽 순서로 이루어집니다.
포도 줄기를 제거한 뒤, 각각의 품종은 바로 발효 과정에 들어갑니다. 발효는 약 11일 동안 진행되며, 템프라니요는 스테인리스 스틸 탱크에서, 그라시아노와 카베르네 소비뇽은 작은 오크통에서 발효됩니다.
발효 과정에서는 두 가지 강렬한 기법이 활용됩니다.
펌핑 오버(pumping over)-발효 중인 와인을 포도 껍질 위로 계속 퍼 올려 붓는 방법-로, 향과 색을 최대한 끌어올립니다.
데레스따주(Délestage)-발효가 끝난 와인을 다른 통으로 옮겼다가 다시 원래 통으로 붓는 과정-을 반복하여 껍질과 와인이 더욱 깊게 접촉하도록 합니다.
특히, 작은 오크통에서 발효하는 방식은 와인과 나무의 접촉을 극대화해, 오크의 은은한 풍미와 깊은 향이 와인 속에 자연스럽게 녹아들도록 합니다. 11일간의 발효가 끝나면 와인은 신선함과 순수한 과일 풍미를 그대로 지닌 채 프렌치 오크통으로 옮겨집니다. 이후 20개월 동안 숙성되며, 이 과정에서 와인은 한층 더 단단한 구조와 관능적이고 농밀한 풍미를 완벽하게 갖추게 됩니다.

달마우는 입안에 닿는 순간 **터질 듯한 근육질의 파워**가 느껴집니다.

짙고 농밀한 자두와 건포도의 깊은 단맛, 발사믹(Balsamic)의 감칠맛, 그리고 뒤이어 치고 들어오는 매콤한 스파이스가 혀끝을 자극합니다. 이어 은은한 민트와 정향의 긴 여운이 남아 감각을 부드럽게 마무리 짓습니다. 한 모금마다 그 힘과 농도가 느리게 풀리며, 마치 심장을 두드리는 드럼비트처럼 잊히지 않는 인상을 남깁니다.

이 와인은 마치 잘 차려입은 연인이 식탁 맞은편에서 느긋하게 고기 한 조각을 먹으며 눈빛으로 모든 말을 대신합니다.
그 강렬한 시선은 에로스(Eros)를 자아냅니다.
육류 요리와의 궁극적인 페어링은 이 와인의 본성을 선명하게 드러내주며, 한 모금 한 모금이 마시다 보면 벗어날 수 없는 관능적이고 강렬한 유혹에 나도 모르게 스스로를 맡기게 됩니다.

달마우는 전통을 존중하면서도 도전을 멈추지 않는 와인입니다.

빈센테 달마우는 **리더십과 불굴의 정신, 그리고 8번 남성의 전형처럼 결단력과 힘으로 길을 개척했습니다.**
그리고 그 정신은 달마우 한 병 한 병에 깊이 새겨져 있습니다.

와인을 에니어그램 유형으로 분류하는 방법론적 이해

와인을 에니어그램 유형으로 분류하는 것은 와인을 맛과 향으로 평가하는 것을 넘어, **와인을 만드는 과정과 철학, 그리고 와인을 만드는 사람들의 신념과 삶을 반영하는 심리적 접근법입니다.** 에니어그램은 인간의 성격을 9가지 유형으로 분류하는 심리학적 모델로, 각 유형은 고유한 동기와 욕구, 가치관을 가지고 있습니다. 와인을 이러한 에니어그램 유형에 맞추어 분류하려면, 와인에 담긴 철학과 스타일, 그리고 메이커의 정신적 신념을 이해하는 것이 중요합니다.

1. 와인의 역사적 배경과 철학 분석

와인의 기원, 생산지의 역사와 문화를 이해하는 것은 에니어그램 유형을 분류하는 첫걸음입니다. 예를 들어, 특정 지역의 와인 생산이 전쟁, 혁명, 기후 변화와 같은 역사적 사건에 의해 영향을 받았다면, 그 와인은 변화에 대응하며 끊임없이 적응하는 에니어그램 7번 유형(열정가, 적응력있는 지략가)으로 또는 발전을 도모하는 3번유형으로 분류될 수 있습니다. 반대로, 전통을 고수하고 자부심을 강하게 드러내는 와인은 1번 유형(완벽주의자 또는 개혁가, 원칙과 질서를 중요시함)으로 분류될 수 있습니다.

2. 포도 품종과 블렌딩의 특징 이해

포도 품종의 특징과 블렌딩 비율은 와인의 성격을 결정짓는 중요한 요소입니다. 예를 들어, 단일 품종으로 만들어지며 그 품종의 개성이 강하게 드러나는 와인은 자기주장이 강하고 독립적인 성향을 지닌 유형으로 분류될 수 있습니다. 반면, 다양한 품종을 섞어 복합적인 맛과 균형을 이루는 와인은 조금 더 실험적이거나 보완을 잘 하는 전략적인 유형으로 볼 수 있습니다.

3. 와이너리의 생산 과정과 메이커의 신념 탐구

와이너리가 **와인을 생산하는 방식, 즉, 유기농법, 바이오 다이나믹 방식, 전통적인 방식 등은 그 와인의 철학을 반영**합니다. 예를 들어, 자연 그대로의 방식으로 와인을 만드는 데 헌신하는 와이너리는 4번 유형(개인주의자, 진정성과 독창성을 중시함)으로 분류될 수 있습니다. 한편, 최신 기술과 과학적 접근을 통해 완벽한 맛을 구현하려는 와이너리는 5번 유형(탐구자, 지식과 이해를 추구함)으로 볼 수 있습니다.

4. 와인의 질감과 맛의 구조에 따른 감각적 평가

와인의 질감, 맛의 복합성, 여운 등 감각적 요소는 와인의 성격을 정의하는 중요한 부분입니다. 예를 들어, 와인이 강한 구조와 강렬한 타닌을 지니고 있다면, 이는 결단력 있고 도전적인 유형으로 분류될 수 있습니다. 반대로, 부드럽고 우아하며 긴 여운을 남기는 와인은 감정 중심의 유형으로 볼 수 있습니다.

5. 와인의 목적과 의도 분석

와인이 만들어지는 목적이나 의도 역시 중요한 고려 사항입니다. 예를 들어, 일상적으로 마시기 좋은 가성비 와인은 실용성을 중시하는 3번 유형(성취자, 효율성과 실용성을 중시함)으로 분류될 수 있습니다. 반면, 특별한 날을 위해 고안된 고급 와인은 7번 유형(열정가, 즐거움과 풍요로움을 추구함)으로 볼 수 있습니다. 두 유형 모두 **지극히 자본주의 중심적 와인으로 비슷하지만 그들의 표현과 발현은 좀 더 '즉각적'이거나 좀 더 '포장 적인'** 방향으로 달라집니다.

에니어그램 유형에 따른 와인의 분류 예시 _ 포괄적 접근

1번 유형 (완벽주의자, perfectionist)
: 이 유형의 와인은 원칙과 정직을 중요시하고, 전통을 중시하는 성향을 가지고 있습니다. 이러한 와인은 전통적인 방식으로 만들어지며, 엄격한 품질 관리와 완벽주의를 지향합니다. 와인의 균형과 구조가 뛰어나며, 클래식한(classic, 본보기, 시간이 흘러도 변치 않는 품격과 가치를 지닌 것) 스타일을 자랑하는 것이 특징입니다. 예를 들어, 전통적인 보르도 와인처럼 신중하게 만들어진 와인은 1번 유형의 완벽주의적인 성향을 잘 반영한다고 할 수 있습니다. 하지만 이것은 2, 3, 4, 7번 유형과도 매우 비슷한 점이 있어서 좀 더 세분화하여 바라봐야 합니다.

2번 유형 (도우미, Helper)
: 이 유형의 와인은 따뜻함과 공감을 중시하며, 타인과의 관계에 헌신적인 성향을 띱니다. 이러한 와인은 부드럽고 벨벳 같은 질감을 가지고 있으며, 마실 때 포근한 느낌을 주어 마음을 따뜻하게 만듭니다. 따뜻한 지역에서 생산된 와인들이 이 유형에 잘 맞으며, 특히 와인의 어머니라 불리는 메를로와 같은 품종의 와인은 부드럽고 온화한 맛으로 2번 유형의 성격을 잘 표현합니다. 하지만 이것은 8, 3, 7, 4번 유형과도 매우 비슷한 점이 있어서 좀 더 세분화하여 바라봐야 합니다.

3번 유형 (성취자, Achiever)

: 이 유형의 와인은 효율성과 목표 지향성을 중요시하며, 사회적 성공과 인정을 추구하는 성향을 반영합니다. 이러한 와인은 현대적인 스타일로 만들어져 편안하게 마실 수 있으면서도, 강렬한 첫인상을 남기는 특징이 있습니다. 현대적이고 세련된 스타일의 와인은 3번 유형의 특성을 잘 담아내며, 자신의 존재감을 분명히 드러내는 와인으로 평가됩니다. 이것은 8, 6, 1, 5번 유형과도 매우 비슷한 점이 있어서 좀 더 세분화하여 바라봐야 합니다.

4번 유형 (개인주의자, Individualist)

: 이 유형의 와인은 진정성과 창의성, 그리고 독창성을 중요하게 생각하는 성향을 반영합니다. 이들은 개성과 독특함을 추구하기 때문에, 와인 역시 전통적 방식에서 벗어나 자신만의 색깔을 드러내는 것이 특징입니다. 바이오 다이내믹 방식으로 만들어진 내추럴 와인은 이러한 4번 유형의 특성을 잘 나타냅니다. 화학적 개입을 최소화하고 자연스러움을 강조한 와인은 독창적이고 개성 넘치는 향과 맛을 지니고 있어, 개인주의적 성향을 지닌 사람들에게 특별한 매력을 발산합니다. 하지만 이것은 1, 2, 3, 7, 8번 유형과도 매우 비슷한 점이 있어서 좀 더 세분화하여 바라봐야 합니다.

5번 유형 (탐구자, Investigator)

: 이 유형의 와인은 지식과 이해를 중시하며, 호기심이 많은 탐구자의 성

향을 잘 반영합니다. 5번 유형은 깊이 있는 지식과 분석을 통해 세상을 이해하고자 하는 경향이 강하기 때문에, 와인 역시 이러한 특성을 담고 있습니다. 과학적이고 실험적인 방법으로 양조 된 와인은 그들이 선호할 만한 선택입니다. 복잡한 맛의 구조를 지닌 피노 누아는 다양한 풍미와 미묘한 변화를 통해 끊임없이 탐구할 수 있는 매력을 제공하며, 5번 유형의 사람들에게 지적 자극과 즐거움을 선사합니다. 이것은 3, 7, 8번 유형과도 매우 비슷한 점이 있어서 좀 더 세분화하여 바라봐야 합니다.

6번 유형 (충성가, Loyalist)

: 6번 유형은 안정감과 신뢰를 중시하며, 변화에 대한 적응력이 뛰어난 성향을 지닙니다. 이러한 특성은 와인에서도 잘 드러납니다. 꾸준함을 자랑하는 독일 와인은 오랜 전통을 바탕으로 안정적인 맛을 제공하며, 신뢰할 수 있는 선택이 될 수 있습니다. 이 와인은 전통적인 방식으로 양조 되면서도 시대에 따라 변화하는 스타일을 매우 천천히 반영하며 편안하고 믿음직한 느낌을 전달합니다. 마케팅을 통해 존재감을 드러내는데 소극적입니다. 이것은 1, 3, 9번 유형과도 매우 비슷한 점이 있어서 좀 더 세분화하여 바라봐야 합니다.

7번 유형 (열정가, Enthusiast)

: 7번 유형은 모험심과 다양성을 추구하며, 긍정적이고 즐거움을 중요시하는 성향을 지닙니다. 이러한 특성은 와인에서도 뚜렷하게 나타납니다. 상큼하고 경쾌한 발포성 포도주는 열정가의 활기찬 성격과 잘 어울립니

다. 특히, 밝고 화려한 맛은 그들의 모험심과 긍정적인 에너지를 반영하며, 마실 때마다 새로운 즐거움을 제공하는 선택이 될 수 있습니다. 이 와인은 생동감 있는 맛과 거품으로 열정가의 활력을 돋우며, 매 순간을 특별하게 만들어 줍니다. 너무나 귀족적이면서 너무나 퇴폐적일 수 있습니다. 이것은 1, 2, 3, 4, 8번 유형과도 매우 비슷한 점이 있어서 좀 더 세분화하여 바라봐야 합니다.

8번 유형 (도전자, Challenger)

: 8번 유형은 힘과 통제, 독립적이며 강인한 성향입니다. 강렬하고 농축된 풀바디와 강한 타닌과 깊은 색상을 가진 카베르네 소비뇽은 와인의 아버지로서 도전자의 강렬한 개성과 잘 어울립니다. 이들 와인은 풍부하고 강력한 맛을 통해 강인함과 통제력을 표현하며, 깊고 복잡한 향미는 도전자의 독립적이고 자신감 넘치는 성격을 반영합니다. 이러한 와인은 강한 인상과 함께 깊은 만족을 선사하며, 도전자의 성격에 완벽하게 부합하는 선택이 될 것입니다. 이것은 1, 2, 3, 4, 7번 유형과도 매우 비슷한 점이 있어서 좀 더 세분화하여 바라봐야 합니다.

9번 유형 (평화주의자, Peacemaker)

: 9번 유형은 조화와 평화를 중시하며 온화하고 균형 잡힌 성향입니다. 부드럽고 균형 잡힌 맛을 가진 샤르도네와 같이 산도와 당도가 적절히 조화된 와인은 평화주의자의 성향을 잘 표현합니다. 이들 와인은 부드럽고 원만한 맛의 조화로 편안한 음미를 제공하며, 과하지 않고 자연스러운 균형

을 이루어 평화롭고 조화로운 감각을 선사합니다. 이러한 와인은 평화주의자의 차분하고 조화로운 성격을 잘 반영하며, 안정감과 균형을 중시하는 이들에게 이상적인 선택이 될 것입니다. 이것은 2, 3, 5, 6번 유형과도 매우 비슷한 점이 있어서 좀 더 세분화하여 바라봐야 합니다.

와인을 에니어그램 유형으로 분류하는 것은 와인의 본질과 철학, 그리고 생산자의 신념과 가치를 심리적, 철학적 관점에서 깊이 이해하는 과정입니다. 이 접근법은 와인을 단순한 음료로 보지 않고, 그 안에 담긴 정신적, 문화적 의미를 탐구하게 합니다. 와인은 인간의 감각과 심리를 반영하는 생명체로 여겨질 수 있습니다. 그러므로, 와인을 에니어그램의 유형으로 분류할 때는 맛이나 향의 차원을 넘어서, **와인의 창조 과정, 지역적 배경, 그리고 메이커의 신념과 가치관을 종합적으로 고려해야 합니다.**

와인을 유형화하는 과정은 매우 복잡합니다. 와인은 단일한 특징으로 설명되기 어려울 만큼 **다면적인 존재이기 때문입니다.** 에니어그램의 기본적인 세 유형, 즉 머리형, 가슴형, 장형으로 와인을 분류하더라도, 그 안에서 와인의 특성은 세부적으로 나뉘고, 섬세한 평가 기준에 따라 각각의 에니어그램 번호로 구분됩니다. **이처럼 복합적인 과정은 때로는 언어만으로 설명하기 어려운 와인을 마주하게 하고, 그 와인의 본질을 전달하기 위해서는 장황한 설명이 필요할 수도 있습니다.** 또한, 같은 와인일지라도 시간이 지나면서 다른 유형의 특성을 드러낼 수도 있습니다. 이는

와인이 변하는 생명체이기 때문에 가능한 일입니다. 한 와인이 특정 시점에 보여주는 성격이 시간이 지나면서 다른 성격을 드러내는 것은, 그 와인의 독특한 '**목소리**'와 '**이야기**'라고 할 수 있습니다.

와인은 생명체로서 매 순간 변화하며 성장합니다. 예를 들어, 샤토 라피트 로칠드 와이너리의 지하 원형 와인 숙성실이 '**와인의 신전**'이라 불리며, 이곳에서 와인에게 음악을 들려주는 것은 와인을 오크통에 일정 시간 숙성시키는 것만이 전부가 아니라, 와인과 교감하며 그 변화를 끌어내는 과정의 일부입니다. 또한, **와인이 긴 시간 동안 배송을 거친 후 바로 마시지 말고 일정 동안 셀러(저장소, Wine cellar)에 두는 이유**도 마찬가지입니다. **와인이 받은 스트레스를 해소하고, 본래의 특성을 되찾도록 충분한 시간을 주는 것**입니다. 이는 와인이 단순히 물리적, 화학적 변화에만 의존하는 것이 아니라, 외부 환경과의 상호작용 속에서 그 특성을 유지하고 변화시킨다는 것을 보여줍니다.

와인을 에니어그램 유형으로 분류하기 위해서는 몇 가지 중요한 단계가 필요합니다.

첫째, 와인이 전달하고자 하는 이야기에 귀를 기울여야 합니다.

와인의 특성과 그 안에 담긴 의미를 혀로, 코로, 눈으로, 심지어는 우리의 본능까지 동원하여 이해해야 합니다.
와인이 전하는 메시지를 감각적으로 받아들이고, 그 와인만의 고유한 '**소리**'를 들어야 합니다.

둘째, 와이너리에 대한 깊은 이해가 필요합니다.

와인의 배경지식 없이는 와인이 전하는 언어를 이해할 수 없습니다.
그 지역의 역사, 토양의 성질, 기후, 전통적인 경작 방법 등 **와인이 태어나는 환경**을 이해하는 것은 필수적입니다.

셋째, 와인을 만든 사람, 즉 메이커의 시각을 이해해야 합니다.

와인은 메이커의 삶과 신념이 반영된 작품이며, 메이커의 철학과 가치관이 와인의 성격을 결정짓는 중요한 요소입니다. 그들의 **삶의 이야기가 와인의 본질에 깊이 스며들어 있으며, 이를 이해하는 것**이 와인의 유형을 분류하는 데 중요한 역할을 합니다.

이 외에도 여러 방식이 와인의 유형별 분류에 도움을 줄 수 있습니다. 예를 들어, **와인의 블렌딩 비율, 숙성 방법, 그리고 그 와인이 시장에서 어떻게 받아들여지는지** 등의 요소도 중요한 역할을 합니다. 와인은 복잡하고 다차원적인 존재이기 때문에, 이를 유형화하는 과정 역시 그만큼 섬세하고 깊이 있는 접근이 필요합니다.

와인을 살아있는 예술 작품으로 바라보고, 그 안에 담긴 깊은 의미를 이해하는 것이야말로 와인을 에니어그램으로 분류하는 과정의 핵심이라 할 수 있습니다.

●Endnote

"와인은 억눌린 감정을 부드럽게 푸는 열쇠다."

이 문장이 정말로 '**지크문트 프로이트(Sigmund Freud)**'의 입에서 나온 말인지는 확인할 길이 없습니다. 하지만 그의 사상을 떠올릴 때, 이 은유는 전혀 어색하지 않습니다. 프로이트는 인간을 **억눌린 욕망의 집합체**로 보았습니다. 그에게 인간의 **무의식은 욕망, 공포, 억제된 감정들이 어둠 속에 웅크리고 있는 공간**이었습니다.

그렇다면 와인은, 그 어둠의 문을 조심스럽게 열어젖히는 열쇠처럼 보일 수도 있지 않을까요?

한 모금의 와인은 입안에서 따스하게 녹아내리며, 우리의 감정을 부드럽게 흔들어 깨웁니다. 프로이트의 이론에 따르면, **인간은 억압된 감정과 욕망을 무의식에 가둡니다.** 그러나 그 감정의 실체는 사라지지 않고, 언제든지 우리의 삶과 관계 속에서 다양한 형태로 모습을 드러냅니다.

와인은 그 억압을 잠시나마 풀어내고, 감정의 흐름을 자연스럽게 흘려보내는 상징적 도구가 될 수 있습니다.

'칼 융(Carl Jung)'에게 와인은 또 다른 의미로 다가올 법합니다. 융은 인간 정신의 중심을 무의식 속의 **'상징'** 에서 찾았습니다. 그는 무의식을 단순히 억눌린 욕망의 저장소가 아니라, 집단적 기억과 원형(Archetype)이 숨 쉬는 신비로운 영역으로 이해했습니다. 와인을 **'무의식을 탐험하는 또 다른 길'** 이라 표현하는 설은 이런 융의 세계관과 닮아있습니다.

와인잔을 들고, 깊은 대화를 나눌 때, 우리는 문득 우리 안의 오래된 감정과 이야기들이 되살아남을 느낍니다.
이는 융이 말했던 **원형의 세계로 발을 들이는 듯한 체험**이기도 합니다.
프로이트와 융은 인간의 내면을 해석하는 서로 다른 길을 걸었지만, 그 길은 결국

'인간이 자기 자신과 얼마나 깊이 대화할 수 있는가?'

라는 질문으로 이어집니다.

와인은 그 대화를 위한 부드러운 매개체가 됩니다. 한 잔의 와인은 우리의 경계를 느슨하게 풀어주고, 마음속의 언어가 흘러나오게 합니다.

물론 '프로이트가 와인을 감정의 열쇠로 비유했다'라거나 '융이 와인을 무의식으로 향하는 통로로 보았다'라는 이야기는 어디까지나 '설(說)' 일 수도 있습니다. 그러나 이 설은 사실 여부를 넘어서, 와인이 인간 정신과 얼마나 닮아있는가를 보여줍니다.

와인의 숙성(熟成) 과정은 마치 인간의 성장(成長)과 같습니다.

칼 융은 '인간의 성숙(成熟)은 자신의 그림자와 화해하는 과정'이라고 했습니다.

여기에서 공통으로 등장하는 **'숙(熟, 익숙할 숙 : 익다, 무르익다, 경험이 많다)'은 시간의 흐름과 함께 질적인 변화를** 의미합니다.

포도가 발효되어 **시간이 흐르며 깊은 맛과 향을 품듯,** 인간 역시 무의식의 층위 속에서 경험과 감정이 발효되어, 자신만의 고유한 향을 풍깁니다.

와인은 철학이자 심리학입니다.

와인을 마신다는 것은
우리 내면의 감정과 대화하는 경험이 될 수 있습니다.
그리고 어쩌면 와인은,
우리가 우리의 마음속 문을 열고 자기 자신을 만나는 **'작은 의식(ritual)'**일지도 모릅니다.

아름다운 복수 : 영화 글래디에이터(Gladiator)

자, 돌격하듯 달려오다 보니 숨도 차고 다리도 아프네요. 이제 편안히 소파에 앉아 은은한 불빛을 켜고 영화 한 편 감상하며 와인을 음미하는 시간을 함께 가져 보면 어떨까요?

막시무스 데시무스 메리디우스(Maximus Decimus Meridius).
그는 로마(Roma) 제국이 자랑하는 가장 위대한 장군이자, **영혼 깊숙이 정의와 사랑을 품은 전사**입니다.
전쟁터에서 그는 항상 최전선에 서며, 맨 앞에서 칼을 휘두르고 피와 진흙 속에서 승리를 쟁취합니다.
그의 부하들은 그를 **함께 죽음을 각오할 수 있는 지도자로 신뢰하고 따릅니다.**
막시무스의 전투는 군사적 승리뿐만이 아닌
자신이 믿는 정의와 자유, 그리고 사랑하는 이들을 지키기 위한 피의 서약입니다.
그의 영혼은 대지처럼 단단하고 거칠며, 그의 결단력은 언제나 목표를 향해 직선으로 나아갑니다.
그는 절대로 무너지지 않는, 강인한 화신입니다.

막시무스의 삶은 황제 마르쿠스 아우렐리우스(Marcus Aurelius)를 향한 충성으로 가득 차 있습니다. 하지만 그가 진정으로 목숨을 걸고 지키려는 것은 오직 가족입니다. 그 사랑이 있었기에 그는 수많은 전장을 누비며, 자신의 고향과 가정을 안전하게 지키기 위해 목숨을 걸었습니다.
그런 막시무스의 세계는 코모두스(Commodus)에 의해 무너집니다.
황제의 아들, 권력에 굶주린 코모두스가 아버지를 살해하고, 막시무스를 반역자로 몰아붙인 것입니다. 그의 가족은 무참히 살해되고 고향은 잿더미로 변합니다.

모든 것을 잃은 막시무스의 내면에는 깊은 슬픔과 치를 떨게 하는 복수심의 불길이 타오르기 시작합니다.

그러나 그는 무릎 꿇지 않습니다.
오히려 고통을 삼키며 다시 칼을 쥐기로 결심합니다. 그의 목표는 단 하나, 코모두스를 쓰러뜨리고 정의를 바로 세우는 것. 노예로 전락해 검투사로 팔려 가는 굴욕 속에서도 그는 포기하지 않습니다. 아레나(Arena)에서 피와 모래가 뒤섞인 전투를 벌이면서도 그의 싸움은 생존을 위한 것이 아닙니다.
그것은 복수의 예고편이며, 로마의 부패와 억압을 끝장내기 위한 선언입니다.
그는 억울하게 노예가 된 동료들에게도 강한 리더십과 불굴의 의지를 전해줍니다. 막시무스는 존재 자체로 저항의 상징이며, 매 전투마다 아레나를 울리는 함성과 함께 자신의 불타는 의지를 전 세계에 증명합니다.

아레나에서 막시무스는 자신의 본성을 마음껏 드러냅니다.
그는 적을 쓰러뜨리는 데 망설임이 없으며, 오로지 자신의 목표를 위해 모든 것을 던집니다. 그의 눈빛과 행동 하나하나에는 자신의 복수를 위한 불타는 의지와 로마에 진정한 정의를 되찾으려는 강한 결심이 담겨 있습니다.

그의 싸움은 모든 것을 잃고도 결코 굴복하지 않는 8번 유형의 전형적인 "강인한 가장"으로서의 전투입니다.

마침내, 운명의 날이 찾아옵니다. 코모두스와의 마지막 대결.
이미 치명적인 상처를 입은 막시무스지만, 그의 눈에는 오직 승리와 정의를 향한 불타는 결의만 남아 있습니다. 그는 피투성이가 된 몸으로도 망설임 없이 앞으로 나아갑니다. 마지막 검격(劍擊)이 코모두스를 쓰러뜨리는 순간, 로마는 새로운 숨을 쉽니다. 막시무스는 서서히 쓰러지면서도 한 치의 후회도 없이 자신이 믿었던 정의를 완성합니다.

그의 마지막 숨결은 사랑하는 가족과 로마의 진정한 자유를 향한 기도처럼 따뜻하게 흩어집니다.

막시무스의 서사는 에니어그램 8번 유형의 본질을 극명하게 보여줍니다. **복수와 투지, 용기, 그리고 사랑하는 이들을 지키기 위한 헌신. 그는 삶과 죽음의 경계를 오가며 신념을 굽히지 않고, 고통과 잔혹함 속에서도 끝까지 맞서 싸우는 진정한 전사이자 강인한 가장입니다.**

"내 이름은 막시무스 데시무스 메리디우스.
북부 군대의 사령관이자, 펠릭스 군단의 장군이며, 진정한 황제 마르쿠스 아우렐리우스의 충성스러운 부하다.
살해당한 아들의 아버지이자, 살해당한 아내의 남편이다.
나는 내 복수를 반드시 이루리라. 이생에서든, 아니면 다음 생에서든."

<영화 글래디에이터 중에서>

●Endnote

제가 8번 유형을 쓰기로 마음먹었을 때부터 영화 글래디에이터가 제 머리에서 떠나지 않았습니다.
글래디에이터의 검투사 '막시무스'와 스페인 '마르케스 데 무리에타' 사이에 어떤 연관이 있을까,
스페인 와인 이야기와 로마의 이야기는 어떤 인연일까?
그래서 이 글을 시작하기까지 오랜 시간이 걸렸습니다.
그런데 우연히 알게 된 사실에 저 자신도 놀랐습니다.

영화의 설정에 따르면 막시무스는 **히스파니아(Hispania, 현재의 스페인 지역) 출신**으로 암시됩니다.
로마 제국의 충성스러운 장군이자 전사로 등장하지만,
그의 고향은 바로 오늘날의 스페인에 해당하는 히스파니아 지역입니다.

이제 수수께끼가 풀렸습니다.

왜 그토록 글래디에이터의 그 눈빛이 마르케스 데 무리에타 와인에 머물렀는지….
그리고 '막시무스'가 나를 이 와인으로 이끈 이유를…

에니어그램 9유형＿＿＿＿＿＿＿＿＿＿

그냥 있어 줘, 꿀단지 마음 꾼
....언제나 내 곁에

에피소드 I

하루를 시작할 때부터 모든 게 꼬였다. 밤새워 일하느라 거의 잠을 못 자서 머리가 지끈거린다. 스마트폰을 확인하니 중요한 메일이 20개나 쌓여 있었고, 그중 절반은 마감이 지난 요청들. 일이 꼬일 대로 꼬였다. 창밖을 보니 비가 내리고 있었다. 제대로 작동되는 우산도 하나 없다. 출근길에 차는 밀려 있었다. 길은 미끄럽고, 사람들은 바쁘게 걸어가는데 나는 그저 느리게 걸었다. 교차로에서 빨간불이 들어왔을 때, 앞서가던 누군가가 갑자기 멈추는 바람에 내 발등을 밟고 지나갔다. 나는 잠시 멈칫했고, 그 순간 내 발등에 통증이 밀려왔다. 걸을 수 없을 정도로 아팠다.

회의실에 도착했을 때, 몸은 이미 지쳤고 머리는 멍했다. 오늘의 발표는 내가 준비한 것 중 가장 큰 프로젝트였고, 모든 책임이 나에게 있었다. 하지만 마이크는 자꾸 끊어지고, 목소리는 떨렸다. 발표 중 갑자기 컴퓨터 화면이 꺼져버려, 내가 준비한 자료는 모두 날아갔다. 당황한 나는 잠시 멈추었고, 그 사이 회의실은 어색한 침묵에 휩싸였다. 고백하자면, 내가 잘못 준비한 것이었고, 실수는 너무도 명백했다.
한참 후, 겨우 발표를 끝내고 나왔지만, 팀장님께 받은 차가운 시선은 나를 더욱 작게 만들었다.

점심시간에 들어온 전화는 내게 또 다른 불행을 전해주었다. 가까운 친구가 큰 사고를 당했다고 들었다. 다급하게 병원으로 향해야 했다. 도착했을 때, 이미 상태가 심각해지고 있었다. 내가 도와줄 수 있는 건 아무것도 없었다. 의사는 내게 그저 "최선을 다하겠습니다"라고 말할 뿐이었다. 내 마음은 무너졌고, 뭔가 부조리한 세상에 놓인 기분이었다.

친구의 상황이 내 머릿속에서 떠나지 않은 채, 다시 회사로 돌아갔다. 돌아가자마자 나를 기다리고 있는 건 제출한 보고서에 중요한 오류가 있다는 이메일이었다. 수정에 필요한 시간은 없었고, 결과적으로 그 보고서는 다시 반려되었다. 절망적으로 일을 다시 시작했지만, 전혀 해결되지 않았다. 내게 주어진 시간은 그저 더 짧아지고, 점점 더 많은 실수가 쌓여갔다.

저녁이 다가오고, 나는 퇴근을 해야 했다. 기운 없이 걸어가는 길, 나는 가족에게 전화를 걸었다. 어머니와의 대화 중, 나의 실수에 대해 지적을 받았다. 나는 느꼈다. 어머니는 늘 나에게 너무 많은 기대를 했고, 그 기대를 저버릴 때마다 실망하셨다는 사실을. 서로의 대화는 점차 격해졌고, 끝내 어머니와의 전화는 불편한 침묵으로 끝났다. 그 침묵 속에서 내가 그동안 얼마나 소외감을 느끼며 살아왔는지를 깨달았다.

혼자 남겨진 밤

집에 돌아와, 침대에 누워 천장을 바라보았다. 하루 동안 일어난 모든 불행과 절망은 **내가 세상과 얼마나 동떨어져 있는지, 얼마나 무력하게 놓여 있는지**에 대한 강렬한 인식으로 바뀌었다. 내일이 올까, 혹은 내일도 그와 같은 일이 계속될까? 머릿속은 끝없는 소용돌이 속에서 허우적거리듯

공허함에 빠져 있었다.

'... 그만 다 끝낼까…?'

그 순간, 책장 위에 올려둔 **샤토 디켐(Château d'Yquem)** 한 병이 눈에 들어왔다. 친구가 결혼하면 마시라며 선물한 와인이었다. 그런데 오늘은 그 와인이 나를 부르는 듯했다. 병을 꺼내 들고 테이블 위에 올려두었다. 손이 떨렸지만, 조심스럽게 캡슐을 벗기고, 스크루(Screw)를 돌렸다. 삐걱거리는 소리가 들릴 때마다 심장이 조금씩 빨리 뛰었다.
어린 튤립 모양의 잔에 와인을 따르자 꿀과 꽃향기가 코끝을 감쌌다. 그 향에 나는 어느새 지중해 한가운데 꽃밭에 서 있는 듯했다.
입 안에 와인을 머금자 부드러운 꿀맛이 혀를 감싸고, 온몸에 따스한 기운이 번졌다. 모든 세포가 깨어나는 기분이었다.
그때, 내 귀에 들리는 듯한 속삭임.

"그냥, 아무것도 하지 않아도 괜찮아"

●Endnote
샤토 디켐(Château d'Yquem)의 발음은 샤토(Château)가 있을 때와 샤토가 생략된 상태에서 발음이 다릅니다.
'샤토 디켐(Château d'Yquem)'을 전체로 발음할 때는 [샤-토 디켐] 이라고 발음합니다.

'여기서 '샤토'는 프랑스어에서 일반적으로 발음되는 그대로 '샤-토'로 읽히고, 그 뒤에 '디껨'(d'Yquem)도 원래의 발음을 살려서 읽습니다.
만약 '샤토'를 생략하고 '디껨'만 읽을 때는, 소유격 전치사 d'가 의미하는 바에 따라 발음이 달라집니다.
d'는 프랑스어에서 소유격을 나타내는 연결어로, '디'라고 읽지 않고, 'Yquem'을 [이껨]처럼 발음합니다. 즉, 'd'는 소리 내지 않거나 거의 묵음이 됩니다.
따라서 '샤토'를 빼고 '디껨'을 부를 때는 "이껨"([Ykem])이라고 발음하는 것이 올바릅니다.

샤토 디켐(Château d'Yquem)
_ 그건 "황금빛 와인(리퀴드 골드, Liquid Gold)"

샤토 디켐을 마시는 것은 의식입니다.
병을 여는 순간, 공기는 마치 오랜 세월을 품은 고풍스러운 성에서 잠자던 전설이 깨어나는 듯, 조용히 떨립니다. 그리고 첫 방울이 잔에 떨어지는 순간, 당신은 시간이 멈춘 듯한 착각에 빠져듭니다.

이켐의 색은 황홀합니다. 가을의 마지막 잎사귀가 햇빛을 머금고 반짝이는 찰나의 순간을 닮은 빛깔. 그러나 그 속에는 오래된 보석 같은 깊고 어두운 윤기가 감춰져 있습니다.

잔을 코에 가까이 가져가면, 첫 **향기는 달콤한 벌꿀의 속삭임처럼 다가옵니다.** 하지만 그 속엔 더 많은 이야기가 숨겨져 있습니다. 망고의 관능적인 열기, 살구의 부드럽고 여린 향, 건포도의 농축된 밀도까지. 이것은 미각을 위한 '**교향곡**'입니다.

이켐을 입에 머금는 순간, 당신은 감각의 **예술을 경험합니다.** 첫맛은 꿀처럼 농밀하고 부드럽게 흐릅니다. 그러나 곧이어 찾아오는 산미는 시간의 비밀을 풀어내는 열쇠 같습니다. 그것은 **태양과 안개의 완벽한 조화 속에서 탄생한, 인간과 자연이 함께 빚어낸 기적**입니다. 그래서 **이켐은 '리퀴드 골드, 액체로 된 황금'**이라 불립니다.

한 잔의 이켐은 **인간의 손과 자연이 함께 만들어낸 숭고한 예술 작품입니다**. 목구멍을 타고 내려가는 마지막 순간조차, 깊은 여운으로 남습니다. 마치 천 년을 살아온 나무의 뿌리가 품은 기억처럼 말입니다.

이켐을 마시는 순간, 당신은 더이상 현실 속에 있지 않습니다. 이 와인은 마치 꿈속에서 신들이 허락한 단 하나의 금지된 열매를 맛보는 경험과도 같습니다. 샤토 디켐은 속삭입니다.

'이 황금빛 한 잔 속에, 무수한 시간과 기억,
그리고 미각의 경이로움을 담았습니다.'

그리고 당신은 알게 됩니다. 이 와인은 **삶을 예찬하고 순간을 영원으로 승화시키는 의식임을**.

시작과 끝

시작이 있으면 끝이 있듯, **우리 모두 언젠가는 죽음이라는 문을 지나가게 됩니다.**
그리고 그 순간,
사람마다 떠올리는 것들은 저마다 다를 겁니다. 살아온 경험, 가치관, 맺어온 관계들에 따라 떠오르는 생각들은 다양하겠지요. 누군가는 사랑하는 사람들을 떠올릴 것이고, 또 누군가는 잊지 못할 추억, 이루지 못한 꿈, 혹은 삶의 의미와 화해를 생각할지도 모릅니다.

영화 **'아메리칸 뷰티'**(American Beauty, 1999)의 주인공 레스터 번햄(Leicester Burnham, 케빈 스페이시) 역시 그러했습니다. 만약 그의 마지막 순간에 내가 와인 한 잔을 건넬 수 있었다면, 나는 주저 없이 '샤토 디켐'을 건넸을 것입니다.
비극이나 슬픔을 말하려는 게 아닙니다.
오히려, 그것은 삶의 아름다움을 깨달은 찰나를 이야기하려는 것이죠.

'아메리칸 뷰티'는 무기력하고 권태로운 삶을 살아가던 중년의 회사원 레스터 번햄이 자신의 일상에서 벗어나 새로운 열정을 찾는 과정을 그린 영화입니다.

그는 딸 제인의 친구인 앤젤라(미나 수바리)에게 이끌리며, 잊고 있던 열정을 발견하고 자신을 재발견하려 합니다. 하지만 그 과정에서 가족과의 갈등, 그리고 사회의 위선과 마주하며, 결국 비극적인 결말로 향하게 됩니다.

영화의 클라이맥스에서 레스터는 죽음을 앞둔 그 순간,
삶의 진정한 아름다움을 깨닫습니다.
그리고 자신의 삶을 돌아보며 말합니다.

'힘든 여행이었지만, 그 모든 순간이 결국 행복의 원천이었어'

비록 짧은 깨달음이었지만, 그는 그 순간에야 비로소 삶이 얼마나 아름다운 것인지 진심으로 느낍니다.

샤토 디켐은 바로 그런 순간을 닮았습니다.
한 잔의 이켐은 시간이 담긴 황금 액체, 자연과 인간이 만들어낸 예술, 그리고 순간을 영원으로 승화시키는 경험입니다.

레스터의 마지막 깨달음은 인생의 끝이 아니라 그가 처음으로 삶의 진정한 아름다움에 눈뜬 순간이었습니다.
그에게 건넬 이켐 한 잔은, 그 **깨달음을 축복하고 삶의 모든 무게를 감사**로 승화시키는 의식과도 같을 것입니다.

삶이 때로는 복잡하고 고통스러울지라도,

결국 그 모든 것은 하나의 아름다움으로 이어진다는 것을, 샤토 디켐 한 잔은 조용히 속삭여줍니다.

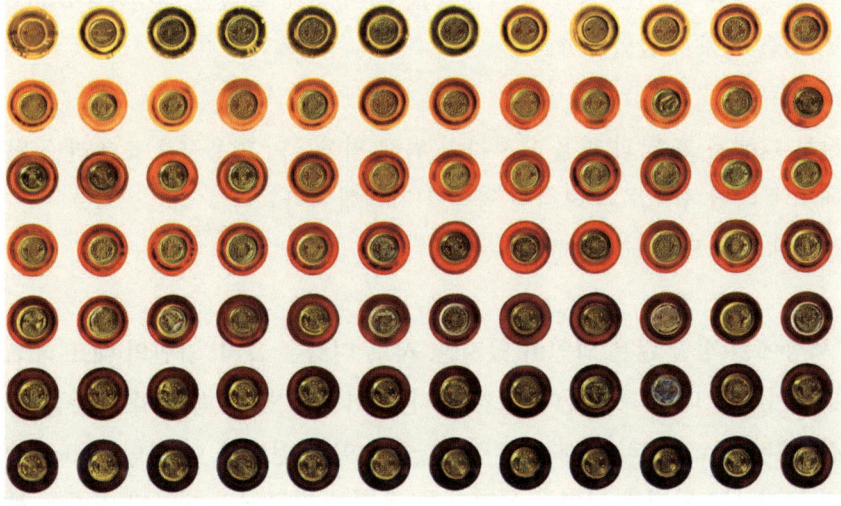

한 모금의 위안 _ 신들의 음료

죽음 앞에 한 모금 위안 같은 와인으로 추천하는 저의 원픽(1순위, Onepick) 와인 샤토 디켐.

샤토 디켐은 달콤한 디저트 와인으로 세계적으로 유명한 와인 중 하나인데, 그 맛과 향은 꽃과 꿀과 과일이 버무려진 천사와 같은 달콤함입니다. 어쩌면 우리 모두는 삶을 부여받았을 때 이렇게 **달콤한 인생**(La Dolce Vita)을 꿈꾸지 않았을까요?

샤토 디켐은 그 맛과 향을 묘사하기 위해 최상급의 형용사를 모조리 동원해도 부족할 정도로 독보적인 향미를 자랑합니다.

프레데릭 다드(Frederic Dard)는

"세상에는 정말 많은 와인이 있지만, 샤토 디켐은 그저 '와인의 대표'라고 부르기에는 너무 특별하다. 그래서 나는 이켐을 '신의 음료'라는 뜻을 가진 '넥타(nectar)'라고 부르는 걸 더 좋아한다. 언젠가 이 와인을 표현할 더 고귀하고 완벽한 단어가 생긴다면, 우리가 지금처럼 제한된 언어로 샤토 디켐을 설명하는 것이 덜 부끄럽게 느껴질 것 같다."

이러한 표현은 샤토 디켐은 다른 와인들과 비교할 수 없는 **독보적인 존재**라는 의미를 시사합니다.

유명 와인 평론가 로버트 파커(Robert Parker) 역시 '내가 아는 그 어떤 샤토(Chateau)에서도 이 정도의 **무자비한 품질 기준**을 갖고 있지 않다'라고 극찬했으며,
샤토 디켐 '한 잔'을 생산하기 위해서는 포도나무 '한 그루'가 필요하다고 합니다.
수확기가 다가오면, 약 120명의 전문 일꾼들이 동원되며, 이들에게 요구되는 특별한 기술은 바로 귀부 포도(Noble grapes), 즉 **보트리티스(Botrytis)**라는 **귀부병(Noble Rot)**에 걸린 포도를 정확히 식별하여 **하나하나 손으로 수확**하는 것입니다.

샤토 디켐은 주로 **열대 과일의 향과 맛**으로 묘사됩니다. 한 잔의 이 와인은 살구, 모과, 파인애플, 아몬드, 버베나, 무화과, 장미, 리치, 자몽, 쓴 오렌지, 바닐라, 사프란, 볶은 커피콩의 복합적인 향이 절묘하게 어우러져 있습니다.
마치 태국이나 하와이의 과일 농장 안에 들어간 듯한 다채로운 향이 샤토 디켐 한 잔에 응축되어 있는 것입니다.

샤토 디켐을 한 모금 음미하는 순간, 그 신비롭고 풍부한 향미의 향연은 그 자체로 예술 작품이며, 와인의 세계에서 이루어낸 **최상의 걸작**이라 할 수 있습니다.

꿀단지 마음 꾼, 달콤한 평화의 전도사

'꿀단지 마음 꾼'은 바로 에니어그램 9번 유형, 즉 평화주의자들을 부드럽고 따뜻하게 표현한 사랑스러운 이름이에요.
'**꿀단지**'라는 이름이 붙은 이유는 **이들이 세상에 달콤함과 따뜻함을 전할 수 있는 특별한 능력**을 가지고 있기 때문입니다. 언제나 주변 사람들을 편안하게 만들어 주고, 작은 행복을 찾아 나누는 데 능숙하죠.

하지만, 꿀단지가 비어 있다면?

꿀단지 마음 꾼이 진짜 달콤함을 나누기 위해선, 자신에게도 달콤한 꿀을 가득 채워야 해요!

자기 욕구를 존중하고, 내면의 진정한 자아와 마주하며 마음을 채우는 그 순간,
'**꿀단지**'는 비로소 사랑과 평화로 가득 차게 돼요.

이 꿀이 넘칠 때, 꿀단지 마음 꾼은 **진정한 빛을 발하는 존재**가 되는 거죠. 그래서 말이에요, **적응하고 내버려 두는 달콤한 유혹에서 벗어나는 게 중요해요.**

스스로의 내면에 귀 기울이는 것이야말로 꿀단지 마음 꾼이 세상에 더욱 큰 사랑과 빛을 나눌 수 있는 비결인 거죠.
자기 자신에게 먼저 달콤한 꿀을 채우는 것, 그걸 통해 세상에 사랑을 흘려보내는 게 진정한 힘이랍니다!
기억하세요, '꿀단지 마음 꾼'은 내면의 평화와 사랑으로 세상을 채우는 달콤한 존재랍니다.
그래서 여러분이 그 평화를 나누고 싶다면, **먼저 자신을 사랑하는 마음을 잊지 마세요.**

에니어그램 9번 유형의 개요

적응과 내버려 둠 _ 꿀단지 마음 꾼의 두 얼굴

에니어그램 9번 유형은 '**평화의 조화자**'로 불립니다. 이들은 갈등을 피하고, 주변과의 조화를 이루는 데 매우 능숙한 사람들입니다. 9번 유형의 사람들은 주위 사람들의 요구에 맞추려 하고, 언제나 평화롭고 안정적인 상태를 유지하려 합니다. 겉으로 보기에는 침착하고 차분하며, 큰 욕심 없이 평온한 일상을 선호하는 사람들처럼 보이죠. 그러나 9번 유형의 **내면에는 끊임없는 갈등과 자아를 찾는 여정이 숨어 있습니다.**

주변 사람들과의 마찰이나 불편한 상황을 피하려는 마음이 강해, 종종 자신의 욕구나 필요를 뒤로 미루고 타인의 요구에 맞추는 경향이 있습니다. 이들은

'모든 것이 괜찮다.'

고 말하며, 갈등을 피하고 평화를 유지하려고 노력하지만, 그 속에서 점차 자기 자신을 잃어가고 있는 경우가 많습니다. 이는 내면에서 일어나는 자기 부정과 억압된 감정의 축적으로 이어집니다.

9번 유형은 대체로 타인의 요구에 맞추는 데 능숙합니다. 그들은 주위 사

람들의 기대에 부응하고, 갈등을 피하려고 종종 자신의 감정이나 욕구를 억누릅니다. 예를 들어, 친구나 가족의 부탁에 자신이 불편하거나 원하지 않더라도 '괜찮다'라며 받아들입니다. 이 과정에서 자신의 욕구가 무시되거나 희생되기 때문에, 9번 유형은 점차 자기 자신을 잃고 타인에게 완전히 맞춰져 살아가는 경우가 많습니다.

'괜찮아, 이 정도면 충분해'

라는 마음으로 자기 자신의 욕구를 무시하거나 억제하려 합니다. 그러나 갈수록 억눌린 욕구와 감정이 분노로 쌓여갑니다. 이 분노는 종종 무의식적으로 쌓여, **자기 자신을 책망하거나 불편한 감정에 대해 내면에서 끊임없이 비난**하는 형태로 나타납니다.

'나는 괜찮아, 아무 일 없으니 이대로 지내자'

잘못된 자기 위로 속에서, 그들의 내면은 점차 불안정해질 수 있습니다.

진짜 성장 _ 내면의 평화와 조화 찾기

그렇다면 9번 유형의 진짜 성장은 어디서 시작될까요?
그것은 바로 내면의 갈등과 욕구를 외면하지 않고, 진정한 자아를 받아들이는 것에서 시작됩니다.

'그래, 너는 평화를 원하고 조화를 이루고 싶은 마음이 크지.'
'고마워, 네가 나를 보호하려고 했다는 거 알아. 하지만 이제는 내가 원하는 것을 추구해도 괜찮다는 걸 알아.'

이렇게 내면의 평화와 갈등을 인정하며, 자기 자신에게 말 걸 수 있을 때 9번 유형은 점차 안락한 '로터스 랜드(Lotus land)'를 벗어나, 자기 내면의 진정한 욕구와 소망을 마주하게 됩니다.
갈등을 피하고 평화를 유지하는 것에서 벗어나, **내면의 충동과 욕구를 실현하는 과정에서 이들은 점차 더 진정하고 생동감 있는 삶을 살게 됩니다.**

'편안한 상태에만 안주하지 말고, 내면의 갈등을 마주해.
나는 내가 원하는 것을 추구할 자격이 있어.'

이런 목소리를 자신에게 들려줄 때, 9번 유형은 비로소 내면의 평화와 외부의 평화를 동시에 이루는 능력을 발휘할 수 있게 됩니다.
결국, 9번 유형의 진짜 성장은 **내면의 욕구와 갈등을 직시하고, 자기 자신**

을 발견하는 과정에서 이루어집니다.

진정한 평화는 외부에서 찾는 것이 아니라, 자신의 내면에서부터 온다는 것을 깨닫게 될 때,
그들은 비로소 **평화의 진정한 주인**이 될 수 있습니다.

"오디세이아(Odyssey)"로 보는 에니어그램 9번 유형의 상징적 이야기

오디세우스와 로터스 먹는 사람들 : 귀향의 반대는 멀어짐이 아니라 망각이다 _ 엘리 비젤(Elie Wiesel, 프랑스 작가)

푸르른 바다, 태양이 내리쬐는 섬. 오디세우스와 그의 부하들이 도착한 이곳은 천국처럼 보입니다. 이 섬의 주민들은 느긋하고 친절하며, 서로에게 기쁨을 주고, 방문객들에게 **'로터스(Lotus)'** 라는 꽃을 권합니다.
로터스는 그야말로 마법의 꽃.
한 입만 먹으면, 모든 걱정이 사라지고, 오직 평화와 편안함만이 가득한 세계로 빠져듭니다.

'이게 바로 우리가 꿈꾸는 삶 아닐까?'

부하들은 로터스를 먹고, 그저 섬에서 편안하게 살고 싶다는 욕망이 치솟습니다. 세상의 고통과 갈등에서 벗어나고 싶은 마음, 그 모든 게 로터스의 한입에 담겨 있죠. 모든 것이 잊혀져버리고, 영원히 이곳에 머물고 싶은 마음이 커집니다.
로터스의 마취 효과는 먹는 이를 무기력하게 만들고, 본래의 목표와 진정한 자아를 망각하게 만듭니다.
하지만 이를 눈치챈 오디세우스는 그 상황을 냉정히 바라봅니다.
그는 평화와 안락함을 원하지 않습니다. 그는 진정한 집으로 돌아가야 하니까요.

'나는 여기서 머물지 않아. 이곳은 내가 돌아가야 할 곳이 아니야.'

그는 자신의 부하들을 억지로 배에 태우고, 이타카로 돌아가기 위해 다시 노를 젓습니다.

오디세우스의 여정은 우리에게 중요한 교훈을 줍니다. 우리가 종종 **평화와 안락함을 원할 때, 그것이 자아를 잃는 위험으로 이어질 수 있다는 사실**을요. 로터스 먹는 사람들의 섬은 갈등을 피하고 싶은 마음, 현재의 편안함에 안주하고 싶은 유혹이 내면의 진정한 자아를 망각하게 만들 수 있다는 경고입니다.

진정한 평화는, 오디세우스처럼, 현실을 직면하고 도전하며, 자신의 진정한 목표와 자아를 깨닫는 여정에서 찾아옵니다.

로터스를 먹고 현실에서 도피하는 것이 아니라, 자신의 진정한 집으로 돌아가려는 결단을 내리는 것이 중요합니다.
그것이 바로 자아를 찾아가는 길이고, 그 길에서 진정한 평화와 행복을 느낄 수 있을 것입니다.

천상의 꿀을 만드는 예술 _ 샤토 디켐의 양조 비밀

샤토 디켐(Château d'Yquem)은 와인의 세계에서 거의 신화적인 존재입니다. 예술의 경지에 오른 고귀한 술로 평가받고 있는 **샤토 디켐의 제작 과정과 꿀단지 마음 꾼의 성장 과정을 살펴보면, 인류에게 주는 기여와 그 깊은 의미를** 새롭게 이해할 수 있습니다.

안개의 춤과 보트리티스

가론강(Garonne River)과 시롱강(Ciron River)이 만나는 이 지역은 아침 안개가 짙게 깔렸다가 오후가 되면 태양 아래 서서히 사라지는 독특한 기후를 자랑합니다. **이 안개는 포도알에 곰팡이인 보트리티스 시네레아(Botrytis cinerea)가 생겨나는 데 중요한 역할을 합니다.** 처음에는 포도를 망칠 것만 같은 이 곰팡이는 마치 고대의 마법사처럼 보통의 포도를 '귀부병(Noble Rot)'이라는 신비로운 상태로 변모시킵니다.

곰팡이는 포도 껍질을 부드럽게 뚫고 포도 내부의 수분을 증발시키며, 당분과 산미가 더욱 농축된 포도를 남깁니다.

이 과정은 매우 위험하고 까다롭습니다.

너무 습하면 포도는 썩어버리고, 너무 건조하면 귀부병이 발생하지 않습니다. 마치 운명의 여신들이 이곳의 기후를 조율하며 매해 이켐의 품질을 결정짓는 듯합니다.

샤토 디켐의 포도 수확 시 농부들은 한 알 한 알의 포도를 손으로 수확합니다. **오직 귀부병에 걸려 최상의 상태로 농축된 포도만을 선택합니다.** 때로는 같은 포도밭을 여러 번 돌아야 할 만큼 세심하고 인내심이 필요한 작업입니다.

수확한 포도는 압착되어 작은 양의 진한 포도즙을 만들어냅니다.

이 포도즙은 오크통에서 천천히 발효되는데, 이 과정은 일반적인 와인보다 훨씬 오래 걸립니다. 낮은 온도에서 천천히 진행되는 발효는 이켐의

복잡한 아로마와 맛을 완성하는 데 핵심적입니다.
발효를 마친 와인은 프랑스산 오크통에서 2~3년간 숙성되며, 시간이 지나며 점점 더 농밀하고 황금빛을 띠게 됩니다.

완성된 샤토 디켐 한 병에는 **자연의 힘, 인간의 열정, 그리고 기적 같은 운명**이 담겨 있습니다. 한 모금을 입에 머금으면 **꿀, 살구, 감귤, 아몬드, 그리고 고급스러운 오크 향**이 조화를 이루며 폭발하듯 퍼집니다.
이 하모니(Harmony)는 시간과 공간을 초월한 숭고한 경험을 제공합니다.

샤토 디켐은 인간과 자연이 함께 써 내려가는 서사시이며, 매년 새롭게 태어나는 하나의 전설입니다.

자신을 놓아버림 그리고 긴 시간의 인내

보트리티스 곰팡이에 자신을 맡기는 포도의 여정은 마치 꿀단지 마음 꾼의 성장을 들여다보는 듯한 느낌을 줍니다. 보트리티스는 포도에 작용하여 **본래의 상태를 벗어나게 만들고, 물기를 잃게 하며, 대신 당도와 풍미를 농축**시킵니다. 이 과정은 시간이 오래 걸리고, 포도는 곰팡이의 공격을 견디며 변화해야만 합니다. 처음에는 이 곰팡이가 파괴처럼 보일 수 있지만, 그 인내의 끝에는 세상에서 가장 고귀한 달콤함을 자랑하는 이켐 와인이 탄생합니다.

꿀단지 마음 꾼도 비슷한 여정을 걷습니다.
처음에는 평화와 조화만을 추구하며 갈등을 피해가지만, 그 속에는 자기 욕구를 억누르고 변화를 받아들이려는 긴 여정이 필요합니다. 그들은 갈등과 외부의 불편함을 받아들이며, 내면의 성숙을 위한 시간을 보내야 합니다.

보트리티스라는 독특한 곰팡이가 포도에 자리를 잡으면, 와인 메이커(양조자, winemaker)의 섬세한 관리가 필요하듯, 꿀단지 마음 꾼도 자신의 내면을 돌보고 억눌렸던 감정을 직면하며 자기 이해를 쌓아가는 노력이 필요합니다. 이 과정은 자기 자신을 놓아버리는 것이 아니라, 더 나은 자신으로 나아가기 위한 과정입니다.

꿀단지 마음 꾼은 외부에서 볼 때 매우 평화롭고 온화한 존재입니다. 그들은 소소한 일상에서 기쁨을 찾고, 주변 사람들과 조화를 이루려 노력하며, 갈등을 피하는 모습을 보입니다. 하지만 그들이 진정한 내면의 평화와 자기 이해에 도달하려면, 자신의 욕구와 진정한 목소리를 듣는 것이 중요합니다. 그들은 자기 자신을 돌아보고 그동안 억눌렸던 감정들을 직면해야만 진정으로 성숙할 수 있습니다.

이것은 마치 이켐 와인이 시간이 지나면서 진정한 풍미를 발산하듯, 꿀단지 마음 꾼도 시간이 지남에 따라 자기 자신을 발견하고 내면의 평화를 찾을 수 있게 되는 과정입니다.

그들이 내면의 여정을 통해 얻은 성숙과 이해는 주변 사람들에게도 진정한 평화와 따뜻함을 전달하는 힘을 줍니다. 마치 와인이 발효와 숙성을 거쳐 더 깊고 진한 맛을 내듯, 꿀단지 마음 꾼은 자신만의 달콤함을 세상에 나누며 자기 자신에게도 진정한 평화와 성숙을 선사하는 것입니다.

그러니 꿀단지 마음 꾼이 되려면, **변화와 도전을 두려워하지 말고, 내면의 목소리를 귀 기울여 듣는 것이 중요합니다.** 그 과정에서의 **인내와 자기 수용**은 그들을 더 깊고 풍성한 존재로 성장시키는 힘이 될 것입니다.

"아무것도 하고 있지 않지만, 더 격렬하게 아무것도 하고 싶지 않다"
_ 샤토 디켐에게서 배우는….

'이켐을 마시는 것은 명상입니다.'

이켐 한 잔은 세상의 소음에서 당신을 분리하고, 당신이 스스로와 연결되도록 도와줍니다.

그것은 서두르지 않고, 지금, 이 순간에 머무르며, 자신을 돌보는 연습입니다.

이 와인을 마시는 순간, 당신은 과거를 회상하거나 미래를 걱정하지 않습니다. 단지 그 황금빛 액체가 혀를 감싸며 전해주는 감각과 잔에서 피어오르는 향기에 몰입합니다.

그러니 오늘, 이켐을 한 잔 따르고 아무것도 하지 않는 격렬함을 느껴보세요. 그리고 그 속에서 아무것도 하지 않음이 얼마나 충만할 수 있는지 깨닫는 시간을 가져보세요.

유머와 달콤함의 연대기 _ 처칠과 샤토 디켐

영국의 전설적인 총리 윈스턴 처칠(Sir Winston Churchill). 그는 제2차 세계 대전의 한가운데에서 **'피와 수고와 눈물과 땀**(I have nothing to offer but blood, toil, tears, and sweat.)'이라는 연설로 국민을 일으켜 세운 강력한 리더였습니다. 그러나 처칠을 강인한 지도자로만 기억한다면 그는 절반만 아는 것입니다.
그의 진정한 매력은 **어떤 위기 속에서도 번뜩이는 유머(humor)를 잃지 않았다**는 데 있습니다. 전쟁의 한복판에서도 그의 유머는 긴장과 두려움을 잠시 내려놓게 만드는 마법 같은 역할을 했습니다.

처칠은 전쟁의 무게를 짊어지면서도 유머로 국민을 위로했고, 샤토 디켐은 곰팡이의 공격을 견뎌내며 천상의 달콤함을 만들어냈습니다. 둘 다 **'시련은 끝이 아니라 새로운 시작'**이라는 메시지를 전하는 존재들입니다.

처칠의 유머 중 하나는 하원의원 후보로 처음 출마했을 때입니다.
상대 후보는 처칠이 늦잠꾸러기라는 점을 꼬집으며 비난했습니다.

"저렇게 게으른 사람을 의회에 보낼 수 있겠습니까?"

하지만 처칠은 가볍게 받아쳤습니다.

"여러분도 저처럼 아름다운 아내와 살고 있다면 아침에 일찍 일어나기가 쉽지 않을 겁니다."

이 한마디에 연설장은 폭소로 가득 찼고, 상대는 그야말로 머쓱해졌습니다.
그의 유머는 그가 총리가 된 이후에도 이어졌습니다.
의회 연설에 늦게 도착한 그는 미안하다며 이렇게 덧붙였습니다.

"그래서 앞으로 의회 연설이 있는 날 전날 밤은 부부가 각방을 쓰기로 했습니다."

그 자리에 있던 의원들은 웃음을 터뜨렸고, 긴장된 분위기는 금세 풀렸습니다.

고난을 이겨내며 특별한 가치를 창출한 처칠과 샤토 디켐,
그들은 각자의 방식으로 고난을 달콤한 경험으로 바꾸며, 그 속에서 독특한 가치를 찾았던 것입니다.

꿀단지 속 평화 _ 곰돌이 푸(Winnie-the-Pooh)

이켐을 마시는 일은 곰돌이 푸가 꿀단지를 품에 안고 행복에 젖어 드는 순간을 떠올리게 합니다. 그 한 방울의 황금빛 액체는 푸의 꿀처럼, 세상의 모든 평화와 안식을 느끼게 해줍니다. 푸와 친구들이 사는 백 에이커 숲(The Hundred Acre Wood)은 고요하고 조화로운 곳입니다.

이켐을 따른 와인잔을 들고 코끝에 다가가는 순간, 푸가 사는 숲으로 여행을 떠납니다. 뚜껑을 열자마자 퍼져나오는 그 따뜻하고 달콤한 향기는 벌들이 조심스레 모아둔 꿀처럼, 자연의 모든 사랑과 정성이 응축되어 있습니다. 그다음 잔을 들여다보면 백 에이커 숲을 감싸는 햇살과 같습니다. 숲의 나무 사이로 스며드는 부드러운 빛, 그리고 그 향기는 우리의 마음을 감싸며 세상 모든 걱정을 잊게 합니다.

푸와 피글렛(Piglet), 이요르(Eeyore)가 마을 광장에 모여 서로의 존재를 느끼며 시간을 보내듯, 이켐 한 잔은 우리가 잊고 지낸 평화로운 순간들과의 재회를 선사합니다. 처음엔 달콤함이 가득하지만, 곧이어 깊은 풍미와 산미가 나타나며, 꿀 이상의 무언가가 숨어 있음을 느끼게 합니다. 그 안에는 자연과 시간의 신비로움이 농축되어 있습니다.

백 에이커 숲의 저녁, 친구들이 달콤한 향에 이끌려 둥근 테이블에 둘러앉아 '꿀 빛' 와인 한 잔씩을 나눕니다.

호기심 넘치는 모습의 티거(Tigger)가 **"이게 대체 뭐지? 어떻게 이렇게 환상적일 수 있지?"**
이켐은 그를 춤추게 할 만큼의 풍부한 생명력과 에너지를 선사합니다.

이요르는 **"그래, 오늘은 정말 괜찮은 날이야"**라며 희미한 미소를 지어 보입니다.

푸는 말합니다.
"꿀단지와 같아. 단지 안에는 세상의 모든 행복이 담겨 있거든."

피글렛이 조용히 덧붙입니다.
"우리가 함께 있는 이 순간처럼."

함께하는 '그 작은 순간들의 소중함'
이켐은 우리 모두를 백 에이커 숲의 평화로운 마을로 데려다줍니다.

●Endnote

곰돌이 푸(Winnie the Pooh)는 단순하지만 깊은 통찰이 담긴 말들로 많은 사람들에게 사랑받고 있습니다. 여기 몇 가지 푸의 명언을 소개합니다.

"때로는 아무것도 하지 않는 것이 진정으로 중요한 일을 하게 만드는 첫 걸음이야."

"너무 바쁜 건 좋은 생각이 너에게 찾아오는 걸 막을 수 있어."

"어제는 이미 갔고, 내일은 아직 오지 않았어. 그래서 오늘은 선물이야."

"매일 행복하진 않지만, 행복한 일은 매일 있어."

알면 더 풍요로워지는 용어설명

1. 에니어그램

가. 에니어그램의 기원과 기본 원리

에니어그램(Enneagram)은 그리스어 ennea(9)와 gramma(점, 도형)의 합성어로, '9개의 점으로 이루어진 도형'을 의미합니다. 이 도형은 인간의 성격과 심리 구조를 9개의 기본 유형으로 나누어 설명하는 독창적인 지도로 사용됩니다.

에니어그램의 기원은 고대 중동의 신비주의 전통, 수피즘, 기독교 신비주의, 그리고 그리스 철학에까지 거슬러 올라갑니다. 현대 에니어그램의 기틀은 20세기 초, 구루이자 영적 탐구자였던 조르주 이반노비치 구르지예프(Georges I. Gurdjieff)가 '에니어그램 도형'을 소개하면서 세상에 알려졌습니다. 이후 볼리비아의 철학자 오스카 이차조(Oscar Ichazo)가 이를 체계화하였고, 칠레 출신의 정신의학자 클라우디오 나란호(Claudio Naranjo)가 심리학적 성격 이론으로 발전시켰습니다.

에니어그램의 핵심 원리는 인간이 본질적으로는 무한한 가능성과 자유를 가진 존재이지만, 성장 과정에서 특정한 감정과 사고의 패턴에 갇혀 '성격(에고)'이라는 껍질을 만들며 살아간다는 점에 있습니다. 에니어그램은 이러한 성격의 자동 반응을 인식하고 벗어나, 잃어버린 본질(essence)로 돌아가는 길을 안내합니다.

나. 머리·가슴·장의 세 센터

에니어그램은 인간의 심리 에너지를 '머리(Head)', '가슴(Heart)', '장(Gut)'이라는 세 가지 중심(센터)으로 나눕니다.

1) 머리 센터 (5, 6, 7번 유형)
   * 핵심 정서: 두려움입니다.
   * 특징: 미래를 예측하고 불안을 줄이기 위해 사고와 분석을 많이 사용합니다.
   * 강점: 깊은 통찰력, 분석력, 창의적 사고를 가지고 있습니다.
2) 가슴 센터 (2, 3, 4번 유형)
   * 핵심 정서: 수치심과 인정 욕구입니다.
   * 특징: 타인에게 자신이 어떻게 보이는지에 민감하며, 사랑과 인정을 받기 위해 행동합니다.
   * 강점: 뛰어난 공감력, 감성, 관계를 잘 다루는 능력을 지녔습니다.
3) 장 센터 (8, 9, 1번 유형)
   * 핵심 정서: 분노입니다.
   * 특징: 직관적으로 상황을 파악하고 현실에 강하게 반응합니다.
   * 강점: 결단력, 추진력, 현실 감각이 뛰어납니다.

다. 에니어그램 9유형의 기본 개요

1) 1번 - 개혁가 (The Reformer)
   옳고 선한 삶을 살고자 하는 욕구가 강합니다. 원칙과 책임감을 중시하며 완벽을 추구합니다. 그러나 지나친 자기비판과 완고함에 빠질 수 있습니다.

2) 2번 - 조력자 (The Helper)
   사랑받고 필요로 되는 존재가 되고자 합니다. 따뜻함과 배려심이 많으며 헌신적입니다. 하지만 타인을 지나치게 조종하거나 자신의 욕구를 무시할 위험이 있습니다.

3) 3번 - 성취자 (The Achiever)

성공과 인정을 원합니다. 효율적이고 열정적이며 목표 달성 능력이 뛰어납니다. 그러나 자기 이미지에 집착하고 진정한 자신과 분리될 수 있습니다.

4) 4번 - 예술가 (The Individualist)

독특하고 의미 있는 존재가 되고자 합니다. 창의적이고 감성이 깊으며 미적 감각이 탁월합니다. 하지만 우울감과 열등감, 자기 몰입에 빠질 수 있습니다.

5) 5번 - 탐구자 (The Investigator)

세상을 이해하고 지식을 소유하고자 합니다. 분석적이며 통찰력이 뛰어나고 지적 독립성이 강합니다. 하지만 고립되고 감정을 억제하며 두려움이 커질 수 있습니다.

6) 6번 - 충실가 (The Loyalist)

안전과 확신을 추구합니다. 충성심이 강하고 위기 대처 능력이 뛰어납니다. 그러나 불안과 의심, 과도한 경계심에 시달릴 수 있습니다.

7) 7번 - 낙천가, 열정가 (The Enthusiast)

즐거움과 자유를 갈망합니다. 활기차고 다재다능하며 창조적입니다. 하지만 현실을 회피하거나 충동적으로 행동할 수 있습니다.

8) 8번 - 도전자 (The Challenger)

자신과 타인을 보호하고 힘을 발휘하고자 합니다. 결단력과 지도력이 뛰어나며 정의감이 강합니다. 그러나 공격적이고 지배하려는 욕구가 과할 수 있습니다.

9) 9번 - 평화주의자 (The Peacemaker)
갈등 없는 평화와 조화를 원합니다. 포용력과 중재 능력이 뛰어나며 차분합니다. 하지만 무기력하고 자기 주장이 부족하며 회피적일 수 있습니다.

라. 에니어그램의 본능(Instincts)은 인간이 본능적으로 삶을 유지하고 관계를 맺는 세 가지 기본 에너지 패턴을 의미합니다. 각 유형은 이 본능 중 하나가 더 두드러져 자기보존형(SP), 사회형(SO), 성적/일대일형(SX)으로 나뉩니다. (총 27개 유형)

1) 에니어그램의 3가지 본능
  가) 자기보존 본능 (Self-preservation, SP)
    핵심 관심사:안전, 건강, 재정, 편안함.
    생존과 관련된 기본 욕구가 강해 먹을 것, 집, 안정된 환경을 우선시합니다.
    편안함과 안정성을 중시하고 에너지를 절약하려는 성향이 있습니다.
  나) 사회 본능 (Social, SO)
    핵심 관심사:집단 속에서의 위치, 명성, 관계.
    공동체나 그룹 속에서 자신의 역할, 평판, 유대감에 민감합니다.

관계의 균형을 유지하고 협력하는 것을 중요하게 여깁니다.
다) 성적/일대일 본능 (Sexual or One-to-one, SX)
핵심 관심사:강렬한 연결, 열정, 집중.
친밀한 관계에서 깊은 몰입과 강한 감정 교류를 추구합니다.
에너지가 강렬하고 한 사람이나 목표에 집중하는 성향이 있습니다.

2. 샴페인 미스트(Champagne mist, CO_2 cloud)

샴페인 코르크를 열 때 안개처럼 피어오르는 것은 주로 이산화탄소(CO_2)가스가 공기 중에서 응결하며 생기는 '미스트(mist)' 또는 '거품 연기'라고 부릅니다.

샴페인 병 안에는 높은 압력(보통 5~6기압)의 이산화탄소가 용해되어 있습니다.

코르크를 열면 압력이 급격히 떨어지면서 차가운 와인과 접한 공기 중 수증기가 응결해 안개나 연기 같은 모습을 만듭니다.

3. 무스 (Mousse)

샴페인이나 스파클링 와인을 따를 때, 표면 위에 생기는 섬세하고 크리미한 거품층을 말합니다.

4. 비드 (Bead)

와인잔 속에서 일렬로 올라오는 작은 기포를 '비드'라고 부릅니다.

5. 페를라주 (Perlage)

와인잔 속에서 기포가 연속적으로 발생하고 표면까지 부드럽게 퍼져나가는 전체적인 거품의 흐름을 일컫습니다.

6. 이드(Id)

프로이트가 제시한 개념으로, 인간의 정신 중 가장 원초적이고 본능적인 부분을 의미합니다. 쾌락 원칙에 따라 작동하며, 배고픔·성적 욕구·공격성과 같은 본능적 충동을 즉시 만족시키려는 성향을 가집니다.

7. 리비도(Libido)

융이 확장해 정의한 개념으로, 인간의 모든 심리적 에너지, 즉 삶을 움직이는 근본적인 힘을 뜻합니다. 프로이트가 성적 에너지로 한정한 것과 달리, 융은 리비도를 창조성·예술적 표현·영적 추구 등 다양한 정신적 활동을 이끄는 에너지로 보았습니다.

8. 슈퍼 투스칸 (Super Tuscan)

1970년대 이탈리아 토스카나에서 기존 DOC/DOCG 규정을 벗어나 국제 품종과 현대적 양조법으로 탄생한 고급 와인. 세계적 명성을 얻으며 이탈리아 와인의 혁신을 상징합니다.

9. 펌핑 오버 (Pumping Over)

발효 중 탱크 하단의 와인을 펌프로 끌어올려 윗부분의 포도 껍질(캡)

에 뿌려주는 기법. 색과 타닌을 효과적으로 추출하고 발효를 균일하게 유지합니다.

10. 펀칭 다운 (Punching Down)

발효 탱크에 떠오른 포도 껍질(캡)을 막대나 기계로 아래로 눌러 가라앉히는 전통적인 기법. 부드러운 추출로 섬세한 질감을 얻을 수 있습니다.

11. 사브라주 (Sabrage)

샴페인 병의 목을 검이나 칼로 타격해 한 번에 따는 기술. 나폴레옹 시대의 프랑스 기병대에서 시작된 전통으로, 현재는 특별한 행사나 축하 자리에서 퍼포먼스로 사용됩니다.

12. 컬트 와인(Cult Wine)

소량 생산되며 희소성과 높은 품질로 열광적인 팬덤을 형성한 와인을 말합니다. 보통 미국 나파 밸리나 이탈리아 일부 와인이 대표적이며, 경매에서 높은 가격에 거래됩니다.

13. 삐자주(Pigeage)

프랑스 전통 양조법으로, 발효 중 떠오른 포도 껍질(캡)을 인력이나 도구로 부드럽게 눌러 윗부분을 아래로 가라앉히는 방식입니다. '펀칭 다운'과 유사하나 더 전통적·수작업적 방법을 강조합니다.

14. 도멘(Domaine)과 메종(Maison)의 차이

도멘(Domaine): 포도밭 소유자가 직접 재배·수확·양조까지 모두 관리하는 생산자. 와인의 개성과 테루아가 뚜렷합니다.

메종(Maison): 다양한 포도밭이나 생산자에게서 포도를 사들여 와인을 만드는 하우스. 넓은 생산 규모와 안정적인 품질이 특징입니다.

15. 말로락틱 발효(Malolactic Fermentation, MLF)

포도주 속의 날카로운 사과산(Malic acid)이 부드러운 젖산(Lactic acid)으로 변하는 2차 발효 과정입니다. 산미가 줄고 질감이 부드러워지며, 버터·크리미한 풍미가 생깁니다.

16. 바통나주(Bâtonnage)

발효 후 와인 속 효모 찌꺼기(리)를 저어 섞는 작업입니다. 와인에 풍부한 질감과 브리오슈·견과류 같은 고소한 풍미를 더해줍니다. 주로 화이트 와인, 특히 샤르도네에서 사용됩니다.

[인용 및 출처]
영화 "늑대와 춤을 (Dances with Wolves)"
영화 "세븐(Seven)"
영화 "글래디에이터(Gladiator)"
영화 "위대한 개츠비(The Great Gatsby, 2013)"
영화 "아메리칸 뷰티(American Beauty, 1999)"
[책]
1. "Ennea-type Structures"-저자 클라우디오 나란조(Claudio Naranjo)
2. 완벽한 에니어그램(The Complete Enneagram: 27 Paths to Greater Self-Knowledge) -저자 비어트리스 체스넛(Chestnut PhD, Beatrice)
3. " 곰돌이 푸(Winnie the Pooh)" - 저자 A. A. 밀른 (Alan Alexander Milne)
4. 2차 세계 대전(The Second World War) - 윈스턴 처칠(Sir Winston Churchill)
5. W.C. 필즈(W. C. Fields)의 전기 (W. C. Fields: His Follies and Fortunes) - 저자 로버트 루이스 테일러(Robert Lewis Taylor)
6. 오디세이아(Odyssey) - 저자 호메로스(Homer)
7. 일리아스 (Iliad) - 저자 호메로스(Homer)
8. 분석심리학의 유형들 (Psychological Types, 1921) - 칼 융(Carl Gustav Jung)
9. Harvests of Joy: How the Good Life Became Great Business - 로버트 몬다비(Robert Mondavi), 폴 추트코(Paul Chutkow)
10. 농업 강의 (Agriculture Course) - 루돌프 슈타이너(Rudolf Steiner)
11. 징기스칸, 세계를 제패하다 – 이장욱
[참고 와인]
샤토 디켐 (Château d'Yquem)
파이퍼 하이직 (Piper-Heidsieck)
모엣 샹동 (Moët & Chandon)
펜폴즈 (Penfolds)
앙리지로 (Henri Giraud)
로버트 몬다비 (Robert Mondavi)
오퍼스원 (Opus One)
오버추어 (Overture)
샤토 라피트 로칠드 (Château Lafite Rothschild)
도멘 르로이 (Domaine Leroy)
마르케스 데 무리에타 (Marqués de Murrieta)
샤토 무통로칠드 (Château Mouton Rothschild)
페튀리스 (Pétrus)
마르쿠스 몰리터 (Markus Molitor)
실버오크 (Silver Oak)

자크 셀로스 (Jacques Selosse)
[노래]1. 내가 제일 잘 나가 - (2NE1)
2. 러브 미 텐더(Love me tender, love me sweet) - 엘비스 프레슬리(Elvis Presley)
3. 맵 오브 더 솔, 페르소나(MAP OF THE SOUL : PERSONA)
4. 맵 오브 더 솔, 디오니소스(MAP OF THE SOUL : Dionysus)
[사진]
수확 중인 포도밭 전경, Château Lafite Rothschild 제공
병을 들고 있는 손과 풍향계 배경 이미지, Château Lafite Rothschild 제공
셀러 내부의 오크통과 조명 전경, Château Lafite Rothschild 제공
꽃이 핀 정원을 배경으로 한 Château Lafite Rothschild 와이너리 외관, Château Lafite Rothschild 제공
포도밭과 숲이 어우러진 항공 사진, Moët & Chandon 공식 홈페이지
마리 앙투아네트에게 샴페인을 헌정하는 장면, Piper-Heidsieck 공식 홈페이지
샴페인 타워 사진, Moët & Chandon 공식 홈페이지
오퍼스 원 와이너리 건물에서 바라본 포도밭 전경, Opus One 공식 SNS 제공
로버트 몬다비 와이너리 외관, Robert Mondavi Winery 공식 홈페이지
바롱 필립 드 로칠드와 로버트 몬다비가 악수하는 장면, Opus One 공식 홈페이지
셀러 내부에서의 앙셀름 셀로스와 아들 기욤 셀로스, Jacques Selosse 제공
오크통이 줄지어 선 자크 셀로스 셀러 내부, Jacques Selosse 공식 홈페이지
셀러 내부의 오크통과 조명이 어우러진 장면, Jacques Selosse 제공
달걀 모양의 항아리 숙성탱크 사진, Henri Giraud 공식 SNS
Henri Giraud 병 사진, Henri Giraud 공식 홈페이지
석양 아래 포도밭 전경, Henri Giraud 공식 SNS
구불구불한 강을 따라 펼쳐진 포도밭 풍경, Markus Molitor 제공
리슬링 포도 숙성도 설명 이미지, Markus Molitor 제공
Markus Molitor 와인과 잔을 든 장면, Markus Molitor 제공
강 위에서 내려다본 포도밭과 산지 전경, Markus Molitor 제공
석양 아래 실버오크 포도밭 전경, 하이트진로(실버오크 수입사) 제공
Silver Oak & Twomey 와인 병 사진, 하이트진로(실버오크 수입사) 제공
Silver Oak 와이너리 전경 사진, 하이트진로(실버오크 수입사) 제공
마르케스 데 무리에타 와이너리 전경, Marqués de Murrieta 제공
1982년 빈티지 와인이 저장된 셀러, Marqués de Murrieta 제공
Castillo Ygay 병 라벨 클로즈업 이미지, Marqués de Murrieta 제공
Castillo Ygay 병 전체 이미지, Marqués de Murrieta 제공
Dalmau 2020 병 라벨 클로즈업 이미지, Marqués de Murrieta 제공
Dalmau 병 정면 이미지, Marqués de Murrieta 제공
히스토릭 셀러 내부 사진, Marqués de Murrieta 제공

석양 아래 샤토 디켐 포도밭 전경, Château d'Yquem 공식 SNS
Château d'Yquem 와인 병 클로즈업 이미지, Château d'Yquem 공식 SNS
샤토 디켐 다양한 빈티지 병 캡슐 배열 이미지, Château d'Yquem 공식 SNS
Château d'Yquem 셀러 내부 장면, Château d'Yquem 공식 SNS
귀부병 포도가 손 위에 놓인 클로즈업 이미지, Château d'Yquem 공식 SNS
청명한 날의 샤토 디켐 외관 전경, Château d'Yquem 공식 SNS

9가지의 성격, 9가지의 와인

Nine Types, Nine Wines

[심리학 에니어그램과 와인이 만나는곳]

1판 1쇄 2025년 9월 19일

글/그림	홍수경
편집/디자인	최선호

이메일	nawineshop@naver.com
인스타그램	@9wines1book
전화	02-3775-0688

폰트　　　　내지| 을유 1945

ⓒ 2025.유기유 all rights reserved.

이 책의 판권은 지은이, 편집자, 그리고 출판사 유기유에 있습니다.
이들의 서면 동의 없이 책 내용의 전부 혹은 일부의 재사용을 금합니다.